2012年湛江市社会科学联合会资助项目

广东省雷州文化研究基地
学术文库编委会

雷州文化研究

张学松◎主编

雷歌传播论
LEIGECHUANBOLUN

杨励轩◆著

中国社会科学出版社

图书在版编目(CIP)数据

雷歌传播论/杨励轩著. —北京:中国社会科学出版社,2014.11
(雷州文化研究/张学松主编)
ISBN 978 - 7 - 5161 - 4794 - 8

Ⅰ.①雷… Ⅱ.①杨… Ⅲ.①地方戏—研究—雷州半岛
Ⅳ.①J825.65

中国版本图书馆 CIP 数据核字(2014)第 211299 号

出 版 人	赵剑英
选题策划	郭晓鸿
责任编辑	熊　瑞
责任校对	王立锋
责任印制	戴　宽

出　　版	中国社会科学出版社
社　　址	北京鼓楼西大街甲 158 号
邮　　编	100720
网　　址	http://www.csspw.cn
发 行 部	010 - 84083685
门 市 部	010 - 84029450
经　　销	新华书店及其他书店

印　　刷	北京君升印刷有限公司
装　　订	廊坊市广阳区广增装订厂
版　　次	2014 年 11 月第 1 版
印　　次	2014 年 11 月第 1 次印刷

开　　本	710×1000　1/16
印　　张	15.25
字　　数	235 千字
定　　价	368.00 元(全五册)

目　录

前　言

因缘机巧，我从北来到南。

北，是指生养我二十多年位于西北祁连山山麓下的故乡。

那里祁连雪山融化流淌而成的黑河沿着地势一路奔腾滋润着两岸民众，孕育了两种不同的地方文化，上游高山地带是典型的少数民族高山草甸游牧文化，中下游则是河西走廊中部平原地带面朝黄土背朝天的耕作农业文化。因为父母工作和我求学分处两地，所以年年穿梭在两种文化中，既有幸耳闻裕固族高亢嘹亮的裕固族民歌，目睹挂满各种七彩饰物走起路来叮叮当当作响非常悦耳的民族服装，骑着骏马感受马儿飞跑踏出一路青草野花香，在牧民羊毡房手抓羊肉伴着酥油茶大快朵颐；也有幸在乡土社会气息浓郁的耕作文化里感受那种完全不同于少数民族文化的老成持重，生活四平八稳，几乎不起波澜，没有色彩斑斓的服饰也没有展露心迹的歌声，有的是邻里之间的鸡毛蒜皮及相互不动声色的情谊往来。一个飞扬，一个持重，青少年时期的我，懵懵懂懂感受到了地域文化的多彩与丰富。也许正是这种源自生活的冲击所产生的好奇，无意中指引着我步步走向文化研究的路。

南，是指现在我所生活和工作的地方——祖国大陆最南端的半岛雷州半岛。

刚到雷州半岛的湛江市，陌生之感使我面对所见物象及人事颇感迷蒙不适。比如，老城区的民居街道往往很少像北方县城绝对正南正北正东正西地分布，是故，每每在幽长街巷迷失方向，急于逃离之时，也往往心生疑惑，为什么不同地方会在传统民居建筑上也会表现出如此不同？再如，凉茶，这里几乎每一条街上都可以看到凉茶铺子的招牌幌子高高挂着，小小柜面上往往摆满了十来个茶壶，倒还有几分亲切，如同看到自幼所熟悉的北方小茶铺，但没想到，喝一口，是苦的，涩的，我的直觉反应，这哪是茶水，分明就是中药水嘛。诸如此类心理上的不适，让我再次对不同地方文化差异以及文化中的人与物产生探究热望。

毫无疑问，一方山水养一方人也孕育一方文化。各个地方特定的地理生态环境及其在国家疆域中的地位影响制约着人种及人口的流向乃至当地民系的构成，也深刻地影响着当地文化内涵，反之，地方文化在逐渐形成自己特性并承续的过程中，也会对特定的地理生态环境和人文环境在适应中进行改造。是故，我们不难看到，各地民居、饮食、服装等物质文化特征各异，精神文化活动也是万紫千红，各有各的精彩。

雷州半岛文化物象，从各个层面都表现出迥异于西北故乡的文化特质，数次走马观花游历当地几个代表性景点，面对诸如雷州石狗、人龙舞、雷祖庙等特有的文化表象，恍如置身于充满奇幻色彩的丛林，眼花缭乱之际，自然便有了强烈的探寻欲望，但作为外乡人不懂雷州本地方言，如同丛林没有向导，无法从容与雷州文化零距离接触。最为痛苦的是，文化作为一种社会现象，自然是人们长期创造形成的产物，同时又是一种历史现象，是社会历史的积淀物，包容着某一区域的历史、地理、风土人情、传统习俗、生活方式、文学艺术、行为规范、思维方式、价值观念等等，面对如此庞然体系，进行宏观研究，从整体上来把握雷州半岛文化的深邃之处，对于我而言，很容易滋生蝼蚁之感，无法排除浓重的怯懦与无助感。

宏观研究无从启动，微观层面的研究，即对某一具体文化迹象的研究，又往往会产生只见树叶不见丛林之弊，无法深层理解为何此种现象只产生于此地而非彼地。故此，强烈的好奇与探究的困惑所带来的这种撕裂感，驱使着我只好时时压抑热情逃避这个方向的学术追求。

幸运的是，雷州文化研究基地成立，给我带来参与雷州文化名人书稿撰写的机缘，在负责搜集整理十位雷州名人资料的过程中，为雷州半岛地灵人杰感慨的同时，注意到十位名家当中的黄景星对雷歌整理及研究非常热忱且有著述存世，为后世雷歌研究开创了格局。这次机缘犹如无意中替我打开了探究雷州文化的一扇窗户，窥到雷歌的几分魅力。此次任务完成后，我的生活和雷歌之间开始有意无意地出现多次交集，其中印象最为深刻的是初读《中国田园村雷歌集》时的感受，这本歌集是雷州市纪家镇田园村村民自发且自费出版的雷歌集，书中收有400首雷歌及口述故事、传说、访谈、对话等，大多记录的是十几代人田间地头、锅碗瓢盆、房前屋后的生活，颂神、规劝、嘲讽、谩骂以及荤段子，阅读这些雷歌，虽无法完全复现当时唱歌的情境，但仍能在脑海中勾画出一个个引颈高歌而又爱恨真实的活脱脱的人来，让我开始从情感上真正对雷州及雷州父老乡亲产生亲近感，也理解了黄景星的执着及田园村人的自豪。

这些有意无意的一次次接触所产生认知及情感上的冲击日渐累积，给了我以雷歌文化活动为研究对象进而探寻雷州文化奥秘的动力。雷州文化研究基地创始人张学松教授获悉我的想法后，大加鼓励，并督促以此为课题申请湛江市社会科学联合会2012年社科项目。事实上，虽然项目得以顺利通过并立项，使我有了巨大动力，但我仍缺乏信心，几度踯躅不前，屡次产生放弃的念头，此时，李雄飞教授，这位在民俗文化及民歌研究方面颇有建树的同事，主动将他收集的所有有关雷歌的资料拿出，并在百忙之中不吝时间，从课题申请报告开始，直至书稿框架，不厌其烦，反复阅读，提出翔实的修改意见，并时时加以肯定以激发我的信心和斗志。有雷州文化研究基地的领导及李雄飞教授等同仁成为我坚强的后盾，遂弃除各种开脱个人责任的理由，大胆上阵，直面雷歌研究课题，努力完成项目，以回报让我铭记在心的鼓励及信任。

但开题之时，我所搜集到的有关雷歌概念的众说纷纭的表述，便使我陷入困惑之中。

1）用雷州话演唱的民歌。汉代形成于雷州市，流行于雷州半岛。是广东四大方言歌之一，也是中国131个歌种之一。其格律严谨，每首四句，每句七字，一、二、四句的尾字押韵，第二句的第四字、第四句的第四字和尾字都用阳平声，第二句尾字则用阴平声。每句句首都可加两三个字，叫"歌垫"。其表现手法有赋、比、兴以及双关、重叠、连珠、倒装等 10 多种。歌唱形式有独唱、对唱等。民间男女老幼都会唱，遇事随口即唱，出口成歌。①

2）雷歌亦称雷州歌，即雷州半岛的民歌。②

3）雷歌系雷州方言民歌。她起源于雷州大地，由雷州本土的谚和谣逐步演进，并受格律诗词的影响，形成相对稳定的形态。③

4）雷歌又称雷州歌，是雷州民谚、歌谣、田头歌、笔试赛歌、姑娘歌、雷剧等的总称。是融汇汉闽文化、土著文化、外来文化的一种地方民歌。④

以上述 4 个定义为代表的众多表述，关于雷歌的内涵与外延的界定各不相同，让我们陷入认知混乱中。

比如第 1 个和第 3 个定义在其定义中均提及雷歌用雷州方言演唱，而第 2 个、第 4 个定义均没有提到雷州方言。根据实际情况来看，雷歌字音声调的确依托于雷州半岛主要方言——雷话。但是第 1 个定义中，提到雷歌汉代形成于雷州市，然后流行于雷州半岛，这里包含 3 个重要信息：雷歌生成时间、生成位置以及传播范围，而第 3 个定义中提到雷歌的生成受格律诗词的影响，而中国格律诗词并在汉代并未形成，因此，这两个定义在雷歌的生成时间上有分歧，事实上，通览有关雷歌研究资料，会发现，除了产生于汉代这一说之外，有形成于百越时代（商周时期）⑤、唐代⑥、宋代⑦、明代⑧或清之康雍年间⑨等多种见解。究竟哪一种观点为正解？

---

① 罗亚蒙：《中国历史文化名城大辞典》（下），人民日报出版社 1998 年版。
② 孙建华：《寻源问曲话雷歌》，《人民音乐》2009 年第 12 期。
③ 王国汪：《雷州歌源远流长》，林涛《雷歌大全》，中国戏剧出版社 2006 年版，第 62 页。
④ 彭展、魏珂、吴志雄：《从传世雷歌探析雷州半岛妇女的生存状况》，《广东史志视窗》2009 年第 4 期。
⑤ 陈志坚《雷剧》认为"商调"是雷歌的主调之一，所以，雷歌在百越时代就已产生。
⑥ 彭展、魏珂、吴志雄《从传世雷歌探析雷州半岛妇女的生存状况》认为雷歌产生于唐代。
⑦ 李冰硕士学位论文《雷州民歌研究》就认为雷歌经历了由秦至唐的孕育期，宋代大量闽南移民迁入的形成期，明、清直至民国的发展、兴盛期。
⑧ 阿松（宋锐）《从谚谣到雷州歌的历程》（《海康文史》第 2 期，1984 年 12 月）认为雷歌形成于明之初年。
⑨ 黄景星《雷州歌谣话》认为由俚谣变成雷歌的时候，不出于清之康雍间。

另外，用雷话演唱的民歌是否都归属于雷歌的界定范畴？雷州半岛东海岛的哭嫁歌也是用雷话演唱的民歌形式之一，和雷歌之间关系如何？相互独立，还是包容从属关系？

还有第 3 个定义提到雷歌由雷州本土谚和谣逐步演进，并受格律诗词影响逐步形成，问题是，雷州本土的谚和谣产生于何时？创造主体是谁？所持语言是雷州土著先民的语言还是后起雷话？倘若雷歌果为谚和谣逐步演进而成，在这个过程中，所持语言是一致还是发生了变异？

第 2 个定义，显然过于粗陋，事实上，雷州半岛存在的民歌形态除了用雷州方言演唱的雷歌和哭嫁歌之外，还有非雷话演唱的咸水歌、廉江崖歌、吴川山歌、水歌、姑娘出嫁梳头歌等。①

第 4 个定义采用列举定义法，试图涵盖雷歌集合下所有表现形式，可以让人们对雷歌几种现实具体形态有直接了解，但雷州民谚从其音乐属性而言，显然不宜归属于雷歌范畴。且该定义提到雷歌融汇汉闽文化、土著文化、外来文化，但文化的融合过程往往错综复杂，牵涉并掺杂着政治、经济、军事、宗法等多种力量，在这些力量错综交织而形成的合力之下，弱势文化往往在碰撞与较量中面临着被驱逐被边缘化甚或改写及毁灭的命运，当然不同文化相互之间和谐借鉴并交融产生新的文化综合体的现象也有，但肯定不会是简单的文化大杂烩，所以这个表述有些笼统，有失严谨。

所以，确立雷歌概念时，我们必须思考：如果使用雷话演唱才算雷歌，为什么必须使用雷话演唱？在什么时候、什么情况下开始使用雷话演唱？使用雷话演唱对于雷歌的形成与发展具有怎样的意义、作用和影响？使用雷话演唱雷歌，其"源"何处？"流"在何方？雷歌又是如何在雷州半岛早期存在的民歌以及本土文化的基础上或影响下，获得独立性并确立自身的本体性？如此之类的这些问题是雷歌发展史研究不可回避而且务必回答的难题。因此，要廓清雷歌的来龙去脉，必须以上述问题为基本框架，运用文化人类学、人文地理学、传播学、语言学等多学科，结合雷州

---

① 邓碧泉：《湛江民间艺术志》，广东人民出版社 2006 年版，第 42—47 页。

史料、雷歌文本及民间记忆，对雷歌的形成发展及其时空传播做出符合历史本来面目的科学判断。

鉴于对上述问题的强烈关注，我阅读了所能搜集到的所有有关雷歌研究资料，希望从中发现针对性的解答。

通览之后，我发现现有研究资料中确有不少学者或多或少对上述问题有一定的思考，尤其是在21世纪初，雷州半岛本土文化工作者针对雷歌的源头问题掀起一番热议，纷纷著文在当地媒体（《雷州日报》、《湛江日报》等）发表文章申明自己观点，其中确有不少人注意到了雷歌与雷话的关系，雷歌与雷州半岛民系结构变化的关系，遗憾的是，多数论者急于表达观点，辩驳对方，缺乏详细可信的论据与分析。

但是对现有雷歌研究资料的阅读和梳理，使我获益甚多。首先，这些资料，给我提供了加快理解雷歌的可能，尤其是有关雷歌内涵解析及评价的著述，可以帮助我这外乡人克服陌生方言土语带来的阅读障碍，理解雷歌并进而领会其情境，强化感性认知，拉近我与雷歌的情感距离。其次，逐项考察雷歌研究成果，明确它们的整体研究范围和研究程度，把握整体研究格局，在理解前人努力及成就并致敬的同时，有助于发现雷歌研究的空白点，明确自己的研究方向和使命。再次，这些雷歌研究资料中牵涉到许多有关雷州半岛的历史与文化，可以顺藤摸瓜找到更多史料来建构本人对雷州半岛历史的认识体系。

所以，请允许我在此赘言，对现有的雷歌研究成果进行述评，并阐明我的研究框架和思路。

一　雷歌研究历程

雷歌在雷州半岛有着很强的乡土文化凝聚力，正如前文提到的田园村村民那样，雷州半岛本土文化工作者一样对雷歌充满热情和文化自豪感，他们不仅搜集整理雷歌歌本，保存了大量具有雷州文化活化石价值的文字资料，还从多个角度考察研究雷歌，积累了一定数量的研究成果。

雷歌的发现、搜集、整理及研究的起承转合与整个中国社会的体制及其影响下的雷歌的兴衰紧密相依，表现出生命的张力和内缩的双重性。

（一）雷歌研究的开启

雷歌起始于何时？雷歌研究起始于何时何人？抑或因为历代知识分子鄙薄于民间乡土之歌，无心关注，所以在雷州半岛明清之前的历史文献中几无雷歌踪迹。抑或因为雷州半岛历来战火频仍，尤其明清交际之时，雷州半岛几为焦土，连雷州郡城也沦落到"城中茂草侵天、瓦砾满地；城外新招残黎皆编草为窝，苟延残喘，触目伤心，非复人境"，[①] 以致雷州半岛文献史料出现零散、断片的现象，遗失了有关雷歌的重要记录。总之，因为史料匮乏，这两个问题都无法确切解答。

从现存资料来看，《雷州歌谣话初集》（1925 年赤坎华文印务局刊行）是新中国成立之前国内外集中论说雷歌之仅见文献，著者为清末民初海康（今雷州）人黄景星，他热衷于雷歌的"搜集、整理、结集、编印到探索、研究、论著、创作，成就卓著，硕果累累"。[②] 只可惜，除了《雷州歌谣话初集》、《通俗杂志歌全韵》、《榜歌分法汇选目录》、《刍玉集》外，黄景星编印和自己创作的雷歌、雷剧及其研究著作现已大多亡佚，使得有心此道的学人们很难搜罗齐备。

黄景星从事雷歌研究的时代，正是民国初年社会转型、军阀混战、土匪四起、黎民涂炭的变乱时期，也正值北大歌谣学运动（1918—1925 年）方兴未艾、中大民俗学运动（始于 1927 年）酝酿之初的知识分子思想解放时期，其意识观念无疑受当时雷州动荡不安的社会局势与日新月异的文化潮流所影响。黄景星的过人之处在于眼睛向下，敢对上流社会、文人士大夫向来不屑一顾视为鄙俚不文的乡土之歌，从许多方面给予很高的评价，并全力以赴地搜集、整理、研究、编印，具有超前的学术思想，在其《雷州歌谣话初集》文中有这样一段文字："余意将来所拟歌题，宜以社会教育为重。凡我郡旧俗之淳者，力为保存，俾免浸淫于欧化。然而世界之眼观，潮流之趋势，苟能随时引导，略就儿童妇女家庭方面着想，使揣摩家渐阅此项杂志，输入国民知识，则其潜势力，必捷于学校及宣讲者多

---

① 龙鸣：《清官缘何出雷州》［EB/OL］．（2012 - 11 - 25 17：29：59）［2012 - 12 - 13］．http：//zjphoto. yinsha. com/file/201211/2012112517202655. htm。

② 林涛：《雷歌大全》，中国戏剧出版社 2006 年版。

矣。有心者请留意焉。"① 黄景星这种学术情怀及行动，客观上与新歌谣运动遥相呼应，开启并影响了后世雷歌的研究格局，因此，被后世誉为"对雷歌贡献至伟的第一人"② 并非过誉。

黄景星从多个角度对雷歌进行了探究。

第一，该著收录了大量雷歌，除有六条雷谚、四首雷谣外，共计收入雷歌八十九首。既有来自当地历史文献的土风民谣，也有采自民间的随口歌吟，还有历代文人的试水之作，其丰富的雷歌题材共同呈现了清末民初雷州半岛上不同社会阶层屑小人物鲜活生动之日常生活的画面长卷，保存了至为珍贵的第一手历史资料，具有较高的文献价值与研究价值。

第二，著中例举雷歌，附有衬词衬句，力求原汁原味，为再现雷歌情境提供了可能。同时注重雷歌音义注解的翔实性与可靠性，遇有方言土语，每个难解汉字下面均用"直音法"或"反切法"标出发音，歌后附"解"，或逐词逐句介绍方言意思，或解释歌意及歌唱缘由、情境。并针对雷歌常用赋、比、兴叙述方式与双关、顶针、回环、反复等修辞手法，提出了艺术审美标准，做了深入分析。黄景星的这种研究务实的态度，客观上具有突破地域限制促使更多外乡人理解并欣赏雷歌的积极作用。

第三，根据时代风尚和社会状况结合具体雷歌作品进行了切合民间实际的分类研究，厘定了"口头歌"（含"情意歌"、"游戏歌"、"条歌"等）、"班本歌"、"出榜歌"、"姑娘歌"的定义，分析其兴起原因、歌唱形式、题材主题及句体音韵的变化与格律的衍化，考辨不同类雷歌的演化关系及演唱主体，且对雷歌形态演变的时间问题，诸如由俚谣变成歌体、班本歌由情义歌脱化、榜歌兴起等关键时间做了判断，其结论大部分得到后世雷歌研究者及当地民众的认可与遵从，主要是在雷歌生成及演变的时间判断上后世尚存争议。

该著上述几方面的研究开辟了雷歌的研究范畴，至今，后世的雷歌研究仍沿袭其研究思路，基本未有突破，故它被誉为"现存清末民初雷歌研

---

① 黄景星：《雷州歌谣话初集》，赤坎华文印书局1925年版。
② 何希春：《雷州歌大典》，中国文联出版社2002年版。

究的标志性成果，为雷歌研究奠定了第一块基石，亦为后世研究雷歌提供了一个较高的平台，有披荆斩棘之实"。①

当然，《雷州歌谣话初集》也有它与时俱在的局限与弊端：首先，由于作者是旧时代文人，仍然未能完全脱离士大夫的欣赏趣味，习惯从单一的文学视角鉴赏雷歌，在拗牙难懂的土话与言文俱通的白话之间倾向于后者，品评雷歌的时候有时表现出迂阔腐儒的一面来，如认为少数赋体雷歌"究未免太露迹象，失忠厚之意矣，非可以怨者"；"过于浅陋，便如嚼蜡矣"。其次，虽对姑娘歌当中的一些优秀作品给予中肯评价，但总体评价不高，认为"姑娘歌最为恶习，有民责者早应革除"。

（二）50 年代后的雷歌研究

1954 年，驻扎于雷州的零九六五部队派李浩普、廖东初等五人到海康县最好的两个歌班——和平剧团、新华剧团及雷歌最盛行的麻扶村采风，向海康、徐闻两县的宣传队学习雷歌，搜集歌词六百余首和曲调两百支，在此基础上形成《雷州歌选集》与《雷州歌介绍》（同年由零九六五部队文工团资料室作为对内研究资料编印），其中前者主要是对采风所得雷歌进行了整理，后者是几位作者从不同角度对雷歌所做的探究。

廖东初《雷州歌的种类及其沿革》对雷歌历史和基本形态的梳理在基本继承黄景星观点的基础上，也提出了自己的见解：其一，由格律粗犷灵活的古体歌谣转化为格律严格的近体歌谣，可能始于清朝初叶（或更前一点）；其二，雷州歌谣之所以渐渐格律化，可能是因为经过士大夫的桥梁作用，即把中国古代格律诗之格律吸收到土谣当中，使之格律化；其三，雷州歌谣自上风逐渐演变到近体歌谣，大致都是单线发展，从近体歌谣起，就逐渐分化出几个新的形式（歌谣仍为嫡系），形成了雷歌形式上的多样化。

廖东初、梁红鹰《雷州歌谣的人民性及现实性》受时代影响，对雷歌的思想内涵做了政治色彩强烈的分析和评判，推崇具有揭示封建社会与半封建社会农民阶级与地主阶级之间矛盾、民主自由与封建制度矛盾意义的

---

① 李雄飞、张莲：《〈雷州歌谣话初集〉研究》，《广东海洋大学学报》2010 年第 30 卷。

作品，而对文人出身的黄清雅等人创作的歌曲提出严厉否定，认定士大夫们或消遣荒淫生活，或发泄无聊情感，或有意创作黄色歌谣麻醉人民。

李浩普、李佳向《雷州歌的音乐》则分析总结了雷歌的乐曲组织形式、调式、曲调和衬字的特点，指出雷歌音乐形式比较简单独特，受制于雷州独成一系的语言，曲调的独立性不强。

1959年5月，中共湛江地委雷州歌剧改革座谈会，由地委宣传部牵头，当地艺人和文化工作者出席讨论研究了雷州歌剧艺术革新和建设问题。当年9月，组建了雷州歌剧改革工作组，进驻雷州歌剧团开展改革工作，革除"爆肚戏"，① 着手剧目和唱腔改革，这场雷剧改革运动中，宋锐、陈湘、刘拔、詹南生等当地文化工作者自始至终参与并致力于雷剧剧本及音乐的改革工作，促使雷剧唱腔剧目体系化，成为广东四大地方剧之一。参与改革研讨的这段经历，促使他们从多个角度对雷歌进行了思考与探析，所以，尽管"破四旧"、"文化大革命"使雷歌研究中断长达十多年时间，但拨乱反正后，《海康文史》1984年创刊，提供了研讨雷歌的话语空间，他们便即刻参与到雷歌的研究活动中，发表论述，成为八九十年代雷歌研究的中坚力量，他们的努力再续了雷歌研究的命脉。

改革开放为沉寂多年的雷歌提供了生机，1981年秋季开始，民间掀起群众赛歌热潮，如同雨后春笋般萌生的雷歌歌社也遍布半岛，但以歌养社的经营模式在多种新兴媒体娱乐方式及经济大潮的冲击下，难以为继，1983年底，歌社陆续自关门户。在此形势之下，1984年，当地文化工作者和歌手们在海康县县委支持下自发成立了海康县雷歌研究会，旨在挖掘、整理雷歌遗产，研究、发展雷歌创作和培养新人，其所印发会刊《山稔花》，登载雷歌故事与作品的同时也收有刘拔、刘树人、吴保盛、詹南生、黄勇、郭庆时、林胜等人所撰研讨雷歌艺术表现手法、特色及流派的文章。

从1984年由海康县政协文史组编第1期《海康文史》开始，之后多期登载了从文字、音乐、形式等多种角度研究雷歌的文章，它们分别是：

---

① "爆肚戏"意指只有提纲和大致的故事梗概，不用排练没有剧本，几个演员台上临时编词唱戏。

1984 年第 1 期,詹南生的《雷州民间音乐》;1984 年第 2 期,阿松(宋锐)的《从谚瑶到雷州歌的历程》与詹南生《雷州歌音乐》;1986 年第 5、6 期,有阿松的《姑娘歌的产生及其活动》(上)、(下);1987 第 7 期,阿松《雷州歌剧的产生及其年代》;1988 年第 10 期,陈湘、宋锐、詹南生的《雷剧志》、宋锐的《雷剧大事纪年》、阿松《雷剧的组班及其演出》;1989 年第 11 期,黎也松的《雷剧的剧目问题》、詹南生的《雷剧志(传记部分)》;1989 年第 12 期,詹南生的《雷剧志(表演部分)》;1990 年第 13 期,詹南生的《雷州歌韵及其合并简介》;1990 年第 14 期,阿松的《为革命而高唱的雷州歌》、宋锐《雷剧的昨天及其明天》及蔡叶青的《试谈雷州歌唱词的用字》。

1986 年陈湘、宋锐、詹南生三人所撰《雷剧志》(1986 年)由《中国戏曲志·广东卷》编辑部油印发行,首次系统梳理了雷剧发展史。

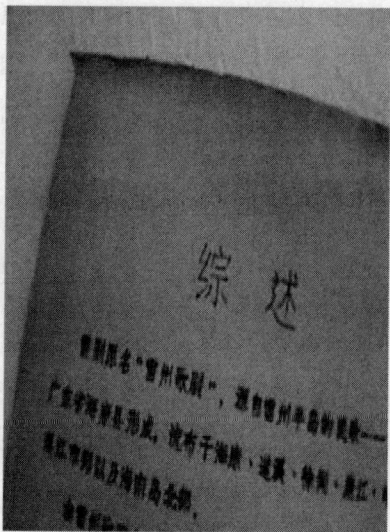

1990 年湛江市雷歌研究会成立,次年印发《雷州歌声》,也登载了若干研讨雷歌的若干文章:何希春《雷州歌坛竞风流——试探雷歌的流派》、詹南生《雷州歌韵及其合并简介》、王福和邓景星《雷州歌韵例歌浅举》、蔡叶青《试谈雷歌词的用字》等。

1996 年,《南渡河之歌》作品研讨会召开,数位当地文化工作者对该作品集的艺术特色进行了研讨，完成数篇学术文章。2001 年与 2002 年，《湛江日报》与《雷州报》上集中发表数篇雷歌起源的争论性文章，这些文章可根据其主张分为两派：一派是闽南派，认为雷歌是闽南民歌的外延；另一派则是本土派，认为雷歌是雷州本地语言文化经历了"谚—谣—歌"这样的发展历程自然形成的结果。2006 年的 2 月与 6 月，《雷歌大全》和《雷州歌大典》分别出版，两书在收录大量雷歌的同时也收集了历来发表的研讨文章并做了一定补充。

从 2008 年开始，湛江师范学院、广东医学院及广东海洋大学学者涉足雷歌研究，相继发表《寻源问曲话雷歌》、《漫谈粤西雷剧音乐》、《从传世雷歌探析雷州半岛妇女的生存状况》、《雷州歌的起源与艺术特征探析》、《趣味深长话雷歌》、《黄清雅与雷歌》与《雷州歌谣话初集研究》等文章。2009 年，李冰撰写硕士学位论文《雷州民歌研究》，分析孕育雷歌的自然环境与人文历史环境、雷歌的音乐形态与风格特征、歌词的构成特点，运用田野调查法研究了雷州民俗活动中的民歌文化，并比较了社会变迁中雷歌的发展状况，针对雷歌现状提出个人建议。

新中国成立后的雷歌研究在时间维度上呈现出波浪形起伏状态，有六个小高峰期，后四个波峰间距比较均衡。其余时段雷歌研究相对冷寂，几无研究成果。这六个高峰期分别为：①1984 至 1987 年海康研究会的研究；②1991 年的湛江市雷歌研究会的研究；③1996 年针对雷歌创作者作品集展开的研讨；④2001 年、2002 年雷歌源头的争论；⑤2006 年《雷州歌大典》与《雷歌大全》的出版；⑥2008 年起至今高校学者的研究。其中，从参与人数及发表文章篇数来看，第④与第⑤高峰期是研究成果最多的两个阶段，是雷歌研究热情最为高涨的时期。

二 雷歌研究格局及问题

从全国疆域位置来看，雷州半岛地理位置僻远、文化相对比较封闭，雷话的独特性使得其他方言语种的人口产生语言理解乃至交流的障碍，是故雷歌传播范围受雷话流布限制，与半岛之外其他地区民众甚少民歌文化往来，雷歌也因此在全国民歌体系里始终默默无闻，没有引发全国范围的人文社会学科学者的学术兴趣与广泛关注，雷歌研究相比西北花儿、广西壮族民歌等其他地方民歌的研究而言，在一定程度上可谓处于边缘化境地。

在如此沉寂没有学术名家关注的研究领域，在史料匮乏、政治运动冲击、缺乏学界理论支援等多种现实因素困扰下，宋锐、陈湘、何希春、詹南生、刘拔等本土文化工作者在身兼各种行政事业职务的同时，仍执着坚守于雷歌研究，作为后继者的我面对前辈们克服孤寂所做出的努力，由衷觉得应该向黄景星以及秉承黄景星研究精神默默耕耘并努力收集、整理、研究的前辈们致敬！

但不容回避的是，雷歌研究缺乏方法论意识，几十年来基本因循黄景星的既定研究框架，整个雷歌研究格局在近乎八十年的研究历程中一直表现出超常的稳定性，其研究视野及主题自始至终局限于文学、音乐学和语言学的领域里，其主题主要囿于如下几方面：

1) 雷歌起源与流变研究；

2) 雷歌词曲形态的描述和研究；

3) 雷歌音韵研究；

4) 雷歌审美研究；

5) 雷歌演唱形式和风格的描述性研究；

6) 对雷歌创作者、歌手、收集者以及研究者的介绍与评价等。

除了上述几类主题，对雷歌的社会文化研究和民俗研究也略有涉及，但缺乏有力的突破与扩张。事实上，这样的局面并不仅仅是雷歌研究如此。杨沫于 2004 年 12 月《音乐研究》第四期上发表的《从花儿研究现状思考中国民歌研究中的问题》以西北花儿研究现状为实例，将审视范围扩大到全国，发现专业领域局限于文学、语言学和音乐学，形态描述与研究在研究中处于压倒性地位，研究方法简单，学科范畴单一，具有突破性价值的研究结论匮乏，研究随意、零散、表层，是全国各地民歌研究共有问题。只是相比之下，雷歌研究主题高度得不到提升造成的窘迫更凸显而已。

不为尊者讳，笔者敬重雷歌研究界的前辈们，但必须指出的是，雷歌研究主体身份特性在一定程度上是造就如此局面的原因之一，到目前为止，雷歌研究主体中绝大部分为本土人士，正如李冰在其硕士学位论文《雷州民歌研究》中所统计，他们无论是雷歌创作者（如何希春与吴保盛两人），或是音乐教育者，或是当地文化管理工作者，都曾经或是正在担任政府部门的官职，① 这种身份的交错性，使具有强烈本文文化自尊与自觉意识的他们除了撰写文章呼吁重视雷歌的同时，还格外关注雷歌的思想正确性和教育性，具有鲜明的政治取向和审美倾向性。研究主体的这一特性在一定程度上强化了雷歌研究主题的高度集中性。

当然 2008 年后，集中于湛江高校的外地学者参与雷歌研究，在一定程度上增加了雷歌研究的学术独立性。他们因其自身的地缘文化积淀不同于雷州文化，与本土研究者热爱地方文化的强烈正名意识相比，能够相对冷静地从其他视角对雷歌进行审视，在研究内容及方法上都有一定拓展，比如湛江师范学院的几位研究者从传世雷歌探析雷州半岛妇女的生存状况，② 广东海洋大学的李雄飞对黄景星雷歌研究著述进行探析。③ 但是，高校研究人员自身的地缘文化积淀与雷州文化有一定的隔阂，再加上地方语言不通，使其深入田野考察存在一定障碍，这对搜寻第一手资料产生了一定影响，多依赖于当地文化工作者所保存的资料进行研究，对研究雷歌内核产生不利影响，而这种文化隔阂也在一定程度上消解了外地研究者的研究热情，所以其研究多为对某一具体问题的探讨，所发成果仅为单篇，并未形成持续连贯性的研究规模。

雷歌研究不仅存在全国民歌研究的通病，从雷歌研究的具体操作来看，还普遍存在两个明显的弊端。

首先是概念模糊及混用现象。"雷歌"这个最基本概念的界定问题我在前文已经提及，此处不再赘述。除"雷歌"概念不清之外，还存在其他一些基本词汇的多重定义给雷歌研究带来困扰现象。比如宋开禧元年雷州

---

① 李冰：《雷州民歌研究》，湖南师范大学硕士学位论文，2009 年。
② 彭展、魏珂、吴志雄：《从传世雷歌探析雷州半岛妇女的生存状况》，《广东史志视窗》2009 年第 4 期。
③ 李雄飞、张莲：《〈雷州歌谣话初集〉研究》，《广东海洋大学学报》2010 年第 30 卷。

教谕李仲光撰写的《重修御书楼上梁文》中有"听取欢谣，敢陈善颂"之句，便有著者认为这证明雷歌问世于宋代，[①] 但此句"谣"是否等同于"歌"，尚需慎重，毕竟两字历来文献中既意有区别但又有连用，通指民歌的现象。

其次，雷歌研究还存在一个明显的弊端：论断随意，缺乏实证性材料。比如关于雷歌的产生时间，如前文所提有多种说法，但均缺乏有说服力的史料支撑。再如雷歌流布范围，《雷歌大全》序言称"随着人口的迁徙，传播到省外国外，尤其饮誉新加坡、马来西亚、印度尼西亚等东南国家和地区"，人口迁徙固然会产生某地方民歌随之流播的可能性，但雷歌在所提及这些东南亚国家是否确实享有盛誉，从现有的材料来看，并无实地考察研究支撑此说。

三 研究的理论基础

基于现有的雷歌研究成果大多拘泥于从微观层面进行雷歌形态描述和研究，且受本人专业积累与学术能力限制，本书预设的论说场域，既非宏观，亦非微观。也就是说，本人并无野心去建构所谓自成体系可以包罗一切的整体理论；也并不企图用宏大的叙事方式去解释所有可观察到的与雷歌相关的社会行为、社会组织及社会变迁；也不想陷入对具体雷歌文本或某一雷歌活动的细节进行详尽解读的窠臼之中，从而失去整体的概括性。本书力图将雷歌本体、民间歌手、听众群体、唱歌情境视为整体——雷歌文化，并将之定位为隶属丁雷州半岛传统文化的一个子系统。希望穿梭于宏观文化范畴（雷州半岛文化）和微观范畴（具体文本、具体情境）之间，对雷歌文化的一些现象进行讨论。

也就是说，本书预设的"问题域"既非日常化、琐碎化，亦非抽象化、宏观化，而是介于两者之间。可以说本书所设置的研究范畴和分支论题，就是在社会学中层理论[②]的指导下对一种中观文化现象的讨论。

---

① 宋锐《雷歌姑娘歌问世的年代及其活动》和王国汪《雷州歌源远流长》等文均持此说。

② 这个理论参见［美］罗伯特·金·默顿著作《论理论社会学》，华夏出版社 1990 年版。

之所以将雷歌本体和民间歌手、听众群体及唱歌情境组合视为整体，并将之作为雷州半岛传统文化的子系统，是因为雷歌之所以能够诞生、流传、兴盛最直接的原因是地域的认同、族群的认同、生活的认同等，最根本原因则是它契合于雷州半岛传统文化意识准则。契合及认同的实现必然由参与这个过程的雷州民众作为主体完成，主体认识、理解、承认、欣赏、模仿及创造的过程，往往并非其自觉自律有意识的文化追求，而是在传统文化潜移默化影响及左右下完成，"传统文化是一种观念之流，是一种价值取向，是肇始于过去融透于现在直达未来的一种意识趋势和存在。被称为传统文化的东西，必定是在社会机体组织及人的心理结构中有着生命力和潜影响力的东西，这些业已积淀为人的普通心理素质的因素，时刻在规范、支配着人们未来的思想、行为。"① 所以对雷歌进行历时性研究将之与活动主体和具体活动情境割裂开来，罔顾三者之间相互作用关系，漠视传统文化对三者关系的深刻影响，必然导致雷歌研究的表层化与碎片化。

事实上，雷歌文化的产生与存在不仅因吻合雷州半岛传统文化意识准则而得到这片红土地上民众心理认同及青睐，还在于雷歌生成后随着其表现形式分化及其传播功能裂变，既满足了乡土社会中人们情感与娱乐、神诞年例民俗活动神人共娱的显性需求，也满足了雷州半岛乡村知识延续及传统道德教化等方面的隐性需求，在乡民生活世界中扮演着十分重要的角色，承担着独特而重要的传播意义，乡村的传统民间信仰、价值规范、民间俗信都得以通过雷歌文化得到传承。所以，雷歌文化不仅是适应并接受着雷州半岛传统文化的影响，也悄然反作用于雷州半岛传统文化，并成为传统文化的重要构成及表征之一，因此，雷歌文化与雷州半岛传统文化各自形成多层文化结构，同时它们又是难以相互割裂的统一体。

四 方法论及研究方法

一般地说，在社会研究中存在着两种基本的也是相互对立的方法论倾

---

① 王杰：《传统文化的价值取向与主体价值问题》，《传统文化与中国人》，辽宁大学出版社1988年版，第12页。

向。一种是实证主义方法论；另一种是人文主义方法论。实证主义方法论认为，应该对社会现象相互联系进行类似于自然科学那样的探讨，通过非常具体、非常客观的观察，通过经验概括得出结论，同时，这种研究过程还应该是可以重复的。在研究方式上，定量研究是实证主义方法论的最典型特征。而人文主义方法论则认为，在研究社会现象和人的社会行为时，需要充分考虑到人的特殊性，考虑到社会现象与自然现象之间的差别，要发挥研究者在研究过程中的主观性，用韦伯的话说，就是要"投入理解"。在研究方式上，定性研究是人文主义方法论的典型特征。

本书以雷歌文化为研究对象，在雷州半岛传统文化与雷歌本身、民间歌手、听众群体、民歌情境等要素之间，通过对它们之间千丝万缕关系的梳理，理解雷歌的生成、时空流变、传播动力及社会功能的变异，论题本身内容性质决定了研究取向以历时性研究为主，要求研究者的情感、心智和理性都尽量回到历史现场去，注意从雷州半岛历史的实际和雷州人的意识出发理解雷歌这个社会历史现象，从移民、拓殖、身份与族群关系等这些乡土社会构建的几个重要因素出发，重新审视雷州半岛传统乡土社会及文化系统对雷歌文化的情感认同，以及对雷歌文化被创造与传播的机制的深刻影响，也就是说在研究方式上而言，需要论者"投入理解"，对身处历史长河当中的雷歌文化做出切合现实的文化"阐释"，是故本书方法论上比较倾向于也适宜于采用人文主人方法论原则。

雷歌传播研究课题的综合性与跨学科性，使本书主要运用的研究方法包括文献研究方法、跨学科的方法、语境化方法。①

1. 文献研究法

文献研究方法是本书采用的最基本的方法。文献研究是一种通过系统收集、查阅和分析现存的、与某一问题领域相关的各种以文字、数字、符号、画面等信息形式出现的文献资料，来探讨和分析相关社会行为、社会现象的研究方式。通过文献研究可以帮助研究者熟悉和了解本领域中已有

---

① 孙瑞祥副教授 2009 年博士学位论文《当代中国流行文化生成机制与传播动力阐释》中关于其论题的方法论原则与方法的选择对本书写作启发很大，特此致谢。

的研究成果，为研究者提供可供参考的研究思路和研究方法，并为解释研究结果提供背景资料。

2. 跨学科的方法

本书预设的论说场域为地域文化的中层研究，本身具有一定的开放性，对其构成要素及相互关系的研究必然横跨文化人类学、社会学、传播学及史学等学科，特别是传播学，雷歌文化本身就是社会传播现象，"从一定意义上说，文化的本质就是传播，没有传播就没有文化的传承、增值与重构；没有传播，也就没有文化的冲突、变迁与控制"，①文化与传播在很大程度上同质同构、兼容互渗，所以传播学理论的介入为雷歌文化研究提供了重要的理论平台。简言之，对雷歌文化这样一个复杂的地域文化现象展开研究，任何单一的阐释方法和理论尺度都存在局限性。正如戴锦华所言："作为一种朝向社会实践的文化实践，文化研究始终是一种越界行动。它拒绝惜守既有的学科建制与学科壁垒，它拒绝学院四壁高墙内的阻隔与间离。相反，它不拒绝一切既有的、可资使用的理论与文化资源。……如果说存在着文化研究的传统与精神，那么它正是跨越学院与学科壁垒，直面思想与社会的挑战。"②

3. 语境化方法

所谓语境（context），"指表现在具体话语和文本中使用语言的环境"。③ 它包括的范围较广，狭义上指语言使用的上下文，但"在某种包罗万象的意味上，它可能用于描述更大的社会、政治与历史的情势与条件，某些行为、过程或事件就处于这些情势与条件之中，并被赋予意义"。④ 所谓语境化，就是指理论研究的历史化、过程化与地域化，直接还原于其生成的社会环境中予以把握，力求品味其原汁原味。也就是强调发生学意义上理论生成的"此时此地"。任何地缘性文化都有其时间与空间上的唯一

---

① 郭庆光：《传播学教程》，中国人民大学出版社 1999 年版，第 124 页。

② 戴锦华：《文化研究的理论与实践》，[英] 阿兰·斯威伍德《大众文化的神话》，冯建三译，生活·读书·新知三联书店 2003 年版，第 4 页。

③ 杨荫隆：《西方文学理论大词典》，吉林文史出版社 1994 年版，第 966 页。

④ ［美］约翰·费斯克等：《关键概念：传播与文化研究辞典》（第二版），李彬译注，新华出版社 2004 年版，第 58 页。

性或特指性，都有生成的历史场景与缘由。因此，对雷歌文化的解读，需要直接还原于其生成的社会环境中，力求原汁原味。①

五　假设观点及章节安排

基于笔者目前所能搜集资料的局限性及自身学术积累的欠缺，只能基于现有所能发掘的研究资料（史料、雷歌集、民间传说）的观察与思考，提出五个假设，并围绕之专设五章分别展开分析与论证。

假设一：在雷州半岛，雷歌这种文化遗产的产生与宋元明清之时的闽南移民有着根本性的关联，其艺术母体为明时闽南民歌，也就是说雷歌实为闽南民歌在雷州半岛本土化之后的变种。其独立性的获得与雷州方言——雷话的流变过程如影相随。当闽南话蜕化为雷话并进而成为雷州三县主流话语后，雷歌也随之获得独立性，成为雷州文化的重要构成之一。其本土化以及传播原点均在雷州半岛，并且随着其盛行内化为雷州三县的精神文化依托。

假设二：雷州乡土社会作为雷歌文化滋生演变的场域，其内部各种社会力量的变化走向及社会传播形态从根本上决定了雷歌文化的衍生走向，驱使其依随雷州民众的各种显性、隐性需求而发生功能的裂变，并在宗法社会力量强化的现实中，又出现一定程度的功能聚变。雷歌文化在裂变过程中，显示了其顽强的适应性和扩散力，其生存场域的乡土性也天然地决定了雷歌文化的"土里土气"，其内容从多个方面展演了雷州乡土生活各个层面的特质，以其内容"接近性"、"相关性"博得雷州民众情感高度认同，为其赢得了良性发展的动力。

假设三：作为近乎全民性的雷歌文化，其传播主体的构成复杂且各种类型的传播主体在其中所发挥的传播功能不同，传播效果不同，其中乡村文人在雷歌文化传播中心态复杂斑驳，其行为方式也有所侧重，从整体而言，乡村文人在雷歌道德教化功能的强化中无疑起了先锋作用，这与其社

---

① 孙瑞祥：《当代中国流行文化生成机制与传播动力阐释》，天津师范大学博士学位论文，2009 年。

会地位与传统文人思维有关。民间文化艺术的传承往往依赖于优秀的民间艺人，雷歌文化同样也是如此，多种方式的传承确保了雷歌文化薪火相传的内部动力。

假设四：借助于民间传说故事的中介作用，雷歌文化的集体记忆被不断强化，而且民间传说故事的叙事模式类型及其内容事实上显示了雷州民众选择性接触、理解、记忆雷歌的模式，是我们了解雷州乡土社会文化心理的极好渠道。

假设五：雷歌文化的发展现状不容乐观，最突出的问题是缺乏有力的传承，存在断代的潜在危险，这个问题并不是雷歌文化独自黯然承受的命运，国内许多地方民间文化艺术都面临这样的窘迫问题，这是全国乃至全球性的文化问题，但雷歌文化的衰落有着导致其濒危的区域性诱因。如何在当今全球化浪潮席卷之下，在雷州半岛仍然能够最大可能地本真地保护雷歌文化存在，这是当下地方政府、文化研究者乃至雷州民众必须协力解决的问题，笔者认为关键就在于如何解读和化解这些区域性诱因。

考虑到笔者驾驭能力有限，为集中笔力阐述上述假设，前四个假设以雷歌文化发展的前中期为考察对象，第五个假设则围绕雷歌文化的后期，即新中国成立后的状况来展开观察分析。所以，前四章的分析均没有牵涉新中国成立后影响雷歌发展的相关因素，只在第五章才集中笔墨分析新中国成立后雷歌文化的现状及相关要素。另外，雷歌随着发展裂变出几种歌唱形式不同的歌种，在论述中，考虑到雷剧虽为雷歌演化而来，但已成为戏剧，其属性已发生根本性改变，所以只在第二章雷歌裂变过程中对雷剧有所介绍，其他章节不再兼顾雷剧，且观察研究较多集中于姑娘歌。最后，笔者想说的是，作为外来妹，终究底气不足，写作全程自我否定、自我激励，充满纠结和痛苦，饶是这般如履薄冰谨慎小心，也必有许多疏漏与褊狭让大家一览无遗，但只要能抛砖引玉，在批评与否定中，能挖掘出更多为笔者所疏忽的或所误读的事实，或许对雷歌文化的保存有些许助益，那么笔者也便知足和惊喜了。

第一章 雷歌文化生成及传播原点

在雷州文化史上的某些重要时期对于雷歌具有原点意义，在这个时期，基于雷州特殊地理生态环境的变迁、特殊的疆域地位、历代统治者的开疆制度、行政区划调整、历代移民运动等多种历史原因，各种政治经济因素在雷州半岛这样特定环境中互相依托、互相协调、互相矛盾、互相对立且处于相对运动中，诸多文化因素必然也裹挟其中，出现或酝酿着一定的变异以适应动态变化的社会结构，所有这些或明或暗的嬗变与蜕化成就了别具一格的雷州文化，也为雷歌文化生命体的出现做好了历史准备。也正是基于这样的文化温床，雷歌文化生命体在其孕育过程中天然地具有一定历史地理基因，促使其在传播过程中的发展与流变和雷州文化发展内在逻辑具有一致性，从音乐形态和语义内容等方面表现出对雷州社会形态的适应性。

第一节 雷歌源头争议及辨析

面对任何研究对象，追本溯源是每一位学者的学术本能，讨论雷歌文化生命体的发生及其传播原点，必然涉及三个基本问题：一是孕育雷歌文化的艺术母体，即其生命基因的源头；二是雷歌文化成型的背景性因素；三是产生的具体时间与地理位置。

针对第一个问题，不少本土文化工作者纷纷提出了各自的观点。从目前来看，因对雷歌源头认识不一，基本上分裂为观点对立鲜明的两派："本土派"与"闽南派"，卷入论者之多，火药味之浓在雷州本土文化研究中亦为一时轰动之事。除此之外，亦有论者独立于争论之外，提出个人主张，其中冯明洋的"越歌支系"说，以其视角的独特性为其中醒目者。"本土"、"闽南"与"越歌支系"三说基本涵盖了所有论者关于雷歌传播原点的看法，笔者观其论述，各有得力之处，亦有乏弱甚至谬误之处，是故细辨其论据及逻辑，力图厘清有关雷歌源头的是非，提出新思路。

一　两派之争

（一）"本土"说

在三说之中，此说最早，根据现存资料来看，当可追溯到清末民初的黄景星《雷州歌谣话》。该作开篇即为"土风章第一"，收录了源自《雷州府志》、《国史馆》与其他文献所遗留的几首土风，以此表明雷歌有本可寻，源远流长。"古体章第二"首段云："土歌未有言及明代事实者，大约由俚谣变成歌体之时，总不出清之雍康间，而盛于乾嘉，衰于咸同以后。其最古者有五言，有长歌，有首句用阳平声为韵，总不如今体之必须七言四句，首用仄韵，次用阴平，尾用阳平。其句首仅可添一二字或三字而止。"①

1954 年，零九六五部队的廖东初采信此说，其《雷州歌的种类及其沿革》也依土风—古体歌谣—近体歌谣顺序介绍雷歌发展史。

1980 年，陈湘在《雷剧研究与改革》第一期发表《浅谈雷剧唱腔的发展历史》沿承这个观点，认为雷歌的前身是俚谣（或称土风），并提出"雷歌原始的音乐因素是起源于雷州话的语音"这样的观点。②

1984 年，宋锐认为雷州本土后期歌谣"歌藤"的格律与雷歌格律具有相似性，认定前者为"母体"孕育出古体雷歌和今体雷歌，从而明确提出雷歌产生和演变的全过程可以概括为"谚"、"谣"、"歌"三大阶段。③至此，"本土派"观点成型，并得到不少论者认可。例如吴建华《雷州传统文化初探》认可此说，并从句式演变、协声押韵相似性等角度确认雷州

---

① 黄景星：《雷州歌谣话初集》，赤坎华文印书局 1925 年版。
② 陈湘：《雷歌是雷州半岛土生土长的民歌》，林涛《雷歌大全》，中国戏剧出版社 2006 年版，第 50—51 页。
③ 阿松：《从谚谣到雷州歌的历程》，《海康文史》1984 年第 2 期。

本土歌谣与古今体的雷歌一脉相承。①

王国汪秉承此说并强调雷歌的定型深受唐诗、宋词的影响:"当雷州土著的言语演变为民谣的鼎盛时期,民谣有逐步具有雷歌雏形的特殊阶段,正是宋代中原人南迁雷州的高峰期,他们带来了中原文化。尤其是宋代的贬官谪臣如寇准、苏东坡等十贤被谪居雷州后,非常重视兴办教育,传播中原文化,留下不少唐诗宋词。他们将汉语文学,'中州正音',唐诗宋词亲为口授,言传身教,这对雷州话和雷州文化影响很大"。②

"本土派"的宣言可以概括为:雷歌源头就在雷州半岛,即孕育雷歌的艺术母体是雷州本土俚谣,雷歌是在雷州半岛土生土长起来的民歌。

(二)"闽南"说

此派出现于 2001 年,最早发声者为原雷州歌研究会会长何希春。他先后前往海南与汕头及闽南考察,前后撰文《雷歌的源头在哪里——海南考察回来》与《雷歌源头在闽南》发表于《湛江日报》与《雷州报》,提出三个结论:"一、雷州民歌与海南民歌是同一体系的,其源头是闽南民歌的外延。二、闽南民歌传入雷州、海南,同迁居地少数民族文化互动、融合后,加强了各自地域个性。从而与闽南民族发生了变异,且与潮汕民歌有一定距离。三、在新条件下产生的海南民歌和雷州民歌也有了各自的民歌特质和风格。因此,雷州民歌同闽南民歌、潮汕民歌和海南民歌的异同是各地民歌的特质和风格的体现。"③

此说一出,犹如一石猛然间投入一汪平静的湖水,引发涟漪。王国汪率先发文《雷州历史文化的瑰宝——兼论雷州歌的由来》对何希春闽南之说表示质疑。之后,陈湘则旗帜鲜明认为雷歌是雷州半岛土生土长的民歌,依次还有吴茂信、王钦定等人也坚信雷歌源自本土。面对来势汹汹的质疑,徐文学、冯学仁、黎也雄、屈荣、陈坚体、林胜等人纷纷或合作或独自发文表示对闽南说的支持。如此一来,形成了以何希春为代表的闽南派。

闽南派的主张可以概括为:雷歌是因福建莆田等地移民所唱闽南民歌

---

① 吴建华:《雷州传统文化初探》,天津古籍出版社 2000 年版,第 257—304 页。
② 王国汪:《雷州历史文化的瑰宝——兼论雷州歌的由来》,《雷州报》2001 年 10 月 25 日。
③ 何希春:《雷歌源头在闽南》,《雷州报》2001 年 10 月 25 日。

受迁居地文化影响强化雷州地域色彩而形成，是闽南民歌的外延，故雷歌源头在闽南。

（三）争执焦点

"本土派"与"岭南派"论战主要围绕三个焦点问题进行论述，各有主张。

1. 谚、谣与歌的关系

"本土派"认为雷歌的产生和演变的全过程，可以概括为"谚"、"谣"、"歌"三大阶段。

宋锐认为雷州半岛人民在劳动生产和日常活动中，把他们的经验和教训总结而成的雷州谚语，是雷州歌谣产生的基础。他认为雷州谚语按照句式划分有三字句、四字句、五字句、六字句及七字句。其中六字句和七字句已经接近古体雷州歌或今体雷州歌的句式。有的简直就是某一首歌中的一个句子。

为具体说明六字句和七字句与雷歌之间存在演化关系，宋锐列举一些谚语，他认为如在这些谚语句中酌加一字，意思不变，句式便可成为古体或今体雷歌的第一、第二句或第三、第四句。而七字一句的雷州谚语的句式，接近于雷歌，或是雷歌的某一句。

根据雷州谚语六字句与七字句与雷歌的相似性，宋锐认为谚语演变为民歌有蛛丝马迹可寻，还进一步以某些雷州谚语与歌谣为例从句式的形成和协声押韵两个角度进行了分析，从而得出"从单句到复句，从无韵到有韵，是雷州谚语蜕化为雷州歌谣，从而演变为古体雷州歌或今体雷州歌的全过程"这样的结论。[①]

王国汪《雷州歌源远流长》则称"雷州文化源远流长，四五千年前，雷州已有先民生息繁衍，称为'百越（百粤）之一支——南越'。雷州虽系少数民族杂居的地方，但主要居民是俚族。'俚人'乃南蛮主人，即今之黎人。俚人有'俚言'、'俚语'即'方言俗语'。有'俚歌'，即'民间

---

① 宋锐：《从谚到雷州歌的过程》，林涛《雷歌大全》，中国戏剧出版社 2006 年版，第 34—49 页。

歌谣'"，"既有'俚言'、'俚语'（方言俗语），又有'俚歌'（民间歌谣）。这就明显看出由方言俗语（雷州谚语），到民间歌谣（雷州歌谣），由民间歌谣到定型的今体雷州歌。"①

王国汪随后与陈湘合撰《雷歌发展自谚谣》解释"俚言"、"俚语"及"俚歌"时，援用《辞源》将俚言、俚语注释为方言俗语，俚歌为民间歌谣②，以此来佐证其雷歌源自雷州半岛古俚族民歌的观点，但《辞源》之释义显然并未特指雷州古俚族语言及歌曲，如此，王之辩论中出现将古俚人方言俗语与雷州谚语、俚歌与雷州民谣、俚歌与雷歌等多组概念混淆不清的问题，导致推理并不缜密。

何希春断然否定王国汪的核心主张，并结合广府民歌、潮汕民歌及客家民歌源头论述进行辩驳，指出既然这些广东地方民歌皆为一两千年以前汉族民歌传入然后演变为当地民歌，为何唯独雷歌是近百年才从本土"生长"出来？此外，他指出王国汪例举的雷州谚语在其他闽南语区也有，并非雷州本土独有。③

黎也雄则根据《辞海》对谚、谣、歌三个词条的注解以及伍魏《广东方言与广州民歌》的观点，认为歌和谣都"几乎是与语言同时诞生的"；而谚语是"反映人民斗争生活的经验"，实践经验的诞生肯定比语言的诞生来得迟，所以，谚的产生比谣迟，而且，全国各地民歌发展史也从未论及歌谣起源于谚语，所以他推断雷歌从谚语至民谣发展起来的论点没有依据而且错误。④

面对闽南派论者提出的质疑：从福建莆田来到雷州半岛的大量先民伴随迁徙也带来一些谚与谣，为何独独提及雷州本土谚谣的孕育，许和达回应

---

① 王国汪：《雷州歌源远流长》，林涛《雷歌大全》，中国戏剧出版社 2006 年版，第 62—69 页。

② 陈湘、王国汪：《雷歌发展自谚谣》，林涛《雷歌大全》，中国戏剧出版社 2006 年版，第 70—73 页。

③ 何希春：《雷歌不是雷州先民黎族民歌——与王国汪同志商榷》，何希春《雷州歌大典》，中国文联出版社 2006 年版，第 848—850 页。

④ 黎也熊：《雷歌起源于谚语》，何希春《雷州歌大典》，中国文联出版社 2006 年版，第 855 页。

道："但是雷州半岛的少数民族也存有大量谚谣……各地人的谚谣与少数民族的谚谣融合在一起了。"① 李麟佑追问："（1）雷州半岛的少数民族存在大量谚谣，是用哪个少数民族的语言或文字流传下来的？有何依据？该学者所引出的谚谣都是少数民族的么？是哪个少数民族的？（2）是谁人把各地的谚谣与少数民族的谚谣融合在一起？"② 这个追问击中了本土派理论的薄弱之处，也对思考雷歌的产生原点开辟了新思路：谁是雷歌文化真正主体？可惜如同流星闪过，后继文章并未见从此角度系统剖析并强有力地进行阐述。

纵观围绕"谚"、"谣"与"歌"三者关系这个关键论点所展开论争，两派观点如此对立，归根结底，源于对三者概念及其出现时间理解不同，而且在论争中还出现两派论者援引文献相同，结论却截然不同的有趣现象，譬如张印栋所编《中国俗语谚语库》前言："在表现形式上，一则谚语多为一句、二句的形式。三句式的谚语，多为歌谣体。多句式的谚语，已近似民间歌谣了。"陈湘、王国汪认为这句论断提示了民歌和谚语的渊源关系：民歌来自谚谣。③ 而李麟佑恰恰也引用此句，来证明歌谣在先，谚语在后。④ 之所以出现这样有趣的现象，关键在于对所引用句中的"近似"两字，双方出现不同理解。事实上，此书前言之论断仅从表现形式上对两者的相似点进行了比较，并没涉及两者的演化关系。

从整体而言，两派均有论证不甚严密之弊端，相较之下，本土派急于维护其正统之说，对"闽南派"所提出的几个要害性问题缺乏强有力的回击。陈湘本人对此并没刻意回避，他坦承："雷州古谚、谣衍成雷歌，其理其据仍须再做阐释。"⑤

---

① 许和达：《雷歌是"土生土长"的》，《雷州报》2002年2月7日，转引自《雷州歌大典》，中国文联出版社2006年版，第884页。

② 李麟佑：《雷州歌的源头辨析》，《湛江文史》2003年第22辑，转引自《雷州歌大典》，中国文联出版社2006年版，第881—894页。

③ 陈湘、王国汪：《谚语·民谣·雷州歌》，雷州史话，转引自《雷州歌大典》，中国文联出版社2006年版，第859—860页。

④ 李麟佑：《雷州歌的源头辨析》，《湛江文史》2003年第22辑，转引自《雷州歌大典》，中国文联出版社2006年版，第881—894页。

⑤ 陈湘：《雷歌是雷州半岛土生土长的民歌》，林涛《雷歌大全》，中国戏剧出版社2006年版，第50—51页。

2. 格律与曲调

在论争中，区分地方民歌的主要依据是格律还是曲调，也是热点之一。

陈湘强调："各种民歌的区别，主要在其曲调，唱起来一听，便分彼此。雷歌唱词的格律与雷歌曲调的旋律，是互相依存的。""从闽南民歌和海南汉语民歌中，也找不到雷歌曲调的半点痕迹。"[①] 徐文学、冯学仁针对陈说，指出"早在千八百年以前闽南人就迁往各地。时过境迁，语言在发展，审美在更新，曲调在变换"，"由于民歌在格律上具有相对的稳定性，因此，我们研究某种民歌的源流，关键在于格律。至于曲调，是不可能一成不变的。"[②]

吴茂信为本土派之一，认为民歌形态，由音乐与文学两种语言来体现，即曲调与歌词两个部分。二者相互联系，密不可分，但相对而言，歌种特点更多体现在曲调上。写出一首歌词，叫人分辨是什么民歌相当困难，但是要哼一哼曲调便比较容易确定是什么民歌。吴举例同是用陕北方言歌唱，但"花儿"是"花儿"，"信天游"是"信天游"，彼此泾渭分明。[③] 福建民歌、潮汕民歌的音型、节奏、旋律与雷歌很少有共同之处。如《采茶歌》是一首福建民歌，其调式、调性都与雷歌存在天壤之别，因此，不能凭若干首歌词而判定雷歌的源头在闽南。[④]

徐文学等人回击说："曲调是音乐术语，以曲调来界定雷歌是不现实的。"并引用 0965 部队文工团赵普雨、梁红鹰等编著的《雷州歌选集》与《詹南生音乐集》中关于雷歌曲调的论述指出雷歌的曲调是依据歌词语音的高低起伏而构成的，本无固定的曲调，即兴而唱，延长音尽情使用。因

---

① 陈湘：《雷歌是雷州半岛土生土长的民歌——对雷歌的源头之浅见》，《湛江日报》2001年11月14日，转引自《雷州歌大典》，中国文联出版社 2006 年版，第 851 页。

② 徐文学、冯学仁：《雷歌是土生土生的吗？——与陈湘、王国汪先生商榷》，《雷州报》2001年11月29日，转引自《雷州歌大典》，中国文联出版社 2006 年版，第 853—854 页。

③ 吴此例不妥，事实上据李雄飞博士《河州〈花儿〉与陕北〈信天游〉文化内涵的比较研究》，信天游流行区的方言大部分是山西话，小部分是陇东话和关中话，"花儿"流行区的方言以秦陇片和陇中片的方言为主。在这两民歌流行区交汇地带的老百姓虽有用当地方言唱这两种民歌的情况存在，但之所以能区别开来，并非仅仅是曲调不同所能简单解释的。

④ 吴茂信：《雷州是雷歌的出生地》，《雷州报》2001年12月27日，转引自《雷州歌大典》，中国文联出版社 2006 年版，第 856—857 页。

此，判断雷歌的关键依据不是曲调。①

《雷州歌选集》中李浩普、李佳向认为雷歌曲调有独特形态，"用雷州人民传统的音乐表现方法，按照歌词感情的要求，并尽可能地服从雷州语言的抑扬顿挫来构成的，有些曲调艺术加工较多，在基本服从语言特点的基础上，按情绪需要将曲调作进一步的发展，构成了旋律性较强的曲调，但也有些曲调加工较少或很少的，它严格服从了语言外在的特点，虽也基本满足于感情上的需求，但没有把曲调做进一步的发展，有的甚至近似说唱，这些曲调的独立性不够强，依附于歌词时，能显示出它的效果，脱离歌词，单独存在时就失去了那种效果，显得很乏味……"②

陈湘承认雷歌曲调中每个字唱音都是据字生音，群众的口头雷歌，往往有一些即兴拖腔、速度随意变化等自由发挥的现象，但同时也指出雷歌曲调虽无全部固定的音符，却有其固定的旋律骨架，有固定的特征音型，有固定的旋律发展规律，因此有固定的曲调，体现出雷歌特定的音乐形象。

为证明雷歌有固定的曲调，陈湘列举口头歌、姑娘歌、早期大班歌（又称班本歌）旋律特征，总结出雷歌旋律特点、发展规律及其固定的曲调骨架，认定雷歌凭借其曲调骨架给人们留下明晰、稳固的音乐印象，使人们一听就能判别雷歌。虽然雷歌往往是群众即兴而唱，在速度、节奏上有一定自由发挥的现象，其实只有一个曲调骨架，各人唱来大同小异，实为"一腔多调"。为进一步说明曲调对于民歌识别的关键性，陈湘列举东海岛民歌"东海嫁"，尽管其唱词格律完全与雷歌唱词格律相同，但因曲调不同，绝非雷歌。③

由此可见，本土观点的论者对于雷歌曲调的看法在细微之处尚有一定差异。

---

① 徐文学、屈荣、陈坚体、林胜、黎也熊：《区别雷歌源流的依据在于曲调吗？》，何希春《雷州歌大典》，中国文联出版社 2006 年版，第 858—859 页。

② 李浩普、李佳向：《雷州歌的音乐》，《雷州歌介绍》，零九六五部队文工团编印 1954 年 7 月，转引自《雷州歌大典》，中国文联出版社 2006 年版，第 924—944 页。

③ 陈湘：《雷州歌的曲调和唱词的格律》，林涛《雷歌大全》，中国戏剧出版社 2006 年版，第 300—319 页。

挑起雷歌源头之辩的何希春在考察闽南语区时，发现泉州、漳州等地方言与雷州方言相同，且都存在文白读音现象，而且在漳州发现同雷州歌格律一模一样的民歌，故他得出结论"雷州歌的格律在闽南语区仍有留存"，雷歌源头就在闽南，与海南民歌、潮汕民歌都是闽南民歌的外延，闽南民歌传入雷州、海南，同迁居地的少数民族文化互动、融合后，加强了各自地域个性，从而与闽南民歌发生了变异，且与潮汕民歌有一定距离。在此文中，何希春分析了雷歌格律特点，指出严谨苛求的旋律就是雷歌的特质和风格。[①]

徐文学与冯学仁针对陈湘提出闽南语区民歌中找不到雷歌曲调痕迹的说法，指出在旧属高州府的廉江县闽南语区就有民歌曲调和雷歌曲调相同的情况。即使曲调不同，也不能证实雷歌非闽南民歌的延伸，因为早在千八百年以前闽南人就迁往各地，时过境迁，语言在发展，审美在更新，曲调在变化，而民歌在格律上具有相对的稳定性，所以，研究民歌的源流关键在格律而非曲调。[②]

作为民间歌种之一，识别雷歌的关键是什么？在这个问题上，两派各有所执，但细心的读者可以发现在争论中，双方都常常陷入顾此失彼的尴尬境地中，因此，对此问题，显然单凭曲调或格律中的任一要素都无法将雷歌与其他歌种民歌区别开来，使其获得独立性。

3. 雷歌所用语言

民歌与方言关系之密切历来是民歌研究中公认的事实，"方言不但是民歌的依存与渊源，同时更是民歌依存的载体和表象。"[③] 正如本土派陈湘先生所言："倘不用雷州话来唱，雷歌就唱不出来。"[④] 是故雷歌与雷话的关系必然也成雷歌源头争论中的焦点话题之一。先有雷州方言再有雷歌，这是两派都认可的基本事实。但在论述提及雷州方言的创造主体时，必然

---

① 何希春：《雷歌源头在闽南》，《雷州报》2001 年 10 月 25 日。

② 徐文学、冯学仁：《雷歌是土生土长的吗？——与陈湘、王国汪先生商榷》，《雷州报》2001 年 11 月 29 日，转引自《雷州歌大典》，中国文联出版社 2006 年版，第 853—854 页。

③ 李晋东：《方言色彩区与民歌色彩区共性的探讨》，《黄河之声》2011 年第 12 期。

④ 陈湘：《雷歌是雷州半岛土生土长的民歌——对雷歌的源头之浅见》，《湛江日报》2001 年 11 月 14 日，转引自《雷州歌大典》，中国文联出版社 2006 年版，第 851 页。

关涉到闽南人大量移民雷州半岛的历史事实，参与论者在涉及雷州方言生成的主客体时出现迥异结论。

本土派王国汪认为雷州文化源远流长，四五千年前，已有先民生息繁衍，为"百越"中的南越系，有自己的"俚语"、"黎语"等语言和文化艺术、风俗习惯。自秦以后，中原人多次南迁，雷州成为"汉越杂居"。尤其宋朝时期，中原人南迁入雷州最多，大多数系从福建的闽南、闽中迁徙来的。加上后来"宋室南迁"，更有大批汉族军民陆续移来雷州定居，对于雷州的土著语言和文化影响极深。雷州地方的语言就逐步变为闽南方言的一种次方言，被称为"东语"，随即演变为现在的雷州话，由于闽南、粤东闽语和"中州正音"以及"中原文化"渗透雷州，使雷州形成了具有地方特色的雷州语言和文化。①

闽南派数人撰文表示异见。

何希春指出根据王之论断，雷州半岛上先后出现的这四种语言中，先存在的古"土著语言"为主体，后受闽南方言与"中州正音"等"客来语言"影响而成。为何众多中原人的到来带来发达的中原文化，且有雷州十贤身教言传大力推行，黎族语言仍没有逐步演变成为中州正音的次方言？且中州正音和黎族语言却荡然无存？他援引《现代汉语方言大词典分卷》中的《雷州方言词典》引论"雷州方言，指通行广东省西部雷州半岛的一种闽语"，"雷州方言旧时叫做'东语'或'客语'，《海康县志》上卷《民俗志·语言》：'有东语，亦名客语，与漳（州）潮（州）大类，三县九所乡落通谈此'"。雷州方言，不仅囿于雷州半岛，在以前属高州府的廉江市的横山等五个镇、吴川市的覃巴等三个镇、电白县的水东等五个镇的语言，也属雷州方言。这并非是雷州半岛土著先民传去的，而是他们的祖先也从闽南来，他们的方言未曾受雷州话影响。②

李麟佑则援引语言学家黄伯荣、廖序东主编的《现代汉语》认为"民族共同语是在一种方言的基础上形成的，……这种作为民族共同语的基础

---

① 王国汪：《雷州历史文化的瑰宝——兼论雷州歌的由来》，《雷州报》2001 年 10 月 25 日。
② 何希春：《雷歌不是雷州先民黎族民歌——与王国汪同志商榷》，何希春《雷州歌大典》，中国文联出版社 2006 年版，第 848—850 页。

的方言，就叫做基础方言。什么方言能成为民族共同语的基础方言，这取决于那种方言在社会中所处的地位，取决于那个方言区的政治、经济、文化、以至人口多寡等条件"，廖序东认为既然在宋元以后雷州绝大多数居民都是讲闽南话的福建省移民，相对土著的少数民族居民来说，在各方面都处于绝对优势的地位，闽南话必然成为雷州的基础方言。雷州的人们在使用闽南方言交际的过程中，必然受到土著语言和官话的影响和感染，使其语言的声、韵、调发生了变化，而逐步发展成雷州方言。①

两派关于雷话生成主体的争论实质上涉及雷州半岛民系结构变迁史及各民系语言的兴替史。遗憾的是，两派急于辩驳，对此缺乏深入分析。

上述三个论点的争论，我们不难看出两派的意气之争，这点在 2006年由林涛主编的《雷歌大全》中集中体现了出来，这本旨在挖掘、整理、保护和弘扬雷州民歌传统的资料性编著，从编排体制来看，第一章雷歌探源这部分有意摒除了"闽南派"文章，所选文章，皆为"本土派"所著。同年出版的何希春主编的《雷州歌大典》则相对全面地展示了雷歌源流辩论两派的观点，但仍不难看出编辑者突出"闽南派"的用力之举。

二　越歌支系说

（一）观点概述

除了上述"本土派"与"闽南派"两派之外，也有论者没有卷入论争，但多和两派观点大同小异，乏善可陈，相比之下，冯明洋有关雷歌起源的观点异于上述两派，值得注意。

冯明洋《越歌：岭南本土歌乐文化论》将雷歌纳入越歌流布变异体系中来考察，将越歌定义为岭南土著古代越人及其后裔所创造民间文化，后来越汉杂居，才陆续出现多种色彩区，雷歌亦为越汉杂居呈现的越歌流变结果之一。

冯明洋将雷歌和潮州民歌与海南民歌一并归入到闽语闽歌范畴之中，

---

① 李麟佑：《雷州歌的源头辨析》，《湛江文史》2003 年第 22 辑，转引自《雷州歌大典》，中国文联出版社 2006 年版，第 881—894 页。

认为闽语闽歌是古代闽粤文化同中原文化融合的产物，兼具闽粤古音和中州古韵等多种原生元素的化合色彩。语言分化多彩性是民歌音调多彩的一个重要元素，故岭南越歌论域中，有粤东潮汕话民歌、粤西雷州话民歌以及海南岛海南话民歌三个闽语次方言区域民歌。

雷州先民和潮汕先民来处不同，落脚点也不同。一个来自闽南，落户粤东，闽南土语同粤东方言涵化而形成潮语，一个来自闽中，落户粤西，闽中土语同粤西方言（黎话）涵化而形成雷州话。虽然粤东、粤西在古代均为百越之地，但粤东与闽南同属闽越支系，而粤西与闽中则属西越（瓯越）支系（即后来的俚人）。两越支系生产生活方式和方言土语等方面的差异，在同两地移民的母语融合时便自然也形成了差异，民歌亦然。

从语言特色和调式色彩而论，海南民歌和雷州民歌应是近亲关系。雷州民歌以阴彩性的羽调式居多，海南民歌以半阴阳性的商调式居多，两调多有相似之处其本质归根结底是阴彩性质的。

岭南闽方言区的潮语潮歌、雷语雷歌、琼语琼歌，三者都源于闽粤之地（闽南加粤东），都脱胎于闽语闽歌，但三地民歌色彩各异。相对来说，潮歌多阳刚色彩，雷歌多阴柔色彩，琼歌多混合（半阴半阳）色彩。直感而言，这同三地的方言土语变迁有关，同自然环境差异有关（分别为潮汕平原、雷州半岛、海南全岛），同生产方式有关（分别为农、渔、半农半渔）。但从人的心理素质来讲，这些都和各自的不同迁徙途径、不同杂处对象，以及所形成的不同情感积淀和情感表达方式有关。[①]

（二）观点辨析

冯明洋具体论述中出现几处耐人寻味的地方，使其论述思路及结论出现斑驳芜杂色彩甚至颇有自相矛盾之处。

冯明洋认为："闽语闽歌是古代闽粤文化同中原文化融合的产物，兼具闽粤古音和中州古韵等多种原生元素的化合色彩。"然后提及闽语分化现象的奇特指出："一个闽语在闽粤大地上竟分化为众多支脉的次方言，它们在语音和词汇上又产生了明显的差异。有时在闽语区内部都难沟通。

---

① 冯明洋：《越歌：岭南本土歌乐文化论》，广东人民出版社 2006 年版，第 130—132 页。

历史上曾将它们细分为闽南话、闽东话、闽北话、闽中话、莆仙话，以及浙江的温州话、舟山话等；闽南话中又分化出潮汕话、雷州话、海南话等，大约 10 种次方言。""方言土语的多彩，是民歌音调多彩的一个重要元素。故闽语闽歌曲的色彩分布也同其方言土语一样的多彩而奇特。"

据其论述，雷歌源头与闽语闽歌有关，但"奇特的近十种次方言区的民歌中，属于岭南越歌论域的，主要是粤东潮汕话民歌、粤西雷州话民歌以及海南岛海南话民歌三个色彩小区"这样的表述让雷歌源头问题芜杂起来。也就是说，与本土派和闽南派对雷歌源头相对单一的论断来看，冯明洋的雷歌源头说比较芜杂，涉及太多概念却缺乏明确界定导致彼此纠缠不清，如果抛开这些繁复概念，我们可以看到根据其论述，孕育雷歌的艺术母体乃古越歌与闽语闽歌，与前述两派的意气之争所造成的各执一词相比，其研究视野相对开阔一些，但遗憾的是，论说中有三个关键问题作者缺乏进一步探讨，影响了其论断的说服力。需要探讨的问题有：

首先，闽粤文化和古代岭南土著越族文化两者是什么关系？各自的文化内涵与特色是什么？

其次，为何闽语民歌近十种次方言民歌中唯有潮汕话民歌、雷歌以及海南话民歌属于岭南越歌论域？而其他则不是？判断依据是什么？

最后，既然将雷州、潮汕与海南三地纳入岭南越歌论域，就意味着越歌和三地闽语次方言民歌之间存在一定的涵化关系，究竟是怎样的涵化关系？涵化过程中，越歌和闽歌势力消长兴替如何变化？谁为涵化主体？三地民歌在音乐形态及语义内容上遗留哪些古越歌特点和闽语闽歌特点？

三 确立雷歌源头及传播原点的若干关键问题

笔者认为确定雷歌源头及传播原点需要将雷歌本体和民间歌手、听众群体及唱歌情境的组合视为整体，将之作为雷州传统文化的子系统之一，从地域、族群、文化、审美等文化角度探究孕育雷歌的艺术母体以及促使其滋生、流播的诱导性因素。

但难题也随之而生，文化母系统雷州文化如何界定？又如何在这个界定范围内辨识子母系统的相关作用？与广府文化、客家文化、潮汕文化具有鲜明民系特征的文化相比，雷州文化较为复杂，其内涵及价值到底是什么，众说纷纭，2009 年下半年至 2010 年上半年期间，湛江通过广播论坛的形式讨论文化定位问题时，就区域文化的命名出现了诸如"雷州文化"、"雷阳文化"、"高雷文化"、"雷文化"及"湛江文化"等多种提议，且很难达成思想上的统一，各执己见，之所以存在这样的困窘，无疑与人们对雷州文化主体及影响范围的认识有一定分歧有关，与雷州半岛有史以来行政区划的多次变迁有关，所以几乎任何一种命名都很难获得雷州半岛民众心理上的一致认同。

而且时至 21 世纪初时，在学界论及广东族群及区域文化时，仍然将广东汉族划分为广府、潮汕和客家三大民系，并依其地缘关系来界定相应的区域文化，如中山大学人类学系在 20 世纪末所进行的广东族群与区域文化课题研究中，就采用了三大民系说法，在其研究视域里并无对雷州文化的专门性的独立考察。[①] 雷州文化虽然有着其鲜明独特的文化表征，但在很长一段时期，在广东区域文化及民系研究中，是被视为与潮汕文化类同的福佬文化支系对待的。雷州文化作为区域文化其独立性得到认可并相继吸引学者进行文化研究来得艰难也缓慢，直至 21 世纪初才陆续有学者（如中山大学史地学专家司徒尚纪）呼吁应将雷州文化与潮汕文化区别开来，赋予其区域文化的人文地理学意义。这之后开始有研究者以雷州文化作为其区域文化研究对象（吴建华 2010 年发表《雷州传统文化初探》一书，具有一定的开启意义），真正成规模地引起学界关注并有相关研究项目出现是受广东省政府重视加强文化建设实施和推进文化大省建设政策影响，所谓广东四大民系及四大区域文化，均为后起之说。[②]

司徒尚纪作为首倡者，曾如此阐述雷州文化概念："以整个雷州半岛为雷州文化范围，南止琼州海峡，北界是吴川黄坡至廉江安铺一线，除廉江、吴川北部以外，湛江市大部辖区都在半岛范围。雷州文化范围与雷州

---

① 黄淑娉：《广东族群与区域文化研究调查报告集》，广东高等教育出版社 1999 年版，第 12 页。

② 谭启滔：《司徒尚纪教授的雷州文化情缘》，《湛江日报》2012 年 6 月 23 日，A06 版。

半岛作为一个自然地理单元相对应，具有范围整体性、完整性，一致性等特征。"他认为雷州半岛历史上长期稳定的行政建置，孕育、形成了文化特质相对一致性，雷州文化在很大程度上是行政建置的产物。[1] 事实上，如此界定，在雷歌文化生成研究等实际学术操作中，当涉及地缘、方言及族群认同等具体问题时，必然因历史与现实中各种文化要素的错综复杂，难以快刀斩乱麻剥离出对雷歌文化生成有着实质性影响作用的文化要素。所以，笔者认为必须遵循文化划分的完整性、适中性、差异性等基本原则，对雷州文化进行更为精准的界定。

从地理上而言，雷州半岛素有"天南重地"之称，位于广东省西南部，南北约140公里长，东西约70公里宽，面积7800余平方公里，北接化州、茂名、东临南海，西滨北部湾，南隔约30公里宽的琼州海峡与海南省相望，为中国三大半岛之一，地域广阔，有着独特的亚热带风光。从方言角度而言，此地除汉族粤语、客家话、雷话及普通话等之外，还有一些少数民族语言，如壮族的壮语、黎族的黎语等。而且各种方言内部的亚方言也不尽相同，持各种方言的居民杂居相处，其中主要方言为雷话和粤语，雷话区主要分布在半岛南部，如徐闻、海康（今雷州）与遂溪等地；粤语区主要分布在半岛北部，如廉江、化州等地。[2] 当地方言如此错综复杂，自然给雷州半岛族群的辨认带来一定的难度，因为族群是"相信共享共同的历史、文化或祖先的人们共同体"[3]，分享着基本的文化特质，其中语言、历史记忆、文化习俗、民间礼仪等文化特质毫无疑问在建构族群意识过程中发挥着关键作用，也是其与其他区域文化差异表现的要素，显然，在雷州半岛这个区域内部，由于上述文化特质在形态上表现参差多态且混杂难分，可以说，多种形态的族群亚文化共同构成多种多样且生态多姿斑斓的雷州半岛文化。但这并不意味着所有这些族群亚文化在雷州半岛

① 司徒尚纪：《关于雷州地域文化若干概念及其在岭南文化体系中位置》[EB/OL].（2011-08-31 14：09：21）[2013-05-30].http：//www.zjskw.com/news/html/？179.html.

② 陈鸿博、林登萍：《雷州半岛多方言现象的形成及原因》，《泸州医学院学报》1997年第20卷第六期。

③ 兰林友：《论族群与族群认同理论》，《广西民族学院学报》2003年第25卷第3期。

的影响力，尤其对雷歌文化生成的影响力可以等量齐观。

考虑到现有这些族群亚文化在雷州半岛实际影响区域不同，以及与本人所探讨的雷歌文化历史逻辑的一致性，在本书中采用雷州文化研究基地蔡平博士对雷州文化时空二维的界定："唐以后逐渐定型化的徐闻、海康（今雷州）、遂溪三县（市）。从历史的纵向来看，可将雷州文化的存在空间分为'前雷州时期（合浦郡时期）'、'雷州时期'、'后雷州时期（湛江时期）'。'合浦郡时期'的雷州文化空间是远远大过'雷州时期'的，这一广大的区域是雷州文化早期生成的土壤，可以称之为合浦郡时期雷州文化。作为'雷州时期'雷州文化环境的海康、徐闻、遂溪，是雷州文化研究面对的主要空间，也是雷州文化直接生成的土壤。"① 雷歌文化的产生温床及传播核心区域正是"雷州时期"的海康、徐闻与遂溪，因为雷歌文化主体与此阶段此范围的雷州文化主体虽然在理论上可以区分，但在实际生活中却往往难以割裂，并相互混合交织在一起，而且正因为这种社会群体与文化群体的同一性，雷歌生成后成为雷州文化的重要表征之一，具有强烈的社会现实性和与经济生活的贴近性，而且正缘于此同一性，雷歌生成顺应了雷州文化主体的历史需求，并使雷州文化主体得以共享此文化活动及由此形成的文化仪式，形成共同的历史记忆，强化族群认同。

因此，确认雷歌文化的源头及传播原点，首先必须解读其母系统雷州文化自身系统及内涵。蔡平博士提出雷州文化研究需要建立四个系统，即"雷州人的研究、雷州环境的研究、雷州人与雷州环境互动的研究和雷州文化生态研究"②。雷州人的研究，必须确认历史时期雷州族群的构成及嬗变、雷州土著的外迁、外来人口的移民轨迹如何改变雷州半岛早期文化面貌等基本问题；雷州环境的研究在于探寻雷州文化生成与创造的特定历史环境，其中既需要了解雷州人赖以生存的自然环境资源的地理特点，也要了解雷州人文地理的历史变迁，从而明确两者如何左右雷州土著及移民的社会生活；雷州人与雷州环境互动研究是探析雷州人如何影响和改造环

---

① 蔡平：《雷州文化及雷州文化的人本研究》，《广东海洋大学学报》2010 年第 30 卷第 5 期。
② 同上。

境，从而生成各色文化形态，分析雷州环境如何反向制约雷州人的思想和行为，使雷州人在适应雷州环境中打上雷州本土环境的印迹，形成独具地方特色的雷州文化；雷州文化生态研究则是将生态学方法运用于雷州文化研究，研究其存在和发展的资源、环境、状态及规律。

本书遵循蔡平博士的雷州文化系统论，基于上述四个系统的理解，建构雷州文化的理论体系，将之作为雷歌文化系统的母系统及研究的理论基础，探究子母系统两者之间的辩证统一关系，洞察雷州人在雷州文化环境中认识、理解、承认、欣赏、模仿及创造雷歌的过程。这样的实际操作，可以避免因参照体系浮泛无边和头绪纷繁而导致研究流于模糊暧昧。

所以，接下来本章其余篇幅集中论述雷州文化四个系统的内涵及特点对雷歌文化生成的制约与影响，确定雷歌文化的源头及传播原点。

第二节　雷州文化生态环境变迁史

"地球为人类生存所提供环境的多样性，使文化呈现出千姿百态，这是文化演化的特殊方面。"[①] 无论何方何地，生活在其上的人类所拥有的文化必然天然地具有其地域色彩，比如我们常言某地民歌具有浓郁的乡土气息，这种所谓地域色彩或乡土气息的存在来源于人类对所处自然环境的依赖。人类的聚落方式、生产方式、社会生活方式及其文化艺术活动等都与自然生态系统保持着共生关系，也就是说，区域文化的本底结构来自自然生态系统。但人在依赖和适应相应的自然地理环境时，其所有行动必然有意无意产生一定的反作用，人与自然的共时互动，既改变着自然环境的风貌，也改变着人类的生存方式、社会组织方式及其文化走向。

雷州文化积淀厚重。毫无疑问，雷州半岛原生态文化是百越土著文化，之后在历史长河中因缘际会，汇入不同特质的其他源头的文化，这些文化在相互冲击和碰撞中，重新塑形，形成个性鲜明、形态稳定、文化表征独特的区域文化。

---

① 特马斯、哈定等：《文化与进步》，韩建军、商戈令译，浙江人民出版社1987年版，第19页。

一 雷州文化奠基期（前雷州期）的文化生态环境

1. 原住民及其文化

要探讨雷州半岛原生态的文化，自然要将目光投向最早生息在这片红土地上的人们。前古时期的史料非常匮乏，要描述这些先民所处的地理生态环境及聚落与生活方式异常困难。所幸的是，考古为我们提供了还原这些先民生活情形的可能。2002 年 11 月至 2003 年 1 月间，广东省文物考古研究所与湛江市博物馆、遂溪县博物馆组队对遂溪鲤鱼墩遗址进行科学发掘，揭露面积 629 平方米，发现新石器时代文化层 5 层，屈肢葬墓 8 个，房子 2 座，遗址出土了陶、石、蚌器一批，大量的锛、网坠、石锤、石砧、石饼、石拍和贝壳堆积为文物考古研究提供了重要资料。经考古专家多年的考古研究，论证鲤鱼墩遗存年代较早，文化面貌富有特色。这个发现对于探讨雷州半岛人类种族起源研究以及该地区社会进程具有重大意义。考古学家通过对所发现人骨进行同位素分析，得出结论是这些先民的食物以海生类为主，陆生资源在其食物结构中不占主要地位。此外，通过与其他遗址先民的稳定同位素的比较，发现虽然同为 6000 年以前，但与黄河流域和长江地区的先民的生活有显著不同。早在 8000 年以前，长江流域和黄河流域的先民，就已各自开始种植稻和粟并驯化家畜，6000 多年前"南稻北粟"的格局基本形成，稻作农业以及家畜的饲养成为主要的生活方式。而同期的雷州半岛尽管自然条件十分优越，可为此地先民提供极为丰富的动植物资源，但原始农业显然并非其主要生活方式。[①]

1982—1984 年湛江文物普查在雷州西海岸等八个地方发现石斧、石锛、穿孔石器、砺石（磨刀石）、敲砸器、夹砂陶片、燧石、绘有云雷纹的残石片等文物，制作粗糙，显得极为原始，从分布位置上来看，都处在靠近海边或海湾的光秃秃的山岗上，山岗地下有坚硬的粗沙层，植物不易生长，考古人员认定与当时的地理环境及生产条件有关。雷州半岛气候湿

---

① 胡耀武、李法军、王昌燧、Michael P. Richards：《广东湛江鲤鱼墩遗址人骨的 C、N 稳定同位素分析：华南新石器时代先民生活方式初探》，《人类学学报》2010 年第 29 卷第 3 期。

润，非常利于植物生长和繁殖，如此原始的石斧，在茂密的森林里无法开辟驻地及道路。住在靠近海边光秃秃的山岗上，下海捕捞方便，也能及早发现猛兽蛇虫的侵害。至于石器的时代，考古人员认为定为新时期时代晚期较为适宜，距今约4000年。在此次普查中徐闻和遂溪发现石器、贝丘遗址，同海康遗物特质一致，这说明四千年前的先民主要集中于靠近海湾的石岗及水产资源丰富的北部湾一代，利用海边独特的资源，过着以采集渔猎为主的生活。①

上述考古资料所发现的这些原始先民的后裔是否为《史记》"秦时已并天下，略定杨越，置桂林、南海、象郡，以谪徙民，与越杂处十三岁"②之句中所提"越人"呢？目前史料匮乏无从判断，但从史料秦汉时雷州半岛"西瓯"、"骆越"的零星描述来看，其聚落与生活方式与新石器时代的雷州先民一脉相承（虽有一定农作和其他手工业出现，但渔猎在经济生活中仍然重要），由此可以初步推理，在先秦之前，雷州半岛先民处于相对比较封闭原始的文化圈中，虽然内部分化出西瓯、骆越、乌浒等多支土著民族，但尚未出现秦汉之后那样较大规模的外来人口迁徙现象，与外界甚少交流，所受外来文化冲击和影响不大，使其文化特质在漫长的时间里并未发生质的变化，因此，越人当为这些原始先民的后裔。当然因缺乏直接论据，仅为揣测，还需考古学和人类学两个学科通力合作进行资料的积累和研究。

先秦之前，身处中原忙于争夺政权及统一割据分裂疆域的封建王朝统治者尚未注意到远在南疆的雷州半岛，所以相对封闭的越人土著文化表现为自然的发展过程，虽内部部落林立，各有自己的势力范围，但在相互战争或交易往来中相互影响，形成文化风貌较为一致的原住民文化，这种文化所受外来文化的影响甚少，是一种原生文化。

这种文化的主体随着历史的演进，其在史料当中的名称也在变，在各个朝代有不同的称呼，秦时叫"西瓯"、"骆越"，汉时叫"乌浒"、"俚"，

---

① 邓杰昌：《海康县新石器时代考古》，广东省海康县政协文史组编：《海康文史》1984年第1期。

② 司马迁：《史记》，岳麓书社2011年版。

唐时"俚""僚"并称,在雷州半岛历史传承悠久。虽然自先秦两汉开始,尤其是唐宋之后,越来越多外来汉族因不同原因迁徙而来,使得土著或主动融合同化于汉族当中,或因尖锐的利益冲突被迫向西(广西)或向南(海南)外迁背离故土,使雷州半岛整体的族群结构和文化在不断地朝着汉族主体和汉文化主体的方向演变,但这种原生文化影响悠长深远,嵌入到后起以汉文化为主体的雷州文化各个层面中,是使雷州文化具有浓郁的地方特色并能与同为福佬文化变异结果的潮汕文化区别开来的关键原因之一,所以,司徒尚记认为土著俚僚文化"是底层文化,成为以后雷州文化最基本构物之一"。①

2. 秦汉至唐时期的雷州半岛行政区划变迁及其影响

根据目前史料来看可以确信秦时已经将雷州半岛纳入统治疆域当中(宋锐认为雷州半岛正式隶属中国版图的年代是在战国时期——公元前356年以后的"楚子熊挥受命镇粤"而"至此开石城,建楚豁楼以表其界"之时,要比秦早一百多年②),但其管理粗放,"发诸尝通亡人、赘婿、贾人略取陆梁地,为桂林、象郡、南海,以适遣戍"③,使雷州半岛归象郡管辖,除此之外,雷州半岛地区无一县设置,也并无其他重大举动,可见秦时雷州半岛地区虽已名属岭南三郡,但其社会结构和族群构成比起先秦没有质的变化。至秦末,戍守岭南的秦尉赵佗趁机割据,自立为"南越武王",建立南越国,定都番禺,占据雷州半岛。元鼎六年(公元前111年)冬,汉武帝以南越丞相吕嘉杀汉使、反叛为理由,出兵平定南越国,平定后,"遂以其地为儋耳、珠崖、南海、苍梧、郁林、合浦、交趾、九真、日南九郡","合浦郡,户一万五千三百九十八,口七万八千九百八十。县五:徐闻、高凉、合浦、临允、朱卢"。④ 专设徐闻县治辐射管辖整个雷州

---

① 司徒尚纪:《雷州文化历史渊源、特质及其历史地位初探》[EB/OL].(2011-08-31 14:09:21)[2013-05-30].http://www.zhgpl.com/crn-webapp/cbspub/secDetail.jsp?bookid=1499&secid=3141.

② 宋锐:《海康县的历史沿革》,《海康文史》1985年总第4期。

③ 司马迁:《史记》,岳麓书社2011年版。

④ 杜树海:《试论两汉时期合浦郡与中原王朝的政治、经济、军事关系》,《广西地方志》2005年第3期。

半岛。虽然汉王朝采用了"以其故俗治"的统治形式，册封任命原有统治者为王、侯、邑长、君长等，名义上称为朝廷的地方官员，让其继续原有的统治，但也同时从内地派遣汉族官员前往郡治担任太守或县令，并在一部分生产水平较高的地区建立郡、县据点，对各王、侯进行控制，从而达到统治当地人民的目的。唐李吉甫《元和郡县志》所云"雷州徐闻县，本汉旧县……汉置左右侯官，在徐闻县南七里，积货物于此，备其所求，与交易有利。故谚曰：欲拔贫，诣徐闻"①，说明汉时已与秦时纯粹跑马圈地式的领地占据不同，汉实施了相对先秦较为精细化的行政管理。之所以如此，是因汉徐闻采珠业发达，又是汉代进行海外交通和对外商贸往来的重要港口，具有较高的经济价值。除此之外，汉徐闻地理位置所带来的重要战略地位，也驱使汉朝强化了对徐闻的统治权，《汉书·地理志》："自合浦徐闻南入海，得大州，东西南北方千里。"汉人以雷州半岛为出入海南岛的门户，是故每当海南岛和交趾等地发生动荡，汉朝大都以徐闻、合浦作为用兵的大本营和军事基地。建武十六年（公元40年）交趾女子征侧、征贰起义，"光武乃诏长沙、合浦、交趾具车船，修道桥，通郭溪，储粮谷"，十八年，拜马援为伏波将军，前去平息。"军至合浦而（段）志病卒，诏（马）援将其兵。遂缘海而进，随山刊道千余里。"以雷州半岛为基地，很快镇压了这次起义。② 上述变化说明史中"徐闻"之名的出现标志着雷州半岛结束了其在中国历史上长期的佚名状态，获得了其存在的历史意义。

自雷州半岛开始其"有名历史"，岁移时易，行政区划经历了几次重大调整，县治增多，逐渐出现一些特定的县治名称。宋锐将"有名历史"又划分为两个段落：一是雷州三县共享一名的"共名"时期，另一则是三县各有其名的"自名时期"。③ "共名"时期的共同名号有徐闻、乐康、齐

① （唐）李吉甫：《元和郡县志朙卷逸文·卷3》，中华书局1983年版，转引自张荣芳、周永卫《两汉时期的雷州半岛及其在中国历史上的地位》，《湛江师范学院学报》2002年第23卷第2期。

② 张荣芳、周永卫：《两汉时期的雷州半岛及其在中国历史上的地位》，《湛江师范学院学报》2002年第23卷第2期。

③ 宋锐：《海康县的历史沿革》，《海康文史》1985年总第4期。

康、隋康四个。徐闻即汉武帝所设第一个名号。至南朝齐武帝永明间，"改徐闻县为齐康郡，领县一，曰'乐康'。"由"县"升格为"郡"，管辖地仍为雷州半岛。第三次共名"齐康县"则设置于南齐武帝永明中，至隋文帝开皇八年（公元588年）置隋康县止。隋康之名在开皇九年（公元589年）隋平陈之后改置为"海康县"。从西汉元鼎六年（公元前111年）到隋文帝开皇九年（公元589年），恰好七百年，徐闻、海康、遂溪三县共名。自开皇九年（公元589年），隋文帝置海康县作为和州的州治，虽此时遂溪尚未正式得名，但其辖地出现分立的铁杷县和椹川县。所以，此时，徐闻、海康、遂溪三地自此开始县级分治，不过，值得一提的是，后来宋"按岭南图籍"，因"州县多而户口少"，"命知广南潘美及转运王明度其地理并省以便民"，徐闻和遂溪二县被并入海康县，后南宋绍兴十九年（公元1149年）遂溪复其旧城，乾道七年（公元1171年）"将海康八都拨入徐闻，以递角场作县治"再置为县。

回顾雷州三县历史沿革及行政区划的变革，我们可以看到三县自有历史记载以来，行政区划分分合合的变迁，使三县历史纠缠不清，在政治、经济、文化等多个层面交错往来，形成你中有我我中有你这样水乳交融的状态，所以，最终在方言、生活方式、文化仪式、文化心理、文化艺术等多个层面上表现出高度的趋同性，为后世雷州文化区的形成奠定了基础，所以从先秦至唐之前这段时期可以视为雷州文化的奠基期。这个阶段多个层面的文化开始表现出一定的协同性，为解释雷歌的核心传播区域为何是三县提供了理论依据。

秦汉至唐这段时期，不仅雷州半岛三地行政区划在变革，其原本相对比较单一的人口种族构成也在变化。自秦开始，后世汉代等历代封建王朝统治者陆续采用"移民实边"措施开发边疆地区，汉武帝遣送五路大军将10万余罪人平定岭南，实际上便是一次大规模的移民活动。古雷州半岛地处炎热之地，瘴气郁结，烟雾缭绕，雷暴咸潮侵害，自然环境严苛，人烟稀少，是故在西汉末，合浦郡几乎是失势朝臣唯一的流放场所，是令朝臣胆战心惊的地方。而到了东汉，流放合浦者逐渐减少，更多的则被贬到九真和日南。据统计，《汉书》中提到的西汉因获罪本人及家属被迁徙岭

南的人数共有 15 人次，全部被徙至合浦；《后汉书》中涉及的东汉朝臣及
家属获罪迁徙岭南的多达 17 人次，其中徙合浦的 4 人次，徙九真的 3 人
次，徙日南的 10 人次。这种现象正是合浦郡社会经济发展的一种表现。①
当然，具体到雷州三县，秦汉时中原迁入的汉人数量的多寡至今没有明确
的史料可以确认。但在徐闻及雷州发现汉墓、出土"万岁"瓦当、卷云纹
瓦、陶板瓦、灰坑、井、柱洞、宜宫砖、钱纹砖等建筑遗存遗址，以及
铁、铜器、五铢钱、龟钮铜印、各种陶器等文化，且其文化风格与在广
州、澄海、五华出土的同类器物相同或相似，其风格既受南越文化，也受
中原汉文化影响，② 这些事实足以显示汉时雷州半岛已有中原建筑文化在
当地传播，更何况秦汉之后每逢各朝代末期战乱连连之时，中原百姓避乱
移民的主流方向就是向南流动进入相对北方地广人稀的岭南，而当时中原
通往岭南的重要交通干道越城岭道以及萌渚岭道在苍梧郡汇合然后往南通
往合浦郡，所以，部分流民进入雷州半岛便有了一定可能性。在西汉末，
比合浦郡更偏远位于今越南一代的交趾郡都因移民出现一定的汉化现象，
"凡交趾所统，虽置郡县，而言语各异，重译乃通。人如禽兽，长幼无别。
项髻徒跣，以布贯头而著之。后颇徙中国罪人，使杂居其间，乃稍知言
语，渐见礼化。"③ 雷州半岛自然也难免冲击与影响。六朝之时，晋室南
渡，岭南成了中原各阶层人士避难和落籍之地。我国历史上第一次移民高
潮也同是一次中原文化南下高潮。史称"东晋南朝，衣冠望族，向南而
迁，占籍各郡……其流风遗韵，衣冠气习，熏陶渐染，故习渐变，而俗庶
几中州"。来自中原以"衣冠望族"为主体的人群，具有较高文化素质，
到达岭南后，多聚族而居，即"占籍各郡"，在短期内发展为大族，例如
刘宋时徐闻著名大户阮谦之，其祖父东晋时举家迁入徐闻，数十年后到阮

---

① 张荣芳、周永卫：《两汉时期的雷州半岛及其在中国历史上的地位》，《湛江师范学院学
报》2002 年第 23 卷第 2 期。

② 司徒尚纪：《雷州文化历史渊源、特质及其历史地位初探》［EB/OL］. （2011 - 08 - 31
14：09：21）［2013 - 05 - 30］. http://www.zhgpl.com/crn - webapp/cbspub/secDetail.jsp?
bookid＝1499＆secid＝3141。

③ 范晔：《后汉书》，中华书局 1965 年版，转引自蔡平、张国勇《区域文化研究的新视野——以
雷州文化研究为例》，《广东海洋大学学报》2010 年第 30 卷第 2 期。

谦之时，已成为当地豪绅大户。历次移民自然对雷州半岛早期开发及促进封建经济文化的发展起到一定作用，因此，探究雷州文化塑形因素不能回避或忽略从秦汉直至唐宋断断续续进入雷州半岛的中原人及其文化。

但中原移民及其文化的到来在唐之前尚不足以完全改变雷州半岛的经济结构和文化内涵。虽然雷州半岛具有濒临南海这一优越的地理条件，曾在汉代对外商贸交易上起过重要作用，但在两汉之后，汉徐闻作为主要对外贸易港口的优势条件大部分丧失，在魏晋南北朝时期，我国最主要的对外贸易港口不再是徐闻港，而是番禺（今广州），汉徐闻的没落原因众多，吴松弟《两汉时期徐闻港的重要地位和崛起原因》① 从岭南早期开发与历史地理条件的变化角度出发探讨了徐闻港兴衰的原因所在，因广东东部沿海平原成陆较晚，所以两汉时期岭南经济最发达的地区不是珠江三角洲所在的南海郡，而是西江中游的苍梧郡，就交通而言，苍梧郡北有越城岭道与萌诸岭道通往中原，南有方便的水陆道路通往合浦郡的北部湾，是故紧靠苍梧郡的徐闻港得天独厚，可以通过苍梧郡这个重要的交通中转点与作为出口物资的主要提供地和进口物资的主要销售地的中原保持密切联系，成为当时最重要的对外贸易港口。但东汉后期三国吴时期，广州一带外来移民大量迁入，经济发展速度大大加快，提升了其对于中原的经济地位，所以自岭南通往中原商贸往来的主要道路由岭南西部向东转移。与此同时，岭南西部的俚人、乌浒人时叛时附，不仅影响区域经济发展，也干扰了沿海贸易活动的顺利开展，两汉时海南少数民族势力多次暴动终使海南岛于汉昭帝之时被弃，也使徐闻在岭南海上交通中的地位下降。更为重要的是，随着造船和航海技术的提高，到达东南亚的船只没有必要沿着海岸航行，可以直接经南海进入东南亚。徐闻港的没落，俚人、乌浒经常性的反叛，时局不稳定，使整个雷州半岛经济萧条，农耕经济落后。从隋唐时期高凉冼氏政权号召力及其影响范围覆盖粤西南与海南来看，雷州半岛此时主要族群仍以百越人后裔为主，而非中原移民。据康熙二十六年（公元 1688 年）编的《海康县志》记载："唐，

---

① 吴松弟：《两汉时期徐闻港的重要地位和崛起原因——从岭南的早期开发与历史地理角度探讨》，《岭南文史》2002 年第 2 期。

海康郡贡丝绢四匹，田赋无"，说明唐代以前雷州地区粮食生产还未达到缴纳赋税的程度，其农业生产之落后不言而喻。可见唐之前以农业经济为核心的中原文化并没有被雷州地区广泛吸收融合。

三 雷州文化形成期的文化生态环境

唐之后，随着闽南移民入雷，雷州半岛的族群结构不仅复杂起来，而且时空上也积蓄着促使族群构成比例、社会生产力、社会经济结构、语言、文化心理、文化习俗等多维度多层次量变的社会能量，而这种量变最终到达临界点，发生质变，雷州半岛原生文化蜕变为今日我们所见的以汉族为主体、汉文化为核心的雷州文化。当然，将雷州文化的形成原因全部归结为闽南移民也有失偏颇，毕竟从斑驳多彩的雷州文化精神层面及物质层面中我们都可以发现大量富有骆越俚僚等古代土著民族文化色彩的特质，也可感知到中原文化特质的闪烁。但从雷州三县民众的构成及其对闽南故土复杂的感情来看，毫无疑问，雷州文化是唐宋元明时期雷州半岛这个特定的历史地理空间中，外来的越来越强势的闽南文化与已先存在于此仍然富有生命力的俚僚土著文化及中原文化发生混合反应的产物，混血而生。这种文化从诞生开始就有着强有力的文化生命力和地域凝聚力，到了清代滋养出一批本土杰出人才走上历史舞台，进士、举人大批涌现，其中著名清官陈瑸与文化巨匠陈昌齐无疑是最突出的代表，这些杰出人物的出现是雷州文化结出的硕果，意味着雷州文化进入成熟阶段，半岛文化区定型。

1. 唐、五代之后雷州原住少数民族的变迁

宋初的《太平寰宇记》记载了唐、五代时期岭南各族的有关史实：卷一百六十一至卷一百六十九，共记俚人七处，其中雷州一处，其余六处皆在广西境内及其与广东相邻之地。这说明唐、五代之时今广东境内有俚人活动的地区以雷州为主。在唐俚人逐渐消失的同时，岭南夷僚分布却有所扩展。《太平寰宇记》言雷州"地濒炎海，人惟夷僚"。这说明在唐、五代之际，俚人虽已渐渐消失，雷州人中的夷僚成分仍是主体。①

---

① 蔡平：《雷州文化及雷州文化的人本研究》，《广东海洋大学学报》2010 年第 30 卷第 5 期。

但新中国成立后 1953 年湛江地区第一次人口普查,少数民族仅为 9180 人,占湛江总人口的 0.4%,且当中多为新中国成立后从外地调来的干部职工及其家属,少数是本地汉人在外地工作、参军与少数民族妇女结婚带回海康的。[①] 1982 年海康县人口普查,全县 969070 人中仅有 724 人是壮、黎、苗、瑶等少数民族,只占总人口的 0.0075%。其来源也是新中国成立后外来干部及其家属和少数本地人外地结婚带来的少数民族。[②] 也就是说,原住少数民族从雷州半岛消失,雷州半岛的民族结构发生了根本性的变化。

那么雷州原住少数民族何时又缘何从这方红土地上消失?消失到哪里去了呢?可惜历来以汉人为视角的正史书写对古代,尤其偏远地带的所谓不开化之少数民族持以鄙薄轻视态度,每每提及,也多为证明历代统治羁縻安抚政策教化野蛮民族之政绩。因此,对其记载往往语焉不详,因此,要准确描述雷州半岛原住少数民族的流迁轨迹,显得异常困难。

蔡叶青《雷州半岛古代的民族》认为宋元之后,尤其是明清之后雷州半岛少数民族变迁的方式有两种:一个是同化,另一个是外迁。同化的例子为廉江县清嘉庆二十四年张大凯所修《石城县志》记载明成化年间知府孔镛采取开明政策安抚瑶民致其同化的事迹。至于外迁则以海南黎族及广西壮族为例证。[③]

刘岚、李雄飞在《雷州石狗崇拜变迁与民族格局之关系》中也认为少数民族的变迁可以概括为外迁和汉化,对于外迁,举了三个事例为证。第一,自汉至唐宋时,有一部分俚人自雷州半岛陆续南迁至海南岛,成为黎人的一支,称加茂黎。第二,民国《海康县续志·坛庙》载:"贞观五年(陈文玉)出荐辟,官本州刺史。旧有猺(即瑶)、獞(即僮)、峒(即侗)、獠与黎诸'贼',皆惧,归峒而去,自是雷无贼患。"第三,则是郑俊、刘邦柄《海康县志·雷祖志》载:"五代后梁开平四年庚午(911

① 骆国和:《湛江少数民族今昔》,《湛江晚报》2008 年第 20 版。

② 蔡叶青:《海康汉族居民来源及其分布》,《海康文史》1988 年总第 9 期。

③ 刘岚、李雄飞:《雷州石狗崇拜变迁与民族格局之关系》,《广西社会科学》2008 年第 8 期总第 158 期。

年），黎族首领发符孟喜登倡乱，钦差都知司马陈襄发十二戈船讨平之。"
《广东通志》载："宋景佑二年（1035）五月，瑶僚寇雷、化州，诏桂广会
兵讨之。""（元）延佑中，广西瑶贼掠雷州，都元帅贾闾相机制御，雷民
赖之。""（元）正末，盗贼并起，海北、海南宣慰司府金都元帅张戊发
兵擒其首，贼徒皆溃。""（明）景帝景泰二年二月（1452），山瑶寇廉、
雷二府。"

　　第一个例证相对来说历史真实性比较高，潘雄《试证古俚人后裔——
加茂黎》据史料在回顾高凉俚人望族冼冯家族的兴起及其插手治理珠崖、
儋耳历史的基础上，从地名残留和铜鼓的分布分析了冼冯俚人集团的迁徙
路线及其演变，证明加茂黎为古俚人后裔。[①] 冼冯俚人集团从高凉迁徙到
海南的路线必然经过雷州半岛，那么雷州半岛之俚人随从迁徙大潮流向海
南便有了一定的可能性。

　　第二个例证的真实性则因陈文玉其人是否真实存在而扑朔迷离起来，
何天杰《论雷祖的诞生及其文化价值》对有关记载陈文玉的资料进行辨
析，明确提出雷祖陈文玉并非历史上的真人，唐宋有关陈文玉事迹的文
献，都是明清以下伪造出来的，是统治者为神道社教的政治需要、民间雷
神崇拜习俗、通俗文学创作合力虚拟出来的人物。[②] 张应斌《雷州雷祖神
话的文本渊源》则通过对通行的《雷祖志》文本生成过程追溯，[③] 对《雷
祖志》的历史真实性提出明确质疑，认为《雷祖志》本质上是神话而非历
史，呼应了何天杰的观点。笔者也认为如果陈文玉真为唐初第一位刺史，
政绩杰出，深得民心，一生富有传奇色彩，隋唐历史文献及唐传奇、唐人
笔记多少会提及此人，但事实是没有任何相关记录，而现存记载陈文玉事
迹且细节翔实的，大都是明清以来的文献。而且明清文献中有关陈文玉的
出生与升天的描写表现出相当浓烈的神话色彩，可谓神龙不见首尾，无任
何实际其本人遗物的留存。正因为此，陈文玉驱逐土著少数民族之事的历

---

　　① 潘雄：《试证古俚人后裔——加茂黎》，《广东民族学院学报》1983 年第 2 期。可参考吴
建华《雷州传统文化初探》，天津古籍出版社 2000 年版，第 60～64 页。

　　② 何天杰：《论雷祖的诞生及其文化价值》，《华南师范大学学报》2008 年第 3 期。

　　③ 张应斌：《雷州雷祖神话的文本渊源》，《广东海洋大学学报》2012 年第 32 卷第 2 期。

史真实性尚需推敲。不过《海康县续志》此语，透露出两个事实需要注意：第一，将少数民族视为"贼"，暴露了著者对少数民族惯有的鄙薄歧视态度，但也说明在很长的历史时期里，原住少数民族族裔与迁徙后来的汉族之间矛盾冲突长久深重，形成了惯有的历史评价；第二，民国之时雷州境内就已无少数民族存在。

第三个事例所提《海康县志·雷祖志》载"五代后梁开平四年庚午(911年)，黎族首领发符孟喜登倡乱，钦差都知司马陈襄发十二戈船讨平之"，需要注意的是，前面已提陈文玉其人真实性尚且无法完全落实，而这个材料是在《雷祖志》这个语境中出现，是为了强调陈文玉帮助陈襄降服叛乱者，使其成为石人跪于雷祖庙，从而彰显雷祖陈文玉的神威。因此，此例证的可靠性也需斟酌。至于《广东通史》对宋、元、明时雷州半岛民族冲突的零星记录，则多少说明了在宋之后雷州半岛的原住少数民族俨然已丧失了其盘踞地方的优势，成为被驱逐被镇压的对象。那么在这种情况下，其势力范围逐渐缩小乃是必然趋势。

王为东《宋代雷州半岛经济发展浅探》提出，及至宋代，政权纷争的威胁和经济重心的南移，使统治者更关心雷州半岛的经济开发，针对实际情况，通过废除苛政、鼓励垦荒、减免赋税等完善封建统治的措施，促进了半岛各业的发展，经济在这一时期实现了跳跃式增长，经济实力和经济地位都大大增强，而且终宋之世，统治者一直都注意招抚仍散居山林的百越后裔，多次下诏要将他们"授田为民"，使雷州半岛上的土著百越人在宋末基本全部汉化，这既保证了经济开发不受民族问题困扰，又成为促进兄弟民族发展的有效措施。① 但结合其他史料中元明时雷州俚人后裔仍有抗争于官府的零星记录来看，这个在宋末基本汉化的论断未免有些牵强。

贺喜《亦神亦祖——粤西南信仰建构的社会史》提到宋明之时统治者强化雷州管理的两个措施，一是宋代官府开始在地方推行教化，移风易俗，体现在制度上就是设立学校，逐渐改变了当地社会与中州风气不接的

---

① 王为东：《宋代雷州半岛经济发展浅探》，《湛江海洋大学学报》2002年第22卷第5期。

局面，乾道年间，雷州变佛寺为学宫；二是明代基层社会大变革，推行编户齐民政策，重建社会秩序，"蛮"与"瑶"通过户籍登记变成"民"。①笔者认为，宋明的这两个措施从思想与制度两方面对一部分原住民的汉化可以发挥一定的内外催化作用。

明万历《雷州府志》卷五有关语言的记录："雷之语有三。有官语，即中州正音也，士大夫及城市居者能言之。有东语，亦名客语，与漳潮大类，三县九所乡落通谈此。有黎语，即琼、崖、临、高之音，惟徐闻西乡言之，他乡莫晓。大抵音兼角徵，盖角属东，而徵则南也。雷地尽东南音，盖本诸此耳。东语谬，黎语益侏𠌯，非正韵。其孰齐之。"操黎语的少数民族仅剩徐闻西乡，则说明雷州半岛原住少数民族到了明万历之时，仅残存于雷州半岛最南端，已是濒临灭绝了。

综上所述，汉人为本的历史记录传统对原住民的轻慢忽视及原住民族自身没有文字传统，导致雷州半岛原住民族的发展变迁史今日严重残缺不全，很大程度上困扰着我们对雷州半岛民系变迁的准确把握，但原住民族的居住范围及影响势力自两宋时已急剧萎缩，乃至明末近乎濒危残存，至清则销声匿迹的历史脉络相对来说还是比较清晰的。

2. 中原流寓文化

秦汉以来，地处边陲的广东因其地理位置的荒远偏僻和自然条件的恶劣艰苦成为"谪宦乡"（清代查慎行《自题粤游草后》有"无端往来万余里，题遍前贤谪宦乡"诗句）。刘庆华《广东贬谪文人的时空考察》以清代道光年间阮元《广东通志》为主要依据并参考二十五史、广东各州、府、县之方志、《四库全书总目》及《艺文志二十种综合引得》统计，从贬谪时间来看，贬谪至广东主要集中在唐宋时期，从地域分布来看，唐代主要在粤西，宋代主要在粤西、粤南，明代主要在粤西、粤南，且贬谪到广东的官员中有文集或作品流传的文人占一半以上。②其统计当中的粤南即指雷州半岛与海南。具体到雷州半岛，唐宋时有 7 位宰相贬谪雷州或经

---

① 贺喜：《亦神亦祖——粤西南信仰建构的社会史》，生活·读书·新知三联书店 2011 年版，第 96—150 页。
② 刘庆华：《广东贬谪文人的时空考察》，《学术研究》2009 年第 5 期。

停雷州，宰相官阶以下者更不计其数，雷州西湖十贤祠供奉的 10 位大贤，寇准、李纲、赵鼎、李光、王岩叟、苏轼、苏辙、任伯雨、秦观、胡铨等为他们代表人物，明代则有大戏剧家汤显祖。明万历《雷州府志》卷五《民俗志·习尚》高度评价了流寓人物的到来对雷州半岛所起的作用："雷地僻于海，俗尚朴野。宋时为民贤迁谪之乡，声名文物多所濡染。"康熙《海康县治》中卷《流寓志》则言："雷阳地极日南，即《尚书》所云'荒服三百里蛮，二百里流'是也。罪人安置之乡，即名贤至此之地。"

3. 闽南移民入雷及影响

1982 年海康的人口普查及 1986 年的海康姓氏来源及分布调查，可以充分说明唐宋元明的闽南移民对雷州文化影响之深远。1986 年海康县地名办对该县 18 个区的 494 个村进行调查，统计了海康现有姓氏来源及分布，其数据如表 1 和表 2 所示：[①]

表 1   姓氏来源表

氏别	移居年代	定居地点	本源	始祖
陈	南朝	附城乡英山村	福建莆田	
黄	南宋福皇	附城乡下莲村	……	黄勋
吴	唐朝元和	沈塘镇处井村	……	
李	唐初	湛江郊区东头山	……	
林	宋朝	沈塘镇茂胆村	……	
蔡	宋	附城乡卜扎村	……	
梁	唐	客路镇迈坦村	……	
王	北宋真宗	白沙乡官茂村	……	
何	宋末	白沙乡禄余村	……	
周	唐朝贞观	沈塘镇孟山村	……	
邓	宋建隆元年	杨家乡扶合村	……	
张	南宋	附城乡卜扎村	……	张苍显
符	元朝	白沙乡符处村	……	
谢	东晋	附城乡榜山村	……	
刘	宋朝咸淳	松竹乡刘宅村	……	
杨	宋高宗	松竹乡方家村	……	
莫	宋朝	沈塘镇平余村	……	
郑	明朝宣德	白沙乡桥西村	……	

注：该表是从 18 个分布较广的族姓中取其定居比较早的。

---

① 吴建华：《雷州传统文化初探》，天津古籍出版社 2000 年版，第 257—304 页。

表2   陈氏移居年代表

朝代	移居年代	定居地点	本源
南朝		附城乡英山村	莆田
隋朝		客路乡 铜鼓村	莆田
唐朝			
北宋		大房村、大陈村	莆田、福清
	太平兴国 真宗	山柑、文堂、北仔、龙头	莆田3、福清1
(宋)		调爽、南田、纪家、安苗	莆田
南宋	咸淳、宝庆	那尾、后排、菜园	莆田
		陈家、交寮、本立、那金	
元朝			
明初	洪武、正统	潭郎、南田、迈特、排楼、	莆田8、陈源州德县8
		后排、蕉坡、昌辉、黎陈等	莆田
明中	嘉靖、正德	三教、南山、金竹、塘头、	莆田
		荇洲、油河仔、足荣、山后	
		岭下、白沙、新安、龙西	莆田
明末	万历		
清初	顺治、康熙、雍正	黎家、坡六、长铺、车家	莆田
清末	道光、咸丰、光绪	坡边、赤豆	
民国		英益、坡门、南洋洋	莆田

说明：1. 陈姓移民大多是从福建莆田迁过来的，而且来得较早；
　　　2. 集中期是：北宗、明初、明中、明末清初，明朝最多；
　　　3. 宋代移民，只有朝代，没有确切年代的，计入（宋）栏。

　　根据上述材料来看，从东晋开始就有闽南移民迁入雷州，但雷州三县族群结构真正发生质变，汉族成为主体当是两宋时期，这可以北宋哲宗绍圣四年（公元1097年）被贬雷州的文学家苏辙《和子瞻〈次韵陶渊明劝农诗〉小引》中的"余居海康……其耕者多闽人"为证。事实上，这种质变不仅仅改变了整个雷州半岛的聚落方式，也极大改变了当地生产力发展水平及经济结构，而且开启了后继元明清闽南移民入雷路线，所以两宋时期可谓雷州半岛发展史上的关键时期。

　　两宋驱动闽南移民及其后大量入雷的历史诱因，总的来说，有五方面因素。第一，宋时，随着中国政治经济重心的东移和南移，使地处东南的福建经济文化长足发展，特别是南宋之后，成为经济文化最为发达的省份之一，其中闽南又是发展最快的地区，与经济发展同步的是，闽南人口增长速度非常迅猛，造成了这一地区人口对土地的巨大压力，对外移民以缓解人地矛盾便成为历史的必然，当潮州被先行而来的闽南移民抢占瓜分几无剩余之地时，后续迁徙者只能沿着海上丝绸之路向东南方向继续寻找落脚之处。第二，唐末五代之时的雷州半岛的人民饱受战乱苛政蹂躏，土著逃离，人口锐减，经济衰落萧条，土地农业不兴，抛荒严重，所以，地广人稀，土地相对肥沃的雷州半岛，对于掌握先进农业生产技术但苦于没有耕地的闽南农民而言，无疑有足够的吸引力。第三，宋代朝廷对于粤西南的统治理念与隋唐时代有根本的区别。侬智高之乱以及横山寨买马等问题，使广东西南以至广西、越南、大理一线成为朝廷关注的"边地"，[①] 统治者为尽快恢复岭南农业生态，执行休养生息、劝垦励生的养民政策，客观上为闽南移民提供了相对比较宽松的生存环境和生产动力。第四，宋代海上交通日益兴盛，海南与大陆商贸往来频繁，而从事运营的主要是闽商，当时雷州海康港"州多平田沃壤，又有海道可通闽浙，故居民富实，市井居庐之盛，甲于广右"，宋代两次扩建雷州城，设置有保护海上贸易和缉卖私盐的巡检官，可见海康港在这条海道上的重要性，此港也自然成为闽商青睐之地。第五，还有些移民是做官雷州而居留于此。宣统《海康县续志·金石》说："海康鹅感村官民，由闽入雷，自宋末梅岭公始。"同书《人物志》："吴日赞……府城东关人，先世系出八闽。始祖竑，宋淳熙初官雷州通州，因家焉。"又"邓仁爽……闽人也，发迹于福州之朝阳里，为宋进士，官光禄大夫，继守雷州路。性癖山水，择得郡西南七十里而家焉，庄名潮阳，殆不忘其祖乎。"另该书《金石·莫公亚崖祠田跋》云："余系自莆（田）之武盛里，十一代特奏公判高凉，卒于官，其子因家焉。季有冬公迁雷，盖宋理宗末年也。"还有《金石·陈韫之先生墓志铭》："先生讳其玮，字韫之，行二，其先闽人也。始祖以宋进士官于琼，有政绩。任满，卜居于雷之北隶，延世滋大，乃迁岭东乾塘村。"[②]

根据何以志、周坚《宋代雷州地区的经济与文化开发》来看，两宋闽南移民的到来为雷州经济的开发和发展提供了大批劳动力，使宋代经济和文化得以较快速度的发展。首先是开垦了大量荒地，耕地面积由此逐渐增

---

① 贺喜：《亦神亦祖——粤西南信仰建构的社会史》，生活·读书·新知三联书店 2011 年版，第 96—150 页。

② 李巧玲：《闽潮文化在琼雷的历史传播和影响》，《热带地理》2012 年第 32 期。

加，农耕文化有了一定的发展。宋仁宗至和元年（公元 1064 年），知州军事张绂《思亭记》载"海隅风气与中华迥异。然而，田畴盈眺，绿荫蔽野，民居其间，凿井耕田以食。"（《海康县续志·卷三十九》）显见当时雷州半岛已是一派生机。其次，大量移民的到来，在一定程度上减轻了雷州半岛农业受制于海潮的程度，为雷州生态环境的改变奠定了良好基础。雷州府城东南，有万顷沿海滩涂，这里土地平展，肥沃而广阔，西有罗湖（西湖），北有特侣塘，灌溉便利，条件优越，但由于临海，常受海潮侵害，禾稼不保。以往由于地广人稀、财寡力薄，对海潮所带来的灾害无能为力，然而人口的增加，社会经济的初步发展，拒海潮于田畴之外，已有可能。南宋绍兴二十七年（公元 1157 年），"经历司委尝胡薄沿海筑堤"，值得注意的是，这次负责筑堤工程的是由南宋政府经历司委派的，这说明当时雷州的粮食生产已经引起宋王朝的高度重视。虽然胡薄始筑的海堤"卑（低矮）而且小"，却也能抵御一般的风潮。雷州人民与大自然斗争的初步胜利，显示了雷州人民开拓自然发展生产的坚强意志。胡薄筑堤后十二年，即乾道五年（公元 1169 年），戴之邵知雷州军事，鉴于胡堤低小，尚不足以抵御较大的风潮，而且经过十多年的海潮冲刷，已部分毁坏，于是又组织人力，于胡堤之外另筑一堤。戴堤比旧堤高广数倍，共长二万一千三百三十九丈，并在新旧两堤之间，新辟田亩数百顷。这次筑堤工程巨大，如果没有雄厚的人力物力，在当时完成这样巨大的工程是不可能的。再次，兴修水利，提高了农耕效益。绍兴二十八年（公元 1158 年）知州军事开渠建闸，分别引西湖水和特侣塘水灌溉东洋及城西南的洋田。乾道五年（公元 1169 年），知军事戴之邵又另开两条干渠，一条引特侣塘水南下与张赎塘水会合西湖水灌溉东洋田，一条引西湖水会合东渠水"灌溉郭高壤田"，然后与前一渠会合灌东洋田。戴之邵兴建的这次水利工程和他所主持修筑海堤的工程一样十分浩大。特侣塘干渠长 2760 丈，宽 3 丈、深 1 丈，沿渠低处筑高宽各 6 尺的渠堤。此外，还建了 8 条分渠，二十条各 1200 丈长的支渠，建桥 8 座，闸 56 座。西湖干渠长 420 丈，宽 7 尺、深 9 尺，这条干渠全部用石头砌成。（清·郑俊：《海康县志》上卷）。最后，闽南移民带来了先进的耕作技术。《海康县志》记载"田有夏秋二米，起于宋"，说明雷州的夏秋二熟耕作制是宋代开始的，农作物二熟耕作制相比一熟耕作制是一大进步。经过闽南移民的开发，雷州半岛农业生产迅速发展起来，据《宋史·食贷志》记载，南宋淳熙年间，雷州已有大量的米、谷出口。①

兴修水利发展农业、建学校、兴儒学、教化礼仪，宋代的这些举措的推行累积效果改变着雷州的自然环境，也在改变着民众的风貌，南宋后期，雷州陆续有人科举得名，这些从基层社会中走出来的闽南人后裔成为雷州新出现的士大夫阶层，提升了其宗族在当地的发言权及影响力，自然会吸引更多闽南人进入雷州。

到了明代，雷州半岛战乱连年，又兼盗匪不休，多灾多难，明湛若水说："广右猺贼流劫，尽雷、廉、高、肇以东之境，破城杀吏，戮掠人。香山、顺德庶顽胥兴效尤，黄贼胥响应，胥劫杀无宁日。"② 战争不休，杀戮不息，人民尸横遍野，而高雷等州破坏尤烈。明丘濬《丘文庄公集》卷七《毛宗吉传》："雷廉高三郡，人民为贼所杀戮，十七八。"③ 以致"高、雷、廉三府，时民遭贼躏，数百里无人烟"。此外，自然灾害也严重损耗人口。万历二十四年（公元 1596 年）雷州经年不雨，饥荒瘟疫并至，雷城内外尸骸遍地："时岁大饥，疫疠横发，经年不雨，死伤不可言，予如坐尸陀林中。"④明广东布政使罗荣奏："高、肇、雷、廉所属州县地多抛弃，流民、土瑶易为啸集，请募民开垦，劝课农桑"。⑤ 雷州的空巢效应，为闽人进入提供了契机，所以明时仍有大规模的闽南移民进入雷州。这些变化累积使雷州三县的族群结构基本稳定下来，雷州文化各个层面的表征也渐渐凸显出来，明清雷州地方志的出现，在一定意义上标志着族群认同与地域认同的完成，至此，雷州文化定型。

---

① 何以志、周坚：《宋代雷州地区的经济与文化开发》，《海康文史》第 6 期。
② 转引自张应斌《雷州话生成的历史过程》，《湛江师范学院学报》2012 年第 33 卷第 1 期。
③ 同上。
④ 同上。
⑤ 《明实录》第 101 卷，转引自司徒尚纪《雷州文化历史渊源、特质及其历史地位初探》[EB/OL]．(2011 - 08 - 31 14：09：21) [2013 - 05 - 30]．http：//www.zhgpl.com/crn - webapp/cbspub/secDetail.jsp? bookid=1499&secid=3141

　　当然，从今日雷州三县族群及其方言分布来看，除了闽南移民对雷州半岛的发展和雷州文化产生重要影响外，还有来自广府民系和客家民系的移民，笔者在此着墨不多，这绝不代表这些移民对于雷州的发展无足轻重，只是一来史料所限，笔者功力不逮，二来正如张国雄《中国历史上移民的主要流向和分期》所言，"移民是一种社会经济现象，任何移民运动都会引起现有的人口分布和经济地理格局发生程度不同的变化。由于迁移时间、迁移规模、迁移空间的不同，主流移民和非主流移民引起这种变化的大小存在明显的差别。主流移民对人口分布和经济地理格局的改变，具有全局的意义，十分重要，非主流移民根本无法与之相比"，[1] 所以本书在此略过不再详述。

第三节　雷州文化的历史积淀及雷歌文化的生成

　　不同族群的交流及融合过程，必然是地方文化观念与历史记忆不断形成的过程。但历史对现实的影响往往深远而不着痕迹，尽管从今日来看，有关雷州三县的史料，尤其是两宋之前的十分匮乏，民间叙述也多有夸大扭曲悖于情理之处，新中国成立后极"左"路线的困扰，人们有意淡忘甚至改写历史，但是通过考察现存雷州民间社会的艺术及信仰仪式展演，仍然可以看出从上古时代嬗变沿递至今的信仰及仪式体系的运作，这一象征性体系是在多民族融合的历史时空中建构的具有整体性、包容性的文明。从国家大历史进程看雷州三县，这里的社会建构、历史记忆、信仰及民间艺术活动传统等，既有地方原住族群的文化特征，也有外来移民的文化特征，不同的文化在地方统治者与民众的历史记忆中交错构成雷州三县主流信仰体系、通用的雷话以及趋同的族群个性。

一　混融的传统信仰体系

　　雷州三县明清时期民间神庙众多，冼剑民、陶道强《试论明清时期雷

---

　　① 张国雄：《中国历史上移民的主要流向和分期》，《北京大学学报》（哲学社会科学版）1996 年第 2 期。

州民间神庙文化》依据地方志对明清时在雷州曾出现过的祠堂庙宇作了系统的统计和分类。统计结果表明，明清时期雷州民间神庙有 123 座，30余种。在众多的神庙中，雷神庙、天妃庙（妈祖庙）、伏波庙等的信仰最普遍，影响最大，因而最能体现雷州民间信仰的内涵。[1] 因本书重点不在于信仰体系本身，所以此处只以雷神信仰为考察对象辨识雷州文化形成路径及影响力量，企图找到左右雷州文化走向的关键因素。

在雷州民间信仰体系中，毫无疑问雷神享祀最为隆重，其地位在雷州诸神之上，在全国各地的雷神庙中，没有哪一个雷神庙能与雷州雷神庙的规模同日而语，没有哪个地区的雷神能与雷州雷神所受的礼遇相媲美。雷神作为自然之神，不是雷州特有，在中国古代很早的神话传说中就有司雷之神的记载。历代帝王为保国祚，祈求风调雨顺，无不对风、雷、雨、电、四海、江河之神顶礼膜拜，因而对雷神的崇祀在全国十分普遍。然而，耐人寻味的是，雷神在雷州有如此特殊的地位，而且其身上所叠加的亦神亦祖的多重信仰诉求也远殊于其他地域。

贺喜在其《亦神亦祖——粤西南信仰建构的社会史》当中如此描述雷州白院雷祖祠："祭祀的主神是雷祖陈文玉，该祠早在南汉时期就已经成为祀典内的庙宇。雷祖祠集中体现了雷祖陈文玉的复杂身份。正殿为'雷祠三殿'，供奉着三位神明：雷祖陈文玉，帮助陈文玉平定土著动乱的大将军李广以及英山石神。正殿里，雷祖陈文玉以士大夫的形象正襟危坐，接受殿外几尊石人的跪拜。这些石人貌似南方土著，浓眉凸眼，短衫跣足。雷祖祠后殿设有太祖公阁，摆放陈文玉父母的神主牌位以及其父'太祖'陈鉷的神像。殿的东侧摆放着陈文玉三位姐姐的神主牌位。这里是陈氏供奉祖先的场所。陈文玉除了神的身份外，还是陈氏的祖先。……除此之外雷祖祠还展示了名不见经传的地方神的传统。祠的偏殿设置雷祖阁，供奉着雷州的另一位雷神——雷首。雷首的形象与雷祖截然不同，它虬眉火红、蓝面鸟嘴、高擎着雷斧，似乎随时会迸发斩妖除魔的神力。"由此观察，贺喜认为："雷祖祠的形制展现出叠加在

---

[1] 冼剑民、陶道强：《试论明清时期雷州民间神庙文化》，《广东史志》2002 年第 1 期。

一起的三层关系：其一，以雷神陈文玉为中心建立的神明祭祀关系；其二，以雷祖陈文玉为祖先建构的家族血缘关系；其三，祀典神明之外的地方信仰传统。"①

　　上述贺喜所言三层中，显然历史最为悠久的是原始兽状的雷神信仰传统。唐代的传奇与杂记中记录了有关雷神的故事，也许皆为唐人杜撰，但耐心寻味的是，在他们的笔下，雷神的面目具有高度的一致性。比如裴铏《传奇》"状如熊猪，毛角，肉翼，青色"，李肇《唐国史补》"雷州春夏多雷，无日无之。雷公秋冬则伏地中，人取而食之，其状类彘"，沈既济《雷民传》"常有雷民因大雷电，空中有物，豕首鳞身，状甚异。民挥刀以斩，其物踣地，血流道中，而震雷益厉。……雷民图雷以祀者，皆豕首鳞身也"，都勾勒了一个形象清晰的雷州雷公：状如熊猪，呼风唤雨。而雷民畏之、祀之，又斗之、食之。② 那么猪状雷神形象应该不是其中某位著作者个人创作，而是有着一定的神话依据。无独有偶，与雷州半岛有着一定渊源的壮族，其神话故事当中的雷神在外形及所执武器与上述传奇中所言雷州雷神有一定的相似性，甚至壮族神话当中的雷神也如裴铏《传奇》中陈鸾凤数次打败的雷神一样是战败者的形象。③由此可以推测，唐时雷州半岛与中原往来的增多，上述著者不是没有可能耳闻相关雷州的传说，导致出现描写的趋同性。这大约与雷州的风俗有关，雷州素称"习俗轻悍"、"乡村小民，或轻生敢斗"④，加上唐代雷州属荒蛮僻土，中土的文明风流还未及使雷州百姓消除其野性活力，他们中的英雄人物才会超越凡俗，具有与雷公作对的胆魄。如果这个推测成立的话，雷同的描写正是先古雷州所产生的原始自然崇拜与神灵崇拜的民间记忆遗存。

　　雷本是一种自然现象，但在雷州半岛，不仅雷暴较多，而且雷之迅、雷之猛、雷之威，也非同一般。笔者作为北方人，来到湛江生活近乎十

---

　　①　贺喜：《亦神亦祖——粤西南信仰建构的社会史》，生活·读书·新知三联书店 2011 年版，第 96—150 页。

　　②　张应斌：《雷州雷祖神话的文本渊源》，《广东海洋大学学报》2012 年第 32 卷第 2 期。

　　③　肖远平：《壮族民间故事中的雷神形象及其文化解读》，《时代文学》2009 年 4 期。

　　④　雷州府志：《嘉庆十六年刊本》，转引自何天杰《雷州与雷神传说考》，《北方论丛》2002 年第 1 期总第 171 期。

年，雷州半岛之雷声轰鸣，也有切身的恐惧体会。所以，对于认识能力极为低下且生存条件极为恶劣的先古人类而言，雷霆万钧之下，万物萧肃，但雷又能带来雨水，滋润万物，雷很自然成了雷州半岛先民心目中一种非常神秘的力量，既令人敬畏，又令人渴望，故而雷在所有的自然现象中，便成为雷州古人心目中最具震撼性的力量。通过精神的发酵，他们最终把一种威猛的异己力量，转化成了保护力量。雷图腾诞生，开启了有关雷的文化现象的闸门。崇雷，祭雷，发明铜鼓以应雷。大旱之时，宰杀三牲，擂鼓狂舞，对先民来说，不仅可以在震耳欲聋雷鼓声中，沟通人与神的世界，体味、觉悟、延展、传扬神赋予的无穷力量，威慑一切魑魅魍魉，获得雷鼓相应、人神一体、威震天地的效果，而且可以祈祷天雷降雨，求得风调雨顺，人畜平安。

如果说唐时传奇无意中渗透出一点点雷州先古雷神信仰的原生态，是原始雷神崇拜的历史记忆的遗存，那么唐时房千里的《陈义》则首露雷州半岛此时已有雷神人身化的端倪：

> 唐罗州之南，二百里至雷州，为海康郡……牙门将陈义传云：义即雷之诸孙。昔陈氏因雷雨昼冥，庭中得大卵，覆之数月，卵破，有婴儿出焉。目后日有雷扣击户庭，入其室中，就于儿所，似若乳哺者。岁余，儿能食，乃不复至，遂以为己子。义即卵中儿也。
>
> （牙门将陈义）又云：尝有雷民畜畋犬，其耳十二。每将猎，必笞犬，以耳动为获数，未尝偕［皆］动。一日，诸耳毕动。既猎，不复逐兽，至海旁测［渊］中噪鸣。郡人视之，得十二大卵以归，置于室中。后忽风雨，若出自室。既霁就视，卵破而遗甲存焉。后郡人分其卵甲，岁时祀奠，至今以获得遗甲为豪族。[①]

房千里时任高州刺史，与雷州邻近，听闻雷州流传的雷祖神话大有可

---

① （宋）李昉等：《太平广记》卷三九四，中华书局 1961 年版，转引自张应斌《雷州雷祖神话的文本渊源》，《广东海洋大学学报》2012 年第 32 卷第 2 期。

能。此记录中，"义即雷之诸孙"与"义即卵中儿也"前后逻辑不一，所以使后人产生分歧，有人认为文中雷祖是陈义的祖先，有人则认为就是陈义。无论何种理解，都可以明确的是，在房千里所生活时代，雷祖与陈文玉尚未联系在一起。

到了宋代，时人笔下的雷祖诞生细节越来越具体，雷神不仅人身化还进一步人格化，具有先贤之德能。北宋大中祥符（1007—1009）年间曾在雷州任知州的吴千仞所撰写的《英山雷庙记》①，是最早涉及雷州雷庙的专记，此书将雷神故事与陈文玉勾连在了一起：

> 夫记者，所以直书其事以为后人所闻知也，故物有奇异之状，事有殊怪之由，然则雷庙也者，所谓奇异殊怪者也。
>
> 按：州之二里英灵村，有居民陈氏无子，尝为捕猎，家有异犬，九耳而灵。凡将猎，卜其犬耳动者，所获数亦如之。偶一日，九耳齐动。陈氏曰：今日必大获矣。召集邻里共猎。即抵原野，间有丛棘深密，犬围绕惊匝不出。猎者相与伐木，偶获一卵，围尺余，携而归，置之仓屋。良久，片云忽作，四野阴沉，迅雷震电，将欲击其家。陈氏畏惧，抱其卵置之庭中。雷乃霹雳而开，得一男子，两手皆有异文：左曰"雷"，右曰"州"。其雷雨止后，陈氏祷天而养之。既久，乡人谓之雷种。

吴千仞的《雷庙记》显然在雷州雷祖神话文本生成过程中扮演着承上启下的关键作用，上承唐房千里的《陈义》，下启明庄元贞修撰《雷祖志》。但是正如张应斌《雷州雷祖神话的文本渊源》所注意到的，吴千仞在文中的几处表达值得玩味，首先是强调"直书其事"，显然其意在表明，他仅仅是记录民间说法而已，其次文中"奇异殊怪"之词，有意无意流露出其推卸为文本真实性负责的心态。

---

① （宋）吴千仞：《英山雷庙记》，收入万历《雷州府志》第 11 卷，《秩祀志》，第 3—5 页，转引自张应斌《雷州雷祖神话的文本渊源》，《广东海洋大学学报》2012 年第 32 卷第 2 期。

明时《雷祖志》内容更加丰富，如雷祖诞生这一段：

> 州（雷州）西七里，有村曰白院。其居民陈氏讳（陈）銶者，妻吴氏……銶业捕猎，养有九耳异犬，耳有灵机。每出猎，皆卜诸犬之耳。一耳动则获一兽，二耳动则获二兽。获兽多寡，与耳动之数相应，不少爽焉。至陈朝太建二年辛卯九月初一日出猎，而犬之九耳俱动。陈氏喜曰：今必大获矣。鸠其邻十余人，共随犬往。至州北五里东，地名乌仑山，有丛棘密绕，犬自晨吠至日仄，无一兽出。猎人奇之，伐木而视。犬挖地开，获一大卵，围有尺余，壳色青碧，众俱不知为何物。陈氏抱而归家。次早，片云忽作，风雨雷电交至。陈氏大恐。置卵于庭，盛以小桌。为霹雳所开，内出男子，两手有文：左曰"雷"，右曰"州"。陈氏将男子与卵壳享［奏］明州官，官收卵壳寄库，男子交还陈氏养育，名曰文玉。①

在这段文字中，故事要素基本完备，人物关系不再像前面几个文本那样含糊不清，时间、地点更为明确，情节连贯，过程曲折，活灵活现。

从《陈义》到《英山雷庙记》再到《雷祖志》，张应斌发掘出了三者之间的文本渊源关系，从而直陈雷州半岛的《雷祖志》本质乃神话故事，将其视为历史，只能使雷州文化研究步入误区。② 在这个神话细节渐趋丰满的过程中，究竟有哪些历史能量在推动着雷神故事按照如此逻辑嬗变，成就了独具特色的雷州雷祖文化？

综合贺喜《亦神亦祖——粤西南信仰构建的社会史》及冼剑民、陶道强《试论明清时期雷州民间神庙文化》等研究观点来看，雷州雷祖文化形成过程中，主要有三种来自不同势力的力量在历史演变中汇流在一起。

第一种力量来自民间对雷神的敬畏。明成化、弘治以及万历三朝雷州官员与太监曾经三次主持扩修雷庙，其中万历年间的重修工程浩大，竣工

---

① 转引自张应斌《雷州话生成的历史过程》，《湛江师范学院学报》2012 年第 33 卷第 1 期。

② 贺喜：《亦神亦祖——粤西南信仰建构的社会史》，生活·读书·新知三联书店 2011 年版，第 96—150 页。

后，首倡者海康知县鲍际明撰写了《重修雷神庙记》（碑存于雷州市白院雷祖祠），解释了缘何大张旗鼓重修雷庙，其要义就是雷神在教化与统率雷民的过程中起着举足轻重的作用。在雷神兴起之前，用鲍氏所言就是雷州"声名文物之所风谕，何啻几千载"，雷民"顽蛮弗率，嚣陵诟谇之日闻，则前此草昧可知己"。在他看来雷神的崛起改变了雷州愚蒙的社会风气："惟神崛起此土……延及与今，见有负屈含冤，不诉之官，而诉之神者，则烁兮质成之主也。又见有为善而得福，为祸得恶，不尸之已，而尸之神者，则俨乎司命之君也。呜呼！人心不同，如其面焉。"可见雷神对于雷民日常生活的很多方面都有深远的影响，甚至于冤屈官司的裁夺，善恶对错之判断，都依赖于雷神，奉神意而行事。

第二种力量正是发现雷神具有治辖地方效用的雷州官府。他们通过生活观察，发现雷神是雷民的"司命之君"，所以为了治理地方之利，充分依赖并强化雷神之威信，鲍际明言"［雷神］能节民骄淫无忌惮之性，而曲发其不死如线之良，以与国家吏治相表里。不然，谁与补短移化，而仁义礼乐声名文物之用穷无"。如果不依靠在民间有着惩恶扬善之效用的雷神，仅仅依靠仁义礼乐等手段教化雷民，将无济于事。因此，朝廷治理要和雷神治雷相配合。鲍氏坦言，如果不借助于雷神的力量，就等于放弃了雷州，就如同汉代贾捐之建议放弃海南岛一般，"乃令贾君复生，愿于朱崖共弃乎"？所以鲍氏重申重修雷庙，装点其门楣，恢弘其宫殿，是时势所趋，理所应当之举。鲍氏之言并非一家之言，其继任者海康县知县张和数年之后也重修雷庙，毫无保留表达了他治理雷州的政绩都是得益于雷神庇荫，细品其"余来海康，先经纪民事，后致力于神祠"①之句中所言前后不同，足可想象当时雷神在民间之威信。

第三种力量则来自雷州第一大姓氏陈氏。陈氏自宋代陈宏甫进士及第辉煌之后，在明代文献资料中的记载寥寥可数，这说明陈氏曾经沉寂过一个时期。但与此同时，其他姓氏，尤其是莫氏因莫天赋在嘉靖四十一年

---

① 万历《雷州府志》第6卷，《秩官志》，第14页，转引自贺喜《亦神亦祖——粤西南信仰建构的社会史》，生活·读书·新知三联书店2011年版，第127页。

（1562）登进士榜并在莆田、大理任官且享有较高声望而迅速崛起，莫天赋逝后，其弟莫天然创祠，作《莫氏世祖祠自序碑》细数莫氏的来历及历代先祖显赫功业。除此之外，莫天然"置田二百亩，以供祭事"，设计了一套合乎正统礼仪规范的祭祀制度。祀成之后，当时知府知县两级官员都为莫氏宗祠题写了碑记。所有莫氏所为表明，明中叶地方大族开始利用正统的礼仪创立祠堂，以争取地方正统的资源的象征。① 而当时的另一大姓林氏则依托于妈祖林默娘获得了在雷州的地方生存空间及话语权。② 那么陈氏自然也不会错失任何为自己氏族正名的机会，自然抓住机遇，以"雷裔"身份自居，并通过多次请求加封雷神来提升其祖先地位，当然这个过程并非一帆风顺，在康熙雍正两朝，陈氏族人都曾请求加封雷神，礼部议复的结果是"以姓氏事迹，正史不载，未邀准行"。③ 但陈氏并未放弃，乾隆十八年（公元 1753 年），陈氏族人生员陈子良再次请求褒封，结果"得旨封为宣威布德之神"，之所以成功，与雷州知府冯祖悦的支持有关。而根据《代州冯氏世谱》中的《雷州君轶事记》的记载，冯祖悦任职雷州知府时，因雷州干旱，到雷祖祠前求雨，果真求得打雷并风雨如注。其经历的巧合自然使其大力支持，而当时分巡雷琼兵备的道德明亲至雷祖庙查验，询问士民，将情况具折上呈，针对"正史未载"提出了"雷州僻远，致正史未载，实为海疆正神"的解释。礼部据此认为"可封雷神为宣威布德之神"，得到皇帝批准，是故乾隆十九年（公元 1754 年），雷神受封。后乾隆六十年（公元 1795 年）与嘉庆元年（公元 1796 年），两次获得加封。从陈氏的角度而言，如此结果是雷州的荣耀，更是家族的荣耀。之后嘉庆年间战事频繁、治安紧张，官府出于安抚地方，美化风俗，争取地方势力支持的考虑，陈氏则有王朝正统认可自己信奉的神明与祖先，以获得更多宗族利益的祈愿，两相情愿之下，雷祖牌位进入府学和乡贤祠。雷祖

---

① 贺喜：《亦神亦祖——粤西南信仰建构的社会史》，生活·读书·新知三联书店 2011 年版，第 96—150 页。

② 冼剑民、陶道强：《试论明清时期雷州民间神庙文化》，《广东史志》2002 年第 1 期。

③ 清乾隆十九年（1754）《大清敕封碑》，碑存于雷州市白院雷祖祠，转引自贺喜《亦神亦祖——粤西南信仰建构的社会史》，生活·读书·新知三联书店 2011 年版，第 127 页。

形象的转变直接影响到地方正史的书写，明万历《雷州府志》认为雷州得名自擎雷山，而到嘉庆《雷州府志》，雷州得名则源于唐刺史陈文玉，并强调雷祖是雷州的创始人，而非"天上之雷祖"。[①] 至此，地方历史中的雷祖开始逐渐剥离过于荒诞的成分，其形象完成了神与人的裂变，如此演变的过程对于陈氏而言意义重大，意味着其因为地位的正统而在与官府的周旋中或与其他大族的斗争中享有更多经济上和文化上的优势。

民间企图求得神灵与祖先庇护的精神需求、官府现实统治的实际考虑、陈氏家族的利益需求这三者在明清地方社会的演变中，相互作用相互牵扯，雷祖亦神亦祖，平衡了三方需求，历史的积淀终使雷祖文化成为雷州三县文化的主干及重要表征之一。

在这个积淀过程中，需要指出的是，尽管雷神雷祖文化的嬗变朝着汉族儒家宗族礼仪化的方向变化，原始土著民的雷神信仰的古朴色彩在层层汉化的进程中逐渐黯淡，但仍然顽强地在雷祖信仰及其仪式的相关细节描述中露出其本色，从而使雷州的雷神雷祖文化斑驳多彩，与中国其他地方的雷神文化区别开来，具有鲜明的区域特色。

刘岚《雷州石狗崇拜变迁与民族格局之关系》及何洁《雷州雷神信仰研究》中都探讨了雷州雷神信仰中先古民俗遗留痕迹，比如雷祖诞生故事中的九耳犬与原土著民灵犬崇拜、石且崇拜之间存在渊源关系。这表明，来自中原与闽南的移民进入当时相对中原闽南自然环境更为险恶的雷州，其文化优势和涵化能力并非一开始就凸显出来，相反，面对雷州半岛荆棘遍地，茫茫森林，猛兽出没，毒瘴遍野，频频发生丁旱台风雷雨等自然灾害的现实境况，如何尽快适应生存下来，学习借鉴当地的生活方式并融入到当地文化圈中自然成了其现实选择。随着杂居相处，在多样的社会民族民俗文化的相互影响下，对各自原先的信仰经历了保留、演绎与融合的过程，最终形成共同接受的地方文化。"雷"是雷州很多习俗和文化的源头，以雷为文化裂变的内核最终衍生出一系列关于"雷"的文化现象和文化仪

---

① 贺喜：《亦神亦祖——粤西南信仰建构的社会史》，生活·读书·新知三联书店 2011 年版，第 96—150 页。

式：雷祖、雷神、雷祖祠、雷话、雷歌、雷剧等。还有许多与雷有关的传说故事在民间世代流传。这一切共同构成了内蕴极为丰富的雷州地域文化谱系。

二 通用的雷话

雷州文化定型的重要表征之一是通行于雷州三县的雷话。

通行于某一特定区域的方言对于生于此地的每一个人而言，是其"母语"，是一个人所掌握的第一种语言。在这种"母语"的学习和运用过程中，实际上也是习得以"母语"为符号载体的当地文化各个层面文化内涵的过程，使用同一种语言的人们的共同体，所构成的文化背景（或文化环境）直接模塑了人们的文化心理，制约着其思维方式乃至行为模式。这使得共用同一"母语"的人们形成整体的、群体化的同一"母语"体系和文化认知。从个体发生学的角度，母语是人们去感知、体验、理解本民族所处环境的基本工具，人们总是按照其母语的逻辑思维方式去接受世界的。接受外部世界的方式又决定了人们的思维、情感、知觉、意识的构架。这个影响的过程是集体"无意识"的，也是具有主导性的。使得同一"母语"体系下人们的深层意识里形成统一并不同一，整体但不排除差异的文化结构，以至无论风俗教化、节日礼仪，还是日常生活都呈现出其"母语"文化特征。所以"母语"是联系整个族群的最重要也是最根本的基石和纽带。

雷话为闽南话支系之一，这个观点在学界已达成一致。但围绕其生成时间这个核心问题，尚有分歧。

詹伯慧、甘于恩《雷州方言与雷州文化》根据葛剑雄主编《中国移民史》中所言："现代闽语区的雷州片，包括今湛江、遂溪、廉江、海康、徐闻、中山、阳江、电白、吴川诸县市，其中的大部分地区宋代都已有相当数量的福建移民。文献载：绍圣年间（1094—1098 年）南恩州（辖今阳江、阳春、恩平等县）'民庶侨居杂处，多瓯闽之人'特别是州治所在的阳江县，'邑大豪夺蒲（田）、福（州）族'。化州也不例外，'化州以典质为业者十户，而闽人居其九'。州治所在县如此，下属县也同样。清代吴川县的巨族吴、林、陈、李各姓。祖先都是在宋代由福建沿海迁入的。由于福建籍人已是雷州半岛汉族人的主要组成部分，当地人民'平日相与言'均是闽语，闽语区雷州片已基本形成"，① 认定雷州话成形于唐（后期），定型于宋。②李新魁《广东闽方言形成的历史过程》则根据明人王士性《广至绎》当中有关廉州语言的记录认为"黎话"（即雷话）是元明之时操闽语的人向西迁移所带来的方言，明朝时，这种方言已经形成。③ 张应斌《雷州话生成的历史过程》则认为从宋至清的雷州《言语志》序列可发现雷州三种语言的兴替过程。黎语在宋代与官话、东语三分天下，元明已成濒危语言。官话宋时叫"汉音"，元明叫"官话"。雷话宋代无名，但在乡村已成气候；元明叫东语，处在"做客"时期，但已从乡村进入城镇，影响力上升。清中叶黎语消亡，东语逐渐垄断雷州城乡，反客为主，雷话最终生成。伴随这个过程的是闽南人大规模进入雷州，社会变动和语言演变规律改变雷州语言的格局，促进雷话的最后生成。④

　　结合雷州雷神雷祖文化的历史演化过程，笔者倾向于张应斌的观点，因为根据其所分析的雷话生成过程中几种语言势力的消长变化来看，雷神雷祖文化与雷话两者演化史深层的历史逻辑及发展阶段都表现出惊人的相似性。而前两种观点虽然对产生时间的表述不同，一者为唐宋，另一者为明，但究其观点依据，无外乎都是闽南移民入雷，便形成雷话。但两者都忽略了现实中语言流布的复杂性。事实上，地方语言结构的演变及语言的通行与否都深深受制于所在区域的社会结构之运动。而且语言学家们注意到闽南裔移民所持闽南话因不同族群的杂居，受中原语音及土著语（壮侗语系）的影响，在语法、语音方面都已发生一定的变异，⑤ 而这些变异导

---

　　① 葛剑雄：《中国移民史》，福建人民出版社 1997 年版，第 185 页，转引自詹伯慧、甘于恩《雷州方言与雷州文化》，《学术研究》2002 年第 9 期。
　　② 詹伯慧、甘于恩：《雷州方言与雷州文化》，《学术研究》2002 年第 9 期。
　　③ 李新魁：《广东闽方言形成的历史过程（续）》，《广东社会科学》1987 年第 4 期。
　　④ 张应斌：《雷州话生成的历史过程》，《湛江师范学院学报》2012 年第 33 卷第 1 期。
　　⑤ 雷话与闽南话语法之异同可参考林伦伦《广东闽方言语法特点的比较研究》，《汕头大学学报》1993 年第 9 卷第 2 期；雷话的音变可以参考陈云龙《粤西闽语音变研究》，上海师范大学博士学位论文，2012 年。

致语言整体面貌也随之发生变化。这种出现变异的语言又随着闽南裔移民后代在雷州三县势力扩张及内部人口的流动，日趋为大多数雷州民众熟悉并适应习惯，进而成为主流性的日常用语，闽南话由此完成了其蜕变为雷话的整个历程。雷话从事实上已经获得其语种的独立性，成为雷州三县通行之语。

三　雷州文化的族群个性

在前文叙述雷州雷神雷祖文化与雷话的演进历程中，我们可以看到两者递变方向受制于各种社会力量之间悄无声息的纠缠与较量，其中最为本质的是族群利益的博弈。雷州三县族群结构自唐宋之后开始发生具有颠覆性质的变化，到两宋之后，来自闽南的移民在数量上超越其他族源不同以及地源不同的族群，至明清随着土著族裔的销声匿迹，以绝对压倒性的优势成为当地文化的主体。这个群体虽然来自不同家族，进入雷州的时间有早有迟，但故土都是闽南，又在岁月的流逝中享有类似的移民经历、共同的社会生活圈、共通的语言、共享的宗教信仰，形成了具有浓郁地缘色彩的族群文化。这种族群文化的形成无疑是一个与其他族群文化的博弈及妥协的动态过程，通过潜移默化的熏陶、集体无意识的认同，不自觉地呈现出其特定的族群风貌、族群精神及族群行为方式。这个闽南移民后裔构成的族群其个性中最为突出的当是尚武好斗、崇智敬贤这两个看似相悖的个性。

2008年雷州纪家镇田园村自发出版了《中国田园村雷歌集》，书中有一段访谈，题目很有意思："尚武"与唱雷歌——田园村两大民间文化的碰撞。该访谈回顾了田园村曾经存在"尚武"风潮，作者被鼓动参与到村斗中，并感慨，因为盲目"尚武"成为主流，风头超过雷歌，如果没有那么"尚武"，田园村唱雷歌的人，识字有文化的人也就会更多。① 该书中还记录了一个田园村人维护尊严的故事。清同治二年，和家上村人符兆鹏考中进士，田园村人也多为符姓，所以沾了符兆鹏的光，符氏家族名声大

---

① 符马活主编：《中国田园村雷歌集》，花城出版社 2000 年第 1 版。

震。雷州符姓村庄均获得符兆鹏"进士纪念牌匾",据说田园村人抬着"进士牌匾"唱歌狂欢了三天三夜。其因激动和张扬,得罪了其他地方的人。于是,有遂溪人歌手打听到田园村的多数歌手都去了外地唱歌谋生,以为留在村里的都不怎么会唱歌,逮到了羞辱田园村人的好机会,便特地来到田园村讨战。他以"塘"为题做了一首讥讽田园村人的雷歌,将之教给附近落村洋村的小童,让他们传唱:"前塘妃塞后塘堵,女像柴猫男似猪;有山原来那有虎,塘子怎能养大鱼。"在雷州话中,"鱼"和"符"同音,田园村人一听便知是首讽刺歌,村中私塾老师符思富也做了一首歌让其学生在周围几个村传唱:"后塘水吃出进士,兆鹏也来读过书;殿试三甲第十九,有谁又强这条符。"这首对歌维护了田园村人的尊严,一直被田园村传唱至今。

这个访谈和故事虽是田园村的个案,但集中体现了雷州族群风貌中尚武好斗、崇智敬贤这两个貌似相悖但确实共存的特质。刘岚《雷州半岛民风悍勇成因探析》便集中探讨了尚武悍勇的族群风貌之历史表现及其成因,指出这种民风的形成,受人口构成(土著少数民族"风俗好杀,多构仇怨",中原戍卒悍勇落户雷州;福建移民"莆田人十分好斗,独立不羁")、自然环境(自然狂暴之濡染)、社会环境(民族矛盾尖锐,社会动荡,明清流贼肆虐,民众不得不尚武护乡,并抵御法、日外辱等)、文化环境(血腥残忍的风俗活动、原始宗教祀神祭鬼使民轻信盲从)及教育(封建时代教育不受重视,缺乏教化熏陶)等多方面因素的综合影响。[①]

尚武好斗和崇智敬贤这两种貌似冲突的特质同时存在于族群中,其实从维护族群利益的角度而言,有其内在的一致性。如果说尚武好斗是迫于各种现实因素的挤压为维护自身及宗族权益所做出的不得已选择,那么崇智敬贤其本质也是功利性的追求,前文提及莫氏家族和陈氏家族因为有人中举进士在当地获得较高的声望,赢得诸如官府倚重、地方敬重等无形资源,在地方利益的争夺中更具有发言权。

《中国田园村雷歌集》中的访谈提及田园村人的尚武好斗影响了该村

---

① 刘岚:《雷州半岛民风悍勇成因探析》,《广东海洋大学学报》2010年第30卷第2期。

雷歌的发展，笔者觉得，尚武好斗在雷歌发展后期也许真的如该书所言成为阻碍因素，但在雷歌发展初期，恰恰是雷州民众尚武好斗与崇智敬贤的共同作用在一定程度上成就了雷州姑娘歌，雷州民众津津乐道于姑娘歌斗歌中火药味十足，乐见于歌手争强好胜中所表现出的机智与泼辣，使得雷歌借助于姑娘歌得到更为广泛和长久的传播。

四 雷歌源头及传播原点之判断

在本章一开始笔者提出讨论雷歌文化生命体发生及其传播原点，必然涉及三个基本问题：一是孕育雷歌文化的艺术母体，即其生命基因源头；二是雷歌文化成型的背景性因素；三是产生的具体时间与地理位置。下文将结合前文雷州文化生态环境的变迁及雷州文化积淀定型的过程，一一做出个人的判断。

1. 雷歌的孕育母体

在 21 世纪初，雷州本土文化工作者在雷歌源头争议中围绕着"谚—谣—歌"的演化关系、格律与曲调孰轻孰重、雷歌所持方言三个核心问题展开了激辩。相比较而言，当时争论中人们将过多的注意力放在争辩前两个问题上，对第三个问题的辩论相对比较和缓，这表明大部分参与争论者尚未充分认识到真正决定某地方民歌生成并传唱开来的最基本因素应当是所使用的方言形态。方言的调值、声韵和民歌风格有着千丝万缕的密切关系，它直接影响到民歌的旋律、韵味以及演唱方法。

首先，方言发音所产生的调值，对于民族民间音乐的旋律、唱腔有着重要的影响。调值是音调的实际读法，包含即音调的幅度、高低、长短、曲直等变化形式，方言不同调值不同，如同为阴平，普通话中的调值为 55，而客家方言中的调值为 44，潮汕方言的调值则为 33。保持旋律与方言调值的贴合，这也正是民族音乐中所谓的"腔随字走、依字行腔"。本章第一节中曾提及，李浩普、陈湘等论者注意到雷歌和其他地方民歌一样，其音乐旋律同样受制于雷话"腔随字走"。

其次，方言声韵的特殊性决定了民歌格律的特殊性。人们注意到同样一首民歌，用雷话和普通话分别演唱时，押韵不同，听来韵味也可能是完全不一样的。如果是需要用雷话来押韵的，演唱时使用普通话则会显得韵脚很不协调。

再次，各地方言常用语中的一些象声词和语助词如"得儿"、"呀"、"哈"、"哎"、"嗨"、"哟"以及感叹词、喊声、吆喝声插入歌句之中做衬词来配合演唱需要，这种使用一方面有助于歌手情感的自然表达，强化了民歌的乡土气息，另一方面也使民歌音调因之而有了一定风格。李浩普、李佳向《雷州歌的音乐》就注意到，在雷歌对歌中普遍存在加入衬词的现象，歌手在对歌中为了考虑后一句唱词及考虑押韵，插入一两个衬词，起到拖延时间作用。①

因此，笔者认为应以语言的发展为线索来追寻民歌的母体。格律曲调当然重要，的确是我们辨别一首民歌是否为雷歌的直接依据，但格律与曲调特点的形成归根结底还是与所持方言有关。格律本身的目的就是在遵循方言自身调值变化的基础上通过平仄变化及韵脚的协同重复让歌曲听来抑扬顿挫，具有节奏流畅感，形成旋律与曲调美，使歌曲悠扬动听有穿透力，让歌者和听者产生共通的听觉享受及对歌词的把玩乐趣。换言之，所谓各地方言民歌特有的格律曲调，并非从其生成以来就已成熟定型，而是在民歌传唱中民歌歌手们在"见字生音"、"腔随字走、依字行腔"的基础上，在长期演唱活动中不断摸索不断提炼总结而得出的一套让民歌更为悦耳动听的规律性格式。这些格式化的曲调与格律在传播中得到更多民间歌手们的认可及借鉴运用，从而在集体无意识中渐趋模式化、定型化。

既然方言的调值与声韵特点决定了民歌音乐风格，那么为何同是闽南方言系的闽南民歌、台湾福佬系民歌、广东潮歌、海南崖州民歌以及雷歌为何在音乐风格上表现不一？事实上，这几个地方虽同属闽南语系，但正如前文雷歌生成过程所提到的语音和语法都已发生一定的变异，所以严格从语言语种意义上说，这几个地方的方言是闽南方言在各地的支系语言，都是具有一定独立性的方言体系。所以语言的变化自然导致民歌风格的变

---

① 李浩普、李佳向：《雷州歌的音乐》，《雷州歌介绍》，零九六五部队文工团编印 1954 年 7 月，转引自《雷州歌大典》，中国文联出版社 2006 年版，第 924—944 页。

异。何况，尽管这几个地方的民歌虽然在曲调格律的表现上不尽相同，但基本结构相同，都以七字四句为主，在歌唱形式上与闽南民歌"锦歌"和"答嘴歌"有相似之处，有两人对唱，有自弹自唱，亦有乐队伴奏的，在闽南，锦歌艺人像乞丐一样沿街卖场，所以"锦歌"又被称为"乞丐歌"，而雷歌也曾被人称为"乞儿歌"。

这种同中有异，异中有同的现象如何解释？笔者认为冯光钰《中国民族音乐的传播变迁与"同宗"现象》所提的观点可以很好地解释这一现象。冯光钰在该文中提出中国民族音乐广泛存在着与人类种族的"同族"或"同姓"相似的现象。音乐的"同宗"状态主要表现在某个基本调（或称"母曲"、"母体"）从此地流传到彼地乃至全国各地，与异地音乐融合而演变派生出若干子体……这些"同宗"音乐既有一定的血脉传承关系，彼此存在相像之处，又在代代繁衍过程中，产生一定变异，各有其特点。冯光钰总结了六种类型的同宗民歌：第一种是词曲大同小异；第二种是词同曲异；第三种是曲同词异；第四种是框架结构相同而词曲各异；第五种是衬词相同而词曲各异；第六种是框架结构及尾腔相同而词曲各异。之所以出现六种类型的"同宗"民歌，是因为在不间断的共时性传播中，必然产生本土音乐与异地音乐的碰撞和冲突，经过一段时间的适应、磨合和融化，由源地而来的音乐，得到受地的认同，逐渐扎下根来，在内容及结构上便会发生变化，进而形成许多"同宗"的新变体。"同宗"音乐是在传播变迁中产生，又在广泛流传中不断扩大传播范围，生生不息，流传下去的，在这个传播过程中，充当传播者这一重要角色的是民间艺人和移民。①

闽南移民流向潮州、台湾、海南以及雷州这几个区域的高潮时间基本一致，都为宋元明之时。当时各自的历史发展状况不同、族群结构不同，所以闽南民歌随移民的流向不同必然发生不同的变异。

综上所述，雷歌之母体当为宋明之时的闽南民歌。

2. 背景性因素

所谓背景性因素是指促使闽南民歌蜕化为雷歌及得到雷州民众认可的

---

① 冯光钰：《中国民族音乐的传播变迁与"同宗"现象》，《中国音乐》2003 年。

环境因素。由于无法完全再现当时的社会情境，不能一一列出所有的影响因素，所以笔者只能结合前文雷州文化生态环境的变迁及文化要素的积淀，归纳出三个重要因素：

（1）民歌传统的持久性影响

我国是一个民歌传统悠久的国家，从可见的最早民歌文本《诗经》开始，源远流长、绵延不息。虽然在《诗经》之后，随着以庙堂文学为代表的精英文化崛起，民歌地位下降，成为专属于缺乏教育的社会底层劳作者的文化形式，在较长时间里以"暗流"方式默默存在着，但"感发于兴情之间"的民歌终以其独特的文化魅力，在历史的隙缝中喷涌而出，形成文学史上的几个民歌黄金期，如汉乐府和南北朝民歌，之后在明朝更是再次掀起全国性的民歌高潮，究其原因，无外乎是人天性中存在对自由和真情的向往，而自由、自然是较少清规戒律束缚、天真任性的民歌的最基本特点，所以，尽管民歌在整个中国历史上虽然一直无缘成为主流的社会古典文化，但却也顽强地生存、延续下来。

随着正统文人诗文创作经历了唐诗宋词的辉煌越来越耽溺于对严格的格律形式追求所产生的桎梏中时，正统文人诗文创作到了明朝实际上走入了死胡同，此时越来越多的文人如冯梦龙、李梦阳、袁宏道等人将眼光投向了质朴活泼的民歌，这既是自觉的民歌意识的回归，也是对陷入僵滞状态的格律诗的反动。久久被"诗言志"、"文以载道"思想束缚的文人们面对在抒情达意上打破一切格套，信口而出，无复依傍，有着强烈情感宣泄作用的民歌，自然由衷发出了"当代无文字，里巷有真诗"[1]的呐喊，其实是对温柔敦厚、怨而不怒之类祖训的一种反抗表达。所以在明代文人自觉不自觉的热捧中，明代民歌到了嘉靖、万历年间全面繁盛起来。周玉波《明代民歌研究》认为明代民歌之所以形成举国若狂，引发上至文人士大夫、下至村夫野竖共鸣，最主要原因是它继承了《国风》和汉乐府的传统，打破了士大夫文学的各种限制，对男女私情大胆披露。他指出长江流

---

[1]　《袁宏道集笺校》卷二《李子髯》，转引自周玉波《明代民歌研究》，南京师范大学出版社2004年版，第22页。

域及其以南地区，尤其是江、浙、闽、赣一带，是明时民歌传播最为兴盛之地，这些地区良好的经济基础和深厚的文化积淀，是张扬个性的民歌得以存在和流行的前提条件。在明代民歌传播史上具有重要意义的《词林一枝》、《八能奏锦》、《乐府玉树英》、《乐府著华》、《玉谷新簧》、《乐府万象新》、《大明天下春》等戏曲选集，就全都出自江西、福建一带书林。① 可见明时的福建包括莆田、漳州等地民歌传统积淀之深厚，"传统文化是一种观念之流，是一种价值取向，是肇始于过去，融透于现在，直达未来的一种意识趋势和存在。被称为传统文化的东西，必定是在社会机体组织及人的心理生理结构中有着生命力和潜在影响力的东西，这些已积淀为人的普通心理生理素质的因素，时刻在规范、支配着人们未来的思想、行为。"② 民歌无疑具备传统文化的性质。

而我们回顾雷州移民历史会发现，虽然闽南移民大规模进入雷州起自两宋，但因连年战火、匪盗以及自然灾害，到明初所剩人口不多，形成"空巢"结果，所以到明时为了开发雷州，在政府的鼓励下，在大片荒地的吸引下，再次掀起闽南移民至雷州的高潮，在民歌兴盛的大时代背景下，这些移民的民歌传统不可能发生绝然的断裂，"人行千里俗随行，他乡难忘故乡情"，肯定在迁徙过程中有善歌之人无意当中将闽南民歌带入雷州半岛，只是到了雷州之后，面临不同于故土的新自然环境、新乡邻，其生活方式及内容都发生了很大程度的变化，势必影响到其歌唱的内容及心态，再加上混居于混融了多种文化源流的文化环境中，其风格必然也受到冲击和影响，所以在雷歌源头研究中绝然否认闽南民歌的存在，非要从雷州半岛本土挖掘所谓的生成源头，是对民歌传统顽强生命力的否认和漠视。

（2）闽南移民及雷话势力的地理空间性张力

闽南移民进入雷州半岛成为雷州三县族群的构成主体，并在社会各个层面发挥其主导价值并非一蹴而就，相反，是一个墨渍式的渗透过程。清

---

① 周玉波：《明代民歌研究》，南京师范大学出版社 2004 年版，第 13—24 页。
② 王杰：《传统文化的价值取向与主体价值问题》，王举忠、王治《文化传统与中国人沈阳》，辽宁大学出版社 1988 年版，第 12 页。

顾炎武《天下郡国利病书》引宋乐史《寰宇记》："（雷州）俗有四民。一曰客户，居城郭，解汉音，业商贾。二曰东人，杂处乡村，解闽语，乐耕种。三曰深居远村，不解汉语，惟耕垄为活。四曰蜑户，舟居穴处，亦能汉音，以採海为生。"① 可以看出，讲闽语的东人（闽南移民）主要是农民，存于乡村，位于社会底层，尚未形成较大影响力。然明万历《雷州府志》卷五言："官语、黎语和东语：雷之语有三。有官语，即中州正音也，士大夫及城市居者能言之。有东语，亦名客语，与漳潮大类，三县九所乡落通谈此。有黎语，即琼、崖、临、高之音，惟徐闻西乡言之，他乡莫晓。"② 这表明明时闽南语虽仍为"客语"，处于被主流话语排斥的地位，但在现实生活中，它已从乡村俗语升为三大县城和集镇的"通谈"。至清代时"雷州语三，海康多属东语，而读书则半官语也。又有惠语，多惠州人移居相沿者，然居少数"，③ 则说明闽南语完成了对雷州语言的占领，闽南语又从元明县乡"通谈"发展为雷州通用语。从宋到清，闽南语走了一条"农村包围城市"的道路。它先在雷州乡村，然后进入乡镇，最终进入府治，在扩张的过程中，兼容了"汉音"与壮侗语系乡音的部分特征，具有越来越强的渗透力，于是乎全面扩张，占领雷州，反客为主，进而成为雷州主流方言。

闽南移民及雷话的空间扩张，客观上为闽南民歌在雷州半岛影响力的扩张及演化为人人爱听爱唱的雷歌创造了条件。

（3）乡土社会之需求

我们都知道，民歌文化和其所赖以产生的乡土社会有着水乳交融般的关系。宋元明时闽南移民大规模进入三雷，从表面上，其所生活的环境发生了巨大变化，但从其聚落方式来看，依然承袭了闽南乡土社会的构建方式，仍然以土地为立身之本，以血缘宗族为纽带聚居，"黎郭东岭都姓莫，官村原来就姓柯。安榄王黄山后蔡，下张姓陈夏口唐。"（雷州民歌《村姓氏歌》）也仍然沿袭着其传统的生产方式，其经济结构仍以农耕为主，也

---

① 转引自张应斌《雷州话生成的历史过程》，《湛江师范学院学报》2012 年第 33 卷第 1 期。
② 同上。
③ 同上。

就是说，闽南民歌原本所深深依赖的乡土社会并没有因为移民离开闽南而发生疏离，恰恰相反，根深蒂固的乡土社会传统并不因为生存地域的变迁而发生质的变化，依然是适合于闽南民歌流播的社会场域。在这个乡土社会生活中的人们必然对来自其故土的民歌有着天然的亲近感和依赖感，在生活中遇到坎坷时，在农业收成受到自然灾害冲击时，在祭祀神灵和祖先时，在节庆狂欢时，都自然对民歌产生了需求。只是随着历史的发展，闽南方言在变，雷州乡土社会的内部结构也处于动态的发展中，对民歌的功能需要也开始出现多元化，所有这些因素累积作用，驱使如同蒲公英一样飞落在雷州土地上的闽南民歌在内容与形式上都随之发生了一定的变异，并随着雷话的扩张而扩张，扩张的过程中又出现功能分化，裂变出多种形态的雷歌（本书第二章将详细分析雷州乡土社会对雷歌文化的影响）。

前面提到雷话从乡村包围城市，之所以雷话可以做到如此扩张，是因为随着闽南移民后裔中越来越多人考取功名，科举进士，从农村进入城市，产生了乡村人口的地缘性扩散，这些"乡土观念"极重的士大夫们自然无形中促动了由闽南话变异而来的雷话的扩张，而这种扩张为随雷话同步变异的雷歌进入城市创造了契机，除此之外，流动艺人的存在也是不容忽视的促进力量。

3. 雷歌文化的传播原点

根据上述影响因素的分析，笔者认为闽南民歌蜕化为或本土化为雷歌与闽南语变异为雷话的进程在时空上基本上一致，也就是说，雷州半岛特有的文化生态环境以及顽强的民歌传统综合作用促使源自闽南的民歌随着雷话的扩张和变异而发生变异，最终得到基于乡土社会结构之上的雷州半岛民众的文化认可。当然这个转变是一个渐进过程，我们很难非常科学地界定究竟是在哪个时间点上完成了雷歌文化的生成，只能依据雷话的生成历程以及民间记忆当中有关雷歌第一代传承人的身世故事，大致揣测。根据《中国田园村雷歌集》中田园村"姑娘歌"传承人谱系表第一代符妙真约为明末至清康熙年间生人这个重要信息、雷州市调风镇禄切村姚氏家族逃亡与姑娘歌有关的传说以及《雷州歌大典》中关于"姑娘歌"传承谱系的介绍，从内容到形式具有浓郁雷州乡土气息的雷歌，其定型（即闽南民歌完成雷州本土化）及传播原点，从时空上而言应当是明末清初的雷州三县乡村，是以祖辈在雷州生活了几代，心理上已经归属于雷州半岛的闽南移民后裔为主体的雷州民众，共同培育并生成了真正从情感上有归属感、乡土感的属于雷州乡土的民歌。笔者无意否认雷州半岛土著先民文化传统及中原流寓文化对雷歌文化生成的滋养作用，但必须结合雷州社会历史实事求是判断雷歌文化产生的来龙去脉，切忌为了强调雷州文化之渊远流长而肆意将雷歌文化的产生人为地提前到宋代、唐代甚至先秦之前。

第二章 乡土社会与雷歌文化传播

　　雷州乡土毫无疑问是雷歌文化生成、传播、得到雷州民众认可并逐渐固化为雷州重要民俗的场域所在。这里笔者引入法国社会学家布迪厄所提出的重要概念"场域",是为了方便说明雷歌文化的存在是生活在雷州乡土的民众相互影响的结果,是人、歌、环境三者之间能量交互作用的过程,各要素之间形成一个有机整体,塑造、调节、规范着雷歌文化的发展,同时雷歌文化也对雷州乡土这个场域的文化构成和文化凝聚力产生影响。雷州乡土的特点以及变迁动态地、深刻地揭示着雷歌文化中人与歌之间的相互关联性及其发展命运。

第一节 雷州乡土——雷歌文化传播之场域

　　法国著名社会学家皮埃尔·布迪厄在其《实践与反思——反思社会学导引》一书中专门论述了"场域"概念,① 他主张将这个概念作为一种开放的概念使用,只有将其置于关系系统中,才能获得概念的真正意涵。他认为社会世界是由具有相对自主性的社会小世界构成的,这些社会小世界就是具有自身逻辑和必然性的客观关系的空间,这种小世界就是"场域",是在各种位置之间存在的客观关系的一个网络或一个构型,场域是客观关系的系统。具体来说,"场域"所表达的内涵,主要是指在

---

　　① [法]皮埃尔·布迪厄、[美]华康德:《实践与反思——反思社会学导引》,李猛、李康译,中央编译出版社1998年版,第127—276页。

某一个社会空间内，由特定的社会行动者相互关系网络所表现的各种社会力量和因素的综合体，根据这个概念来进行思考，就是从关系的角度进行思考。究其实质，"场域"关心的是贯穿社会关系中的力量对比及其实际状态。同时，布迪厄认为将社会学和历史学分开来，是一种灾难性的分工，事实上并不存在超越历史因素影响的关系法则，场域内部或是场域之间的关系并非一劳永逸，而是随着历史的演进不断改变的，如果不对场域的结构进行共时性分析，就不能把握场域的动力机制，不对场域的构成、结构中各种力量的变化以及这个场域与其他场域间的张力进行历史分析，就不能把握这种结构。所以布迪厄鼓励遵循"临床式解读"的原则来把握场域及其关系网络，充分认知场域是各种力量较量和斗争形成的关系网络，是各种力量汇聚和较量的场所。而场域内部运作和转变的原动力则是根源于其中各种特殊力量之间的距离、鸿沟和不对称关系，也就是处于不同的位置。这种位置结构是由资本的质量和数量的分布来界定的，以其资本的类型和总量，存在着支配和服从之分。资本通常体现为四种基本形式：经济资本、文化资本、社会资本、象征资本（符号资本）。行动者的决策取决于他们在场域中的位置，不同位置占据者的行动策略各不相同。比如，场域中处于支配地位的行动者往往采取保守型的策略来维护现有的场域中的力量格局；新进入者则希望和逐步接近支配地位，往往采取继承策略，扩大资本的数量和质量；处于被支配地位的行动者一般采取颠覆性策略来改变场域中的力量格局等。显然，布迪厄所提出的"场域"并非是一个实体型概念，而是一个被建构起来的关系型概念，利用这个概念及其原则来审视雷歌文化的生成土壤，有助于笔者从乡村社会的细节入手，分析影响并左右雷歌文化气质与内涵的相关历史因素，尽量避免"社会"这个概念运作的空泛化。

从场域的角度而言，雷州乡土毫无疑问不能仅仅理解为地理或行政区划的实体化存在，它是多个层面关系的交互构成，包括乡村聚落的地理位置、空间特质、经济形态、历史背景、村落乡民关系、村落格局演变机制等具体问题。因无力深入考察等各种现实原因的限制，笔者在此主要以雷州市的纪家镇田园村、① 龙门镇潮汐村、② 南兴镇东林村③等村为案例来集中分析雷州乡土社会的属性。

一 雷州乡土聚落的分布特点及其历史背景

如果追根溯源,雷州各乡村开村祖先都与闽南有着渊源关系,其中大多数村庄聚落如雷州龙门镇的潮汐村陈氏,南兴镇的东林村林氏,白沙镇邦塘村李氏,调风镇调铭村丁氏等村庄,其开村者虽非直接从闽南移民而来,而是从雷州其他乡村分化出来的支系,但从其宗族谱系记录以及后代记忆来看,其先祖也均系从闽南移民而来。

在明代中叶之前,雷州半岛因为战祸连年,自然灾害频繁,造成空巢效应,是一个可以相对自由地获取土地和建立新聚落、发展新生活方式的地区。尚有大片的土地因为地貌原因尚未开发,所以,我们不难根据雷州半岛各姓氏最早移民入雷定居地点(如由 1986 年海康县地名办对该县 18 个区的 494 个村调查统计的表 1 和表 2 所示④)来宏观把握雷州半岛乡土聚落的空间扩张趋势。早来的移民相对而言,择地而居的选择余地要多于后来者,所以我们不难发现如陈氏、黄氏这两支来得早的宗族多聚居在雷州城附近的附城镇、白沙镇、沈塘镇等地,这些地方相对来说农田开发较早,且经过两宋时期的水利建设,有着较为便利的灌溉体系。随着更多移民的到来,以及已存在村落宗族繁衍支系增多,用地激增,人口与土地矛盾无法协调时,居住的选择则是那些尚未开发距离城镇较远交通不甚便利的乡野。所以,各乡村建村历史有早有晚。早的可以追溯到东晋之时,如陈氏聚居的雷州英山村。明时形成的村落则数量相对较多,如有中国十大古村之誉的李氏邦塘村建于明朝中期。晚的则在明末清初,如潮汐村是明朝末年陈尚富和三个儿子从龙门镇甘坡村迁居此地形成,而田园村则是其

---

① 符马活主编:《中国田园村雷歌集》,花城出版社 2008 年版。
② 林琳:《潮溪村历史聚落空间特征与可持续发展研究》,华南理工大学硕士学位论文,2012 年。
③ 赖奕堆:《传统聚落东林村地域性空间研究及其发展策略》,华南理工大学硕士学位论文,2012 年。
④ 蔡叶青:《海康汉族居民来源及其分布》,《海康文史》1988 年总第 9 期。

先祖符应祥兄弟清初从和家村迁居所成。

表1　　　　　　　　　　　　　　　姓氏来源表

氏别	移居年代	定居地点	本源	始祖
陈	南朝	附城乡英山村	福建莆田	
黄	南宋福皇	附城乡下莲村	……	黄勋
吴	唐朝元和	沈塘镇处井村	……	
李	唐初	湛江郊区东头山	……	
林	宋朝	沈塘镇茂胆村	……	
蔡	宋	附城乡卜扎村	……	
梁	唐	客路镇迈坦村	……	
王	北宋真宗	白沙乡官茂村	……	
何	宋末	白沙乡禄余村	……	
周	唐朝贞观	沈塘镇孟山村	……	
邓	宋建隆元年	杨家乡扶合村	……	
张	南宋	附城乡卜扎村	……	张苍显
符	元朝	白沙乡符处村	……	
谢	东晋	附城乡榜山村	……	
刘	宋朝咸淳	松竹乡刘宅村	……	
杨	宋高宗	松竹乡方家村	……	
莫	宋朝	沈塘镇平余村	……	
郑	明朝宣德	白沙乡桥西村	……	

注：该表是从18个分布较广的族姓中取其定居比较早的。

表2　　　　　　　　　　　　　　　陈氏移居年代表

朝代	移居年代	定居地点	本源
南朝		附城乡英山村	莆田
隋朝		客路乡 铜鼓村	莆田
唐朝			
北宋		大房村、大陈村	莆田、福清
（宋）	太平兴国 真宗	山柑、文堂、北仔、龙头	莆田3、福清1
		调爽、南田、纪家、安苗	莆田
南宋	咸淳、宝庆	那尾、后排、菜园	莆田
		陈家、交寮、本立、那金	
元朝			
明初	洪武、正统	潭郎、南田、迈特、排楼	莆田8、陈源州德县8
		后排、蕉坡、昌辉、黎陈等	莆田
明中	嘉靖、正德	三教、南山、金竹、塘头、	莆田
		荇洲、油河仔、足荣、山后	
		岭下、白沙、新安、龙西	莆田
明末	万历		
清初	顺治、康熙、雍正	黎家、坡六、长铺、车家	莆田
清末	道光、咸丰、光绪	坡边、赤豆	
民国		英益（龙利镇）、坡门、南泮洋	莆田

在这种乡村聚落逐渐扩张的过程中，乡村的创建者多选择了聚族而住，所以在明清之时，雷州乡村一村一姓的血缘为主的聚居现象比较普遍，当然也有个别因历史机缘由不同宗族合居而成的地缘性乡村。

二 村落经济形态

雷州乡村之所以多以血缘性聚落形态存在，从本质上而言，是传统农业思维的现实表现，是以农业经济为主重农轻商的传统中国大多数民众的惯性选择，其主要的经济政治思想就是对土地的依赖和争取。从现实来看，对于个体而言，直接靠农业来谋生的人是黏在土地上的，只有尽可能占有土地，并能以之为自己的营生资源，才有可能获得自身及家庭切实的生存与发展空间。进入雷州的闽南移民绝大部分原本就是农民出身，祖辈世世代代耕田为生，秉承传统思想，安土重迁。但因为闽南地区宋元明时期经济发达人口激增，土地与人口数量无法匹配的问题日益严重，经济矛盾激化，人民实难解决养家糊口的现实问题，才被迫远走他乡，另寻可以开垦的地方。而少部分移民虽是因仕途为官或经商需要决定迁居雷州三县，但在传统既定思维的左右下，也将拥有农田地产视为养家立业之根本。移民雷州后，面对陌生的环境，面对土地资源的争取以及开垦荒地的实际需要，必然需要以家族聚居方式来整合整个家族的力量以抗衡外来势力。所以我们不难理解为何远道从闽南而来的移民们在一个海洋资源相对内地丰富的土地上，除了沿海的部分村落以渔业经济为主外，绝大多数乡村聚落仍然传承了其所熟悉的血缘聚落方式以及生产方式，其后代大多生于斯、死于斯，其生产方式仍以农业生产为主，即使有渔业活动或其他形态的经营项目，也仅为辅业。由此也不难理解缘何雷州半岛传统文化仍是具有浓郁传统色彩的乡土社会文化，以及为何沿海而居却缺少鲜明的海洋文化气息。

随着雷州半岛的日益开发和社会经济的发展，移民以土地为生存与发展资本，得到了迅速的繁衍和拓展，家业稳定后，虽仍然多以垦殖、农耕为业，但开始重视子弟的培养，通过科举考试制度改变子弟的命运以及整个家族的命运。

如雷州龙门镇潮溪村在清初至乾隆年间，周边土地经过几代人的努力，逐渐得到了一定开发，由低洼地变成水土条件较为优越的农业家园，开始出现拥有科举功名或官衔、荣衔的士绅精英人物，其开村先祖之一长房陈元易的后代以科举见长，逐渐成为村中的望族，从清代至民国期间，频频出现几代仕宦的书香世家，据《雷州志》和族谱的记载，在 1911 年前，全村统计，科名者共 71 人，仕宦者 59 人，其中四品 3 人，五品 8 人、六品 7 人、七品 5 人、八品和九品总计 36 人；四品恭人 2 人，五品宜人 4 人，六品安人 2 人，其中绝大部分属于陈元易的后代。可见陈元易一支从最初农业开垦的家庭逐渐发展成为了人丁兴旺、学农结合的士绅之家。潮溪村其他各支因为没有出现具有科名的士人而继续以务农为主。数量众多的士人直接导致了长房陈元易这一支在乡村中享有绝对的话语权。

在土地私有制及科举制度的影响下，各个乡村发展状况不同，乡村内部也出现了一定的分化，仍以潮溪村为例，在清乾隆至光绪年间其势力最盛之时，全村有 75％的人口靠地租过活，有 95％的家庭有地租收入。其田地绝大部分置办于外村，分布在南兴、龙门、英利、覃斗、北和等乡镇。出身该村的官员在退隐后，回村置地建房，成为连续几代的大富豪家族，其中陈桂汾家族地租超过 4500 石（一石等于 100 公斤），豪华宅院六座；另外陈洸瀯家族租谷约 4600 石，豪华宅院七座。过半居民平时远出探亲访友不是坐轿就是骑马，村内一派繁华富贵，达到钟鸣鼎食的胜景，因此在雷州，潮溪村有"富贵双全村"之称。[①]

有士绅豪族的土地兼并扩张，必有失地农民的产生，自然产生雷州乡村的阶层分化，这种变化对雷州乡村的权力格局及经济格局产生深远影响。

三　遍布的民间神庙

在雷州几乎每个乡村都有神庙存在，且往往共存着不同性质的神庙，仍以古村潮溪村为例，其东门内有座建于明朝崇祯年间的妈祖庙，在妈祖

---

① 林琳：《潮溪村历史聚落空间与可持续发展研究》，华南理工大学硕士学位论文，2012 年。

庙不远处还有一座康关班庙，陈杂着几位神灵，康公、关公、班公是不同时期历史人物或者说半神，在同一座殿堂里享受人间烟火，在村南门附近有座土地公庙。东林村内分布着天后宫、雷祖庙、土地庙等大小庙宇 7个。事实上，这些古村在破四旧及"文革"期间曾经遭遇过不同程度的冲击，拆毁了一些故居与神庙，否则留存的神庙数量会更多。

　　冼剑民、陶道强《试论明清时期雷州民间神庙文化》依据地方志对明清时在雷州曾出现过的祠堂庙宇作了系统的统计和分类，明清期间雷州民间神庙就多达 123 个，30 余类，所有庙宇主要分两类，一类是天地自然神祇的神庙：土地庙、城隍庙、文昌阁、火雷圣母庙、火神庙、三官堂、三圣堂等，这类神庙皆为自然崇拜的产物；另一类则是供奉人神的庙宇：雷神庙、关帝庙、天后庙、白马庙、伏波庙等。① 如此数量众多的各类神庙遍布于雷州乡村，显然承载了乡民对自然力量的敬畏、崇敬以及对祖先与英雄的崇拜信念，寄托着民众祈求风调雨顺、功名利禄、避祸得福、家庭子嗣繁衍富贵等多重精神需求。而且围绕着神庙及其信仰，雷州乡民创造了与民间信仰相关的整套礼仪并将之世俗化，比如围绕妈祖诞辰日，很多村庄都会举行传统的各具特色的上香祈福祭拜妈祖仪式，还在天后庙前演戏酬神，有的地方民间信仰还会影响到地方的经济活动，比如雷州杨家镇井尾坡村围绕妈祖神诞日，形成独居特色的一年一度的阴阳圩，成为该村及四邻乡村的百姓们年年翘首企盼的盛大赶圩交易日子。除了各路神灵的神诞日，雷州百姓还会在特定的节气进行相关礼仪活动的聚众展演，如古雷州端阳节三大赛事"东岳赛鹉、夏江龙舟竞渡、麻扶讴歌"都与民间信仰有着密切关系。民间信仰与乡俗生活的结合，促使雷州乡土拥有众多富有地方特色的民间文化活动及风俗，既满足了乡民们与神灵精神沟通、祈求神灵佑福的愿望，又能为之提供除日常劳作生活必要的交流之外的可以参与更多人际传播、群体传播的渠道与机会，也为乡民创造了通过参与乡村祭神礼仪活动在热热闹闹的仪式参与及仪式角色分配中找到精神归属感的重要途径。

---

① 冼剑民、陶道强：《试论明清时期雷州民间神庙文化》，《广东史志》2002 年第 1 期。

四　村村有宗祠

在雷州乡村中真正具有地理位置及村民精神空间"轴心"作用的建筑并非是供奉各种天地自然神祇或人神的庙宇，而是宗祠。血缘是使雷州乡民聚族而居最自然的纽带，也是使村落得以凝聚持续发展的关键，由此产生血缘与地缘的统一，村民天然地拥有族民和村民的双重身份，这固然使村民们在心理情感上存在天然的亲近感，但在乡村发展过程中，这种身份的双重性必然对现实生活中各种利益分配与享有带来不同程度的困扰，如何在动态发展中保持相对平衡，协调维持全村整体利益，以及面对外来威胁或是与周边村庄的土地或其他纠纷，如何从容应对，捍卫村庄权益，都需要以"宗族"的名义出面。因此相应地，修建宗祠，以祖先的威望凝聚后人，巩固宗族，解决内忧外患自然成了必然的选择。宗祠不仅在乡村地理空间上占有最佳风水位置，建筑规格高，形制醒目，是乡村视觉焦点，同时还是村民日常活动的中心，是村民心目中的精神文化中心，不仅是祭祀祖先的神圣之地，更是村落的聚会厅、议事厅和法庭，商讨全族全村大事，制定族规村规和奖惩制度，也是文化活动中心，有些地方还是私塾学堂所在，担当了教育功能。不仅村村有宗祠，在子孙繁衍支系比较发达的乡村，如东林村这样的古村，还形成了自成一格的宗祠体系，兴建祠堂数量众多，分为宗祠、支祠与家祠，从总祠堂到小的祖屋有 11 座之多，且其祠堂一般位于村落内空间比较重要的位置。特别是村口空间由南往北便有三座祠堂。

事实上，宗祠的兴建并非在建村伊始就开始，比如东林村建村于南宋祥兴年间，直到清朝时期，该村居民林嘉材因经营有道，积累了大量土地和财富，成为雷州显赫的富商，在其带领下，东林村民居建设达到顶峰，才开始大兴祠堂。位于雷州市英利镇青桐村的雷州吴氏宗祠建于清光绪十三年（公元 1887 年）。[①] 潮溪村则是由于开村先祖之一陈元易一支的子嗣多有

---

① 赖奕堆：《传统聚落东林村地域性空间研究及其发展策略》，华南理工大学硕士学位论文，2012 年。

科举获得功名者，逐渐成为该村望族，乾隆五十五年在村落东入口附近开村祖先陈元易创建的祖屋基础之上建立起宗祠，并以陈元易之号"六成"命名。

综合来看，雷州乡村宗祠多兴建于明清两际。从时间上而言，与我国整个华南地区的兴建宗祠的热潮期基本一致。究其原因，首先，从地方经济发展角度而言，明清之时出现宗祠是雷州地方经济发展的必然结果。雷州乡村各宗族从定居开始，几代人的努力劳作生产、繁衍子孙，并让子孙接受儒家教化参与科举考取功名的过程是一个权势与财富累积的过程，也是宗族内部分化、社会分层的过程。当这些过程所积蓄的能量足够之时，分离而出的士绅精英阶层成为村庄权益的代言人，周旋于官府和地方之间，热心于承办相关宗族的具体事务，且在村民中享有较高的号召力，可以在其呼吁之下，集全族之力兴建宗祠，修缮宗谱，制定具体的族规等等。其次，从宏观的时代背景而言，正如科大卫、刘志伟《宗族与地方社会的国家认同——明清华南地区宗族发展的意识形态基础》所言，明清华南宗族的发展，是明代以后国家政治变化和经济发展的一种表现，是国家礼仪改变并向地方社会渗透过程在时间和空间上的扩展。其目的是在地方上通过宗族管理的礼仪化来推行教化，建立起正统性的国家秩序。① 在这个推行过程中，接受儒家教育并通过科举功名从乡村分化而出的乡绅士人扮演了至关重要的角色。乡绅士人周旋其中，同时肩负维护宗族利益和推行儒家教化国家礼仪的双重历史使命，因此祖先崇拜与正统的封建礼仪在现实博弈中得到统一，宗祠家庙的兴建及扩张得到了官方的默许，成为华南地区乡村常见景观。

时至今日，在雷州乡村仍然可以看到有些保存良好甚至这几年重新修建的祠堂里，还有祭祖活动在继续，族人维持着日常祭扫，神主牌被擦拭得干干净净，系上红绸，整齐地摆放在祭堂中的神橱里。到了清明、冬至等重要节日或者家居装修入伙添丁等重要时刻，祠堂里就点上香，在氤氲

---

① 科大卫、刘志伟：《宗族与地方社会的国家认同——明清华南地区宗族发展的意识形态基础》，《历史研究》2003 年第 3 期。

的烟云中，把白切鸡、糕点、供果和酒放在香案前，尽量小心翼翼地遵循着复杂的仪程和禁忌，可谓古风犹存。由此可见宗族观念影响深远，后人对宗族心理上还有着较强的认同感和归属感。

但是，需要注意的是，宗族观念的盛行、乡绅阶层的崛起、封建教化的推行，与乡村原有的民间宗教信仰之间产生微妙的关系，本书第一章曾经回顾过雷神由神到人的演化过程，这其实正是民间宗教信仰因后起宗法观念的力量遭遇历史性的改写，是对原有民间信仰内涵及方式的重塑，相应地，与民间信仰相关的风俗活动包括民歌活动自然也面临着被改写被调整的命运。

五　乡土社会的传播结构

乡土社会处于马克思所说的"人的依赖关系"阶段，这是人类社会的最初形态，在这种社会形态下，人的生产能力只是在狭窄的范围内和孤立的地点上发展着。乡村社会的信息交流空间就是乡民生活世界中的私人空间和公共空间。家庭作为乡村行动的基本单位，家庭内部空间是常态的私人空间；私人空间以外的空间都可看作公共空间，譬如乡村聚落中的寺庙、戏台、祠堂、集市，甚至村口大榕树下、水塘边、河边等周围，也可以是村民集会与红白喜事的场合，人们可以自由地聚集，交流彼此的感受，传播各种消息。传统乡村社会的基层结构是费孝通先生所概括的"差序格局"化的，私人空间与公共空间的区分与这种社会结构特征相关，一般情况下，家庭事务被放置于私人空间而不是公共空间解决，当然在宗族势力强大的村庄，小家庭的个别关乎宗族利益的家务事也会上升成为宗族的事情，一定程度上使原本属于私人空间的事情被放置在公共空间里。从总体上说，传统乡村社会依据私人空间和公共空间的划分在人与人之间传达不同的信息。

传统乡村社会里，私人空间和公共空间在乡村传播中发挥不同功能，作为私人生活载体的私人空间主要是维系私人情感的空间，除此之外，家庭生产安排等经济性事物也离不开私人空间。与私人空间主要维系私人情感的功能相辅的是，公共空间对村庄情感维系发挥着特定功能。乡村秩序的形成离不开不同情境的村落公共空间。因为，乡民们主要通过这些共同空间的存在传递生活和满足自给自足生产方式的信息。由于乡土社会以土地为根本资源，而这种资源的最大特点就是不可移动性，对土地的依赖决定了乡土社会里人们行动范围的局限，一定的土地束缚着一定的人，农民的生产和生活与土地紧密相关。所以，围绕耕作劳作和居住生活的土地而产生的生活空间成为农民日常生活的信息交流空间，这从根本上决定了在乡村，人与人之间的交流即人际传播是信息传播的主要途径与类型之一。

雷州的乡土社会因为移民历史及聚族而居生产方式的影响，在宋明之时，各乡村之间隔绝、孤立，之间接触少，生活隔离，各自保持着孤立的社会圈子，所以其信息传播结构深受空间限制，具有传统乡土社会传播结构之特点，以人际传播为最重要的途径，其信息的传播局限在其家族范围之内。生产技术及民间艺术的传承以家族传承为主。但明清之际，乡村宗族之间的竞争与较量驱使族权意识崛起，出现如明时雷州地方大族陈氏努力改造雷神为其祖宗试图垄断神权等各宗族以各种方式强化族权的现象。较量中，有的更加富贵，有的则日益贫贱，前文提及的人称富贵之村的陈氏东林村和有"雷歌之村"称呼的纪家镇符氏田园村就是两个相反发展趋势的代表。而且经济地位日益提升的宗族往往考取科举者也比较多，出现乡村士绅阶层，政治地位随之有了相应的提高，形成经济地位与政治地位相互促进的良性循环。这种日益明显的阶层分化以及宗权意识的空前强化，使得诸如拜祭祖先、酬谢神灵尤其是大兴宗祠建设等仪式活动具有了前所未有的重要意义，在乡民生活世界中拥有神圣不可侵犯的价值功能，因此均以宗族的名义集全村力量所能，分工合作完成。所有这些变化在一定程度上改变了既往的乡村传播以人际传播为主的结构，使以宗族长者及乡绅为主导的群体传播及组织传播和惯常的人际传播共同成为乡村传播的主要类型。

在乡土社会中，社会声望是一种稀缺的社会资源，需要通过长期的社交博弈来获取，它是一个人乃至宗族的社会价值集中体现。为了获取及维持这种宝贵的社会资本，对于声势日益隆盛的宗族而言，在进行祭祀酬神禳灾驱邪等宗族活动中邀请艺人演出当地盛行的雷歌时，作为主家，一般不会错过这个可以显示宗族经济实力与社会声望的机会，会想尽办法将整个活动办得热热闹闹的，雷歌活动以其热闹、娱乐性强的特点既满足了活动主持者娱神娱人的愿望，又可借此张扬家族势力，自然成为乡土社会颇受青睐的"文化大餐"，正如蒋原伦所说："传统文化的生命力不是取决于该传统曾经有过怎样辉煌的历史和迷人的魅力，而是取决于它所含有的意义和价值怎样帮助人们应付当时的环境（物质生活环境和精神生活环境）。"[①] 而对于善于演唱雷歌的贫困农民而言，无疑，作为艺人应邀演出既可以获得一定的经济收入贴补家用，又可成为确立实现自身价值的一种手段。双方需求的对应及商品经济观念的渗透，促成了雷歌、宗族文化生活及民间信仰的相互结合。

第二节　雷歌文化传播功能的裂变

雷州乡土作为雷歌文化萌生、发育的场域，正如前文所分析，并非是一个静态固化的环境，在其内部，以土地、权力为核心，各种有形无形的力量以不同的资本形态围绕着这两大核心因素或明或暗地展开着较量。这种天然存在的较量持久而影响深远，不仅不同的宗族出现相异的发展走向，或盛或衰，就是同一宗族同一祖先，经历几代繁衍分支，不同支系的家庭在乡村中享有的话语权也有了差别，在财富上也出现分化，有的崛起为乡村士绅，有的沦落为失地农民，要么流落他乡另择出路，要么附于士绅阶层为其打工卖力。在分化的过程中，无法完全左右自己命运的雷州乡民越来越多依赖于神灵、祖先的庇佑，民间神灵、祖先的祭拜礼仪随之也日益丰富起来，等等诸如此类的变化，必然对雷州乡民的精神世界与现实世界带来直接影响和冲击。作为雷歌文化的创造者与传播者，当中的一部分人原本满足于面朝黄土背朝天在地里刨食的辛苦岁月，在艰辛劳作之余即兴唱两声中发泄发泄解解乏，继续心甘情愿一日一日过着没有波澜的日

---

① 蒋原伦：《传统的界限——符号、话语与传统文化》，北京师范大学出版社 1998 年版，第105 页。

子，但土地所有权的失去，乡村话语权的丧失，使得他们被迫背离土地，以其他方式谋生，雷歌的盛行，乡间各种礼仪活动的需求，让他们看到了其中蕴含的生存机遇，乞儿歌和以雷歌为生的艺人姑娘歌由此产生。由此可见，从自娱自乐的口头歌分化出职业化的艺人民歌，是现实环境的变化驱使雷歌创造者传唱者或主动或被动，或有意或无意地顺应了现实的变化。雷歌内容及形式的分化从表面上而言是为了适应不同目标受众的需求及适用场景的变化而发生分化，就其本质而言，实为其所在场域雷州乡土内部各种社会关系、各种力量变化的现实反映。

雷歌历经多次嬗变，渐次丰富最终形成多种形态并存的传播盛况。雷歌最初为自娱自乐的"口头歌"与互相酬和对答的"对歌"两种形式，随着失地农民的出现，其中善歌者便以歌行乞，出现"乞儿歌"，进而在酬神、祝寿、求财、还愿、辟邪、驱鬼等各种民间需求的推动下而出现以唱颂神歌维生的姑娘歌。由于文人的参与，还派生出情义歌与榜歌。姑娘歌在发展过程中又根据表演需要产生"劝世歌"这种新演唱形式，姑娘歌班随之因市场需求出现分化，一部分艺人组成姑娘歌班，仍继续传承其颂神为主的传播活动，另一部分艺人则组成雷州歌班，在劝世歌基础上，受粤剧等剧种的影响，将之嬗变为大班歌，大班歌在新中国成立后经过宋锐、陈湘、詹南生等文化工作者的鼎力革新最终定名为雷剧。

如果按照杨民康《中国民歌与乡土社会》中民歌的文化演生层次理论来区分，口头歌无论一人还是数人对唱，是雷歌文化的原生型层次，其传播主体为普通乡民，大多是在乡间生活或劳作中即兴而歌，感情的抒发直率朴实。乞儿歌、姑娘歌、班本歌、情义歌、榜歌则为次生型层次，讲究音乐旋律，对格律要求愈加严格，演唱难度增大，其传播主体分别主要为乞丐、艺人及爱好雷歌的文人。雷剧则是班本歌的进一步演生，可谓雷歌文化的再生型层次，是在雷歌基础上加入各种故事、小说、传奇的内容，在粤剧等其他剧种影响下出现的戏剧化的民间表演艺术。

一　口头歌

口头歌，顾名思义，乃雷州民众自我歌唱，自我娱乐，口头即兴，其在现实当中有两种存在形式。

一种是自我歌唱，即传播学当中所谓的自我传播层面的歌唱。传播学理论认为，人总是在主我与客我之间进行自我的信息活动，具体表现有自我消遣、自我安慰、自我发泄、思考、陶醉、内心冲突等。自我传播是个体为适应周围环境而进行的自我调节行为。换句话说，自我传播是自我为了进行情绪、心态的调整而发出的信息，它没有既定的信息接收者。口头歌乃雷州乡人信口而唱、随兴而歌，虽后来在其基础上裂变生成多种形态的雷歌，但口头歌始终在雷州乡间存在，凸显了自我传播在雷歌传播中的重要地位以及口头歌自我调节的现实功能。

另一种则是两人对歌，即传播学当中所谓的人际传播的歌唱活动。这一传播类型的最大特点是信息的发送者和接收者都具有确定性，通过将双方共同感兴趣的信息符号聚集在一起，从而实现情感互动和信息交流。这种个体通过将自己的所思所想传送给他人，从而建立起一定人际关系的方式，在雷歌的传播中也是常见现象。

无论是单人口头歌还是对歌，其所涉内容广泛，几乎囊括乡间生活的所有细节，即景生情，就事吟唱。单人口头歌多是从自己劳作生活与个人特殊的人生遭际为歌唱内容，歌唱风格因人而异，比如田园村第一代歌手符妙真不愿遵从父母之命媒妁之言被逐门而出，先离村独居后出家，一生悲戚寂寞，其歌用词清冷颇有禅意，内蕴悲凉之风。第二代歌手符妙真之侄符应祥的歌则多是吟唱田间地头的琐碎事情，言辞直白朴实，与其姑风格迥异。对歌则因对歌者关系不同，内容也便不同，风格也随之多样化，比如母子对歌，则多为督促学业教化道德，婆媳之间则可能是互相讥讽，懵懂男女则可能借歌委婉传情，放荡男子则多会以大咧咧的充满情色的言辞挑逗路遇的女子，贫民与富有者之间的相互嘲讽戏谑……总的来说，对歌与单人口头歌相比，调侃嘲谑的成分更多，表现出较多的轻松随意性。

无论上述何种情形，口头歌相比其后来衍生而出的其他形态的雷歌而言，从内容到格律等多方面还没有如后来其所衍生的其他形态的雷歌那样受到过多限制和要求，因此生活化色彩最为浓郁。但非常可惜的是，口头歌因其口语传播自身媒介形态的限制，转瞬即逝，时空传播有限，作品往往无法得到完整流传，口头歌初兴之时，也尚未有人对口头歌的文化价值有清晰认知，无人着手对之加以系统的搜集和整理，所以这意味着绝大多数口头歌在产生的同时即面临着佚失的命运，幸运留存于民间记忆的明末清初的早期口头歌仅为少数，有些是因为当时所唱引起在场者的强烈情感共鸣，口口相传，在传播的过程中，经过后人的再加工再创造，添加了一些故事性的因素，以传奇典故的形态流传民间；也有些是因为家族内部代代相传，被其族中后代有心人整理记录转化为文字形态得以保存下来，雷州纪家镇田园村所保存的家族前辈雷歌集就收录有其村先祖几辈的口头歌，为后人研究雷歌原初形态提供了非常宝贵的资料。

虽然今日我们所能看到的早期口头歌从数量上来说已经比较稀少，而且当中较多篇章已无法确认原唱者身份及具体生活时代，甚至个别口头歌字词残缺不全，但仍能从中一窥当时雷州口头歌成熟的艺术特征及其艺术魅力，可以感知明末清初的口头歌从整体上已表现出较高的艺术水平。

二　乞儿歌与姑娘歌

在早期口头歌几代歌手的熏陶和启蒙下，乡间擅长口头歌的人越来越多，一旦社会环境时机成熟，口头歌的经济价值便凸显了出来，原本自娱自乐的口头歌为贫困乡民提供了新的谋生之路，乞儿歌乃至姑娘歌的出现，标志着雷歌的经济功能得到雷州民间的认可。

由于雷州三县百姓喜爱雷歌，擅歌的乞讨者为了能讨得更多财物，投其所好，挨门逐户地以歌行乞，而且得见人行事，遇到善良人家，只要借歌表明乞讨的目的即可：

> 一枝仗子到奶家，有米分筒给公煲；
> 有薯分个给公去，从此不来奶门头。[①]

如果唱这类的歌不能博得同情，碰上吝啬的财主，讨也不给，即使给

---

① 宋锐：《姑娘歌的产生极其活动（上）》，《海康文史》1986 年第 5 期。

了也非常微薄，唯一的办法是厚着脸皮再唱几句歌颂性的雷歌，求其额外施舍。有时，还要打探主人的家世，爱好，唱的歌才能恰到好处，博其欢心。以歌行乞，是乞丐在死亡线上一种挣扎，擅歌多才的乞丐通过这种方式解决了最起码的生存问题，自然启发了更多穷苦之人从中发现所蕴含的经济价值，雷歌可以颂人，讨好人，同样可以讨好、祝颂神灵。由此，贫苦之人在以歌谋生和乡间民间信仰的祭神娱神的仪式需求之间找到了契合之处，促使以颂神为主要表现内容的姑娘歌裂变而出。

在雷歌渐次裂变生成丰富多态的表演体系的过程中，姑娘歌在雷歌文化传播史上至为关键。

姑娘歌就是一女与一男在台上对唱（或斗歌），其中女子在雷州民间俗称"歌姑娘"或"姑娘"，是对歌活动的主角，男子俗称"歌童"或"相角"，即配角之意，所以雷州民众把这种形式的对歌活动称为"姑娘歌"，由歌姑娘与相角相约在一起所成立的表演班子，称为"姑娘歌班"。在表演过程中，男的手持折扇，女的一手持折扇一手捻转手帕，临场现编现演，即兴而唱，并用扇帕配合表演，男女各有各的做功和台步。每场两人唱同一种歌韵，你一首我一首，或互问互答，或互相逗趣，互相攻讦，互相驳难，以歌词取乐观众。姑娘歌题材广泛，内容丰富，既有褒扬忠孝，贬斥叛逆，宣讲仁义，抨击奸诈，歌颂贞孝，痛击淫乱等充满劝世教化的题材内容，又有涉及天文地理、历史社会、人情哲理、风俗习惯、文化知识、生产生活等诸多方面的题材内容。其歌词结构多为七言四句，偶有五字句和多字句，隔行押韵，歌垫、韵脚、韵音基本上沿用了雷州口头歌的格律。姑娘歌仍以雷话演唱，无伴奏清唱，曲调简朴、古拙、粗犷，并以即兴性对唱为主要特征。其表演形式有三种：一是祭祀式演唱，通常是在年例祭神时，歌手箕跪神台前轮唱颂神歌和祈祷歌，带有严肃的仪式性；二是斗歌式演唱，常在歌台上由艺人之间或艺人与观众之间交相对唱，彼此问驳，一决输赢，带有轻松兴奋、斗智取乐的强烈气氛；三是歌舞式演唱，多唱有一定故事情节的劝世歌，以扇、巾为道具，不讲究舞步，只有走动换位，重在以各种动作的舞扇挥巾，配合演唱节拍，边唱边舞，以适应叙事的需要，带有戏曲的某些初始因素。

姑娘歌不仅上承自我娱乐自我歌唱的口头歌，下启教化功能日渐强化的班本歌，使雷歌传播功能随之增生，满足了乡村更多层面的文化需求，使雷歌获得了更为广阔的发展天地，也建构了一套完整的乡村狂欢仪式，丰富了雷州文化的构成。

首先，姑娘歌的传播活动有着明确的表演性质，和既往口头歌相比，姑娘歌的每次演出有特定的"舞台"，每次演出活动的举办都是围绕乡村特定的生活需求展开，尤其神诞日祭拜神灵，由所在乡村特定的组织者发起并安排整个演出活动的流程与具体内容，表演活动进行时，发起活动的乡村几乎所有村民都会因为神诞日活动本身的重要性及对雷歌的热爱而自发聚集而来，甚至邻村乡亲也会闻讯而来，加入观者行列之中，受众规模远远突破了往日雷歌活动。为了容纳所有观者，"舞台"往往搭建在比较宽阔而且重要的乡村共有性的场地，年复一年在此举办如此活动，渐成乡村模式化的固定节庆。所有这些不同之处，促使雷歌传播不再如同口头歌时传播类型仅限于人际传播，实现了自我传播、人际传播、群体传播、组织传播等多种传播类型在同一时空的复合并存，极大程度地突破了口头歌传播范围的空间限制。

其次，姑娘歌艺人们改变了乞儿歌歌者单打独斗凭个人演出换取人们同情获得救助的方式，两人、三五人甚至更多艺人组成歌班，以群体方式分工合作演出，根据现场表演效果的回馈及时调整表演内容与形式。而且为了强化姑娘歌班的竞争力，求得更多表演机会获取更为丰厚的酬金，艺人们努力积淀天文地理历史人情风俗等方面的知识，通过自我摸索及自觉学师于行内高手，不断探索演唱曲调的拿捏技巧与现场的表演操控能力，从内容与技巧入手提升演唱水平来吸引更多的听众。这种艺术追求虽是市场竞争压力所迫，但从传播效果而言，无疑有助于丰富并提升雷歌的表现力以及其在受众中的影响力和凝聚力。

再次，为了让歌班在市场竞争中获得长远优势，艺人们积极主动地挖掘和培养演唱雷歌的好苗子，对其进行严格训练，使其作为新鲜血液填充到班子里。这种做法当然也是因为现实经济效益的考虑而做出的功利性选择，但客观上为雷歌文化建构了民间人才培养与存储机制，也有力地保证了雷歌的代际传承。清中叶之时，以雷州纪家镇的田园村为代表，出现了一定规模的演出队伍，便是艺人招收徒弟的结果。在严格的培养接班艺人的过程中，有些新一代艺人天资聪颖，刻苦磨炼，见多识广，善于揣摩乡民所好，成长为乡间人人追捧的名"姑娘"或"高功"，[①] 其人气与影响力毫无疑问在雷歌文化的横向传播与纵向传承中都发挥着非常重要的"示范性"作用。

此外，雷州乡村村村有神庙，每到神诞之日，必有隆重的祭祀活动，姑娘歌艺人顺应如此需求，围绕雷州地方颂神敬神还愿活动形成了一整套演出程序，每场演出开始，三五艺人跪于神坛前，一人一首，轮流歌唱，用歌曲来请神、安神、颂神、求神，祈求神灵保佑安居乐业、人寿年丰；在结束之时，姑娘歌艺人又跪在神的面前歌唱慰神、辞神、送神，俗称"缴歌"，整个过程有始有终，在这个神与人的对话过程中，姑娘歌艺人兼具三重功能：祈安驱邪、道德教化与还愿谢神。姑娘歌整套颂神程序及其功能满足了雷州乡土民间信仰的礼仪需求，维系了民间的共享信仰体系，是雷州民间信仰的积淀表现，也是这种集体无意识的现实展演。所以，姑娘歌既是雷州人"善歌"习俗的产物，也是雷州"人神共乐"宗教习俗的产物。姑娘歌所具有的这种现实功能为雷歌传承及姑娘歌艺人在民间的存在提供了其合理性和必要性，使之与雷州乡土更为紧密地联系在一起，为雷歌赋予了强劲的生命力，所以，即使后来姑娘歌历遭乡绅文人的鄙弃及官府打压，仍能劫后重生，在民间持续传承着，时至今日，没有出现失传的悲剧。

另外，姑娘歌颂神之余，其最为火爆最受民众欢迎的演唱环节当是"捞台"斗歌，所谓"捞台"就是由观众上台即兴打擂与艺人对歌相斗，一般来说，敢于打擂的歌手多有丰富的斗歌经验，且有备而来，一上台，便句句直击要害，似要一下子把整个戏台"捞"走，技压主擂歌手，所以姑娘歌歌手必须全力以赴，维护自身声誉。斗歌有固定程序，一般是一男一女对唱，有时也男与男，女与女对唱。男女对唱时，男的手执一纸扇，

---

① 雷州当地称呼特别出名的全能歌手为"高功"。

女的一手执扇，一手执手巾。他们一唱一和，来回换位，分别朝前后左右四个方向转换台步，每首歌男的转换台步 14 次，女的 16 次，循环反复，有如东北的"二人转"。他们必须熟练地使用身段功和扇功。诸如响开扇、反转扇、遮面扇、响收扇等，女的还要熟练掌握莲花巾、正反旋巾等手巾功。动作要协调，对歌要准确、中肯、及时。人家唱完一首歌，必须马上接着唱，一时接不上就要出丑。斗歌时往往是一歌未落，一歌早起，针锋相对，你争我夺，岂止七步成吟，简直步步紧逼。斗歌时常是强中更有强中手，波诡浪异，险象环生，看似山穷水尽，却又柳暗花明。因而姑娘歌班无论在哪里搭台对唱，四邻八乡的百姓都会蜂拥而至，全民参与。每一个人都可以是观众，又可以随时上去"捞台"，一显身手，当一回演员。如此互动形式，打破了台上台下传者与受者单向传播的模式，演员观众身份模糊化，所有人置身于狂欢化的传播情境之中，在这种全民的狂欢中，人与人之间没有距离感、没有等级感，也没有性别差异、财富差异等，产生乌托邦式的人际关系，在此时此刻"人与人之间形成了一种新型的相互关系，通过具体感性的形式、半现实半游戏的形式表现出来。这种关系同非狂欢式生活中强大的社会等级关系恰恰相反"。[1] 如此超越现实的体验，对于生活单调身负重重生活压力只能循规蹈矩的乡民而言，自然有着非同寻常的情感价值，至少在此时此刻，达到了"忘我"之境界。姑娘歌、歌手、观众、现场歌唱情境高度统一，且相互作用共同驱使在场的所有人情绪到达最高峰，成为民众日常生活可以反复滋哑回味的人生体验，至今仍有不少雷州民间故事以当年的姑娘歌盛况及斗歌的经典掌故为故事核心，可见姑娘歌这种形式已经成为深得民众认可的一种集体仪式，深深嵌入到雷州文化的肌理之中。

最后，不能不提及的是麻扶歌台的创立及赛制对雷歌发展的重要意义。根据雷州市白沙镇麻扶村雷祖公馆墙壁石碑记录以及该村老农的回忆，该村古例到端午时主要以龙舟竞渡的方式纪念屈原，但到清雍正十二年竞渡时，在南渡河中游菜园湾有一只龙舟失事沉没，县府以此次事故为

---

[1] 巴赫金：《诗学与访谈》，河北教育出版社 1998 年版，第 161 页。

鉴，严禁再搞龙舟竞渡活动。麻扶村乡民遂于第二年在雷祠公馆前搭建歌台以竞唱姑娘歌来代替赛龙舟，所以民间有"雍正十三年打罢，罢了龙船赛雷歌，站坐硬地听歌舞，更胜江河风浪弹"这样的说法。麻扶歌台雍正十三年创建后，此后每年端午节演唱"姑娘"歌遂成惯例。演唱形式主要是艺人之间通过斗唱决定输赢，按习惯，业余歌手也可以登台与艺人对唱。为激励艺人，麻扶村同艺人订下规约：群众歌手可与艺人斗歌，斗歌中的胜者，由该村赏给奖金，叫作"定银"。第二年演唱时，领了定银的得胜歌手则当擂台赛的"台主"，让别的歌手登台打擂（斗歌）。在这个擂台赛活动中获胜，当地民众称之为"考上麻扶"，得胜者随之名声大震，盛饮"一登龙门则声价十倍"的美誉。这个赛事活动及其赛制云集了雷州三县众多知名姑娘歌高手，因此风靡整个雷州半岛，相沿至今。据说，凡未上麻扶歌台唱（斗）歌的歌手，在当地人眼里都不算是合格的"姑娘"、相角。因此，为获取民间认可，歌手们都会争取有资格来麻扶歌台唱歌，并以之为傲。

从田园村人第三代传承人符炜裕夫妇已经从事姑娘歌演唱活动并以此为生的相关记录来看，虽在清康熙至乾隆年间，雷州民间就已有姑娘歌传播开来，只是尚未形成较大影响，还未升格为雷州民间盛事。麻扶歌台的创立显然不仅为姑娘歌歌手创造了通过赛歌"考上麻扶成歌王"获得声名大震的机会，更重要的是为整个姑娘歌行业提供了相互切磋交流歌技的平台与机会，歌手们切磋歌艺，比试歌艺，周围观看者跟着歌手编歌的思路，听着双方你来我往的"交锋"，时笑时悲，在这一情境中，歌手往往灵感迸发，在对唱中为表现自己的能力而凝思全神编制歌词，以求赢过对方。因此麻扶歌台对歌的过程，被视为检验歌手实力的试金石，一代代歌手在对歌中的临场应变能力、心理素质，受到对手和听众的考验和检测，许多优秀的歌手和许多精彩的雷歌也就在这样的活动中诞生了。在整个过程中，听众的群体思维受歌手表现左右，歌手的心情受听众的反应影响，而歌手双方在互动中也完成着思维的交流。可以这样说，麻扶歌台赛歌是一种文化现象，是对基本成熟与定型化了的雷歌文化的结构再现、再塑造、再雕琢，是雷歌文化的一个载体，也是雷歌文化的外在体现，是构成人与歌、歌手与听众高度互动的一个重要中介，推动了姑娘歌及整个雷歌文化在雷州乡野的快速发展，吸引和激励了更多新人加入到雷歌演唱的行列中来，并通过与传统节日的结合及赛事自身的轰动效应使雷歌文化正式成为雷州三县共同认同的文化盛事。在雷州，有不少新人就是通过麻扶歌台崭露头角，比如享誉雷州歌坛的一代歌王李莲珠 14 岁时，便获麻扶歌台的"定银"。是自古以来"考上麻扶"最年轻的歌手，她在 16 岁与当时"高功"陈敬哉斗歌获胜，奠定了其雷州歌坛一代歌王的地位。而雷歌艺人较多的田园村也正是从雍正年间开始涌现了为数不少的姑娘歌歌手，并组建了家庭作坊式的姑娘歌班闯荡雷州江湖，由此可见，麻扶歌台赛歌活动的确立，为雷歌文化的传播发挥了不可忽视的作用。

在上述几个因素的推动下，清以来，姑娘歌成为雷州民众喜闻乐见的乡间曲艺活动，无论男女老少常常翘首期盼姑娘歌在村中的演出活动，到雍正十三年麻扶歌台的创立则标志着姑娘歌的发展到达鼎盛时期，但姑娘歌在发展过程中，成也萧何，败也萧何，最引人注目的是捞台斗歌，但因斗歌时歌手们针锋相对，不择手段，所以色情渲染过多，性挑逗成分过多，向来被指有伤风化，常常被地方官府封禁。新中国成立后，1954 年为革新地方风俗，政府下令"姑娘歌班"改成雷歌剧团，转演"班本歌"。"文化大革命"中又一记重锤击来，"姑娘歌"几乎窒息，直到改革开放后，借助于各种神诞活动的重生以及地方政府的扶持推动，姑娘歌才得以再次在民间唱起来。

三 情义歌与榜歌

在雷州乡土上演的口头歌和姑娘歌浑身散发着乡土气息，以其鲜活的生命力，如同野火一样随着艺人的流动表演蔓延到整个雷州半岛，但正如雷话曾经被鄙夷为"黎话"一样，雷歌也曾在较长时间里被视为鄙俚不文，下里巴人之作。但随着越来越多的接受过雷歌熏陶的乡村文人通过科举获取功名，演化为士绅阶层，在他们的影响和带动下，雷歌有了从民间底层渗入上层社会的契机，但阶层的分化和礼教的束缚，使得绝大多数文人士大夫不愿与雷歌艺人为伍与乡亲同乐，而且受其所接受儒家思想和传统诗文审美的系统教育影响，其趣味迥异于民间所好，所以姑娘歌不可能成为他们尝试雷歌的选择。更何况对于陈昌齐、黄景星这样的文人，心存雄心抱负，力图通过其自身推行温厚和平文风、革除雷歌恶习、保存社会风俗淳厚成分、强化社会教化，就更不可能参与其所鄙夷的认为有伤风化的姑娘歌。

正因为如此，情义歌与榜歌这种承袭雷歌格律要求的文字性创作活动，成为文人所青睐的和乐意推动的活动，并逐渐固化为上层社会士大夫们所热衷乃至专享的文艺活动。

情义歌之所以吸引不少文人涉足，是因其"顶针"的应用在写作与歌唱中表现出独特的趣味，例如《寄情郎》这首情义歌表达了哀怨缠绵的相思之苦，充分体现了情义歌的特点：

> 书信转作讴歌寄，唱给有情有义听；
> 都讲深交透头尾，为乜娘门官不行。
>
> 行行企企自己叹，嬋也苦愚与抑呆；
> 衫也懒缝饭懒食，形体与前大不同。
>
> 同床共枕三年载，鸳鸯拆离分东西，
> 草木伤心都落叶，天地切情暗多边。
>
> 边床暖也边床冷，宛似将仇来报恩；
> 想起冤家形与迹，五更睡无一更眠。
>
> 眠睡床上暗中苦，坐迈立行总激乌；
> 比将雷州九层塔，塔低过娘心中愁。
>
> 愁结心头成血块，退影落形颜色衰；
> 乌因拆踪声长短，人因分离心低高。
>
> ……①

---

① 林涛：《雷歌大全》，中国戏剧出版社 2006 年版，第 982—984 页。

情义歌以四句为一基本单元（条），每单元之尾要求与下一单元之首同字，或谐音，可以一韵到底，也可中途转韵，如此写法，从阅读角度来看，内容环环相扣，易于表达缠绵悱恻的男女相思之情，也适于叙述较为曲折细腻的生活事件，从传播效果来讲，这种民间俗称的捎头拿尾写法也容易给人带来听觉上的逶迤绵延、婉转悠长之感。文人所做情义歌，当以清末民初岁贡生陈伯常所作《监中叹》为代表作，一叹入监缘由，二发心底郁结，如泣如诉，读来令人心生悲苦惆怅，并为之冤屈扼腕叹息：

> 愁情压笔担不起，目汁泪淋滴满砚；
> 就将目汁磨墨写，头写头流拭不离。
>
> 离家虽不挂妻子，老母七旬离得不；
> 诺看生在无情世，不是五伦聚首时。
>
> 时逢九月地反正，粮缺城危又无兵；
> 民心惊动官走净，逼着关门调防营。
>
> 营官仍用林分统，绅商满城出办公；
> 会场暂设宾兴地，议事各人概合同。
>
> ……
>
> 华笺监内不得使，粗纸写愁诉原因；
> 诗三百篇自古作，都是失时各圣贤。
>
> 贤人若看歌这段，无被伤人都代伤；
> 四十条歌万点泪，请问买愁谁开行。①

榜歌则是由文人发起的歌社出榜征歌，出示题目，征集歌条，聘请名师评选，定名次，发奖金，出榜公示。初期只出题目，自由发挥，所

---

① 林涛：《雷歌大全》，中国戏剧出版社 2006 年版，第 941—945 页。

以富有生活气息的佳作不少。到咸丰、同治之时，规例日趋繁琐，陆续出现限"顶头"，限"韵脚"，不露"题目"等。名目繁多的要求使榜歌的创作约束太多，宛如被铐上层层枷锁，无法自由发挥，且有部分文人尚重文言，喜用典故，黄景星曾对此现象提出批评："欲藉文典以逞其才，甚至通体词章，比之于诗，尤为深奥，殆失本旨远矣。"①文人的这种文字追求，使没有接受过系统文字教育的乡下百姓无法融入其中，而且榜歌活动需要参与者缴纳一定的费用，对于民间生活本来疾苦的歌手或艺人而言，经济条件的匮乏无形中成为参与的最大障碍，自此，雷歌文化因为创作主体的不同，分化为两条殊异的道路，形成雷歌文化"雅"、"俗"并存的局面。

图：《望夫战胜》原榜

虽一些文人之作，尤其榜歌存在过于咬文嚼字、掉书袋、脱离现实、缺乏生活气息等不足，后世对其整体评价也不高，被视为文人雅士的文字游戏，但情义歌及榜歌的出现在雷歌文化传播史上仍具有不可磨灭的独特价值和贡献。首先，情义歌和榜歌的出现凝聚和激发了文人参与雷歌创作的热情，无意中推动并丰富了雷歌文化传播的渠道及内涵，扩大了雷歌传播的影响层面。其次，文人士大夫们在注重字词的提炼推敲以及在各种艺术手法的积极探索的过程中，也涌现过佳作，获得文人与民间的高度评

---

① 黄景星：《雷州歌谣话初集》，赤坎华文印书局 1925 年版。

价，并得以流传民间，在雷歌文化的构成中占据一席之地。还有，文人所作的各种艺术手法的积极尝试及其典范之作，在一定程度上反哺了民间的雷歌创作，使民间雷歌表现手法趋于多元化。

四　班本歌与雷剧

雷歌继裂变出姑娘歌和榜歌两个支系满足不同阶层的需求后，又在姑娘歌的基础上继续分化出班本歌。

姑娘歌所唱颂神歌固然满足了乡村民间信仰的仪式要求，捞台斗歌也以其唇枪舌剑之智取与热闹深得民心，但随着时间流逝，其传播形态的单一性便渐渐凸显出来。何况，捞台斗歌，不仅需要胆量，更需要具备极强的应变能力及丰富的社会知识储备，因此在现实中不可能每场演出都会出现斗歌斗到不分胜负的鏖战状态，让众人亢奋癫狂，甚至很有可能畏惧于现场"姑娘"或"高功"的名声无人挑战，只好仍由姑娘和相角两人轮流唱来唱去。此外，在过往的斗歌过程中，交锋初始尚能彬彬有礼，礼让三分，做到不卑不亢，谦谦之中力道十足，但短兵相接被斗到情绪激越冲动之时，性情本来就比较火爆直率的雷州艺人信口开河，出言不逊，彼此刁难、谩骂，往往用语粗俗下流，不堪入耳，时间长了，反复出现这样的情形，受众初始所有的新鲜劲必然消失，内化的道德要求必然代替娱乐需求成为主要的评判标准，从而引发听众的厌烦与不满。黄景星《雷州歌谣话初集》提及姑娘歌时表达了强烈不满："最为陋习，有民责者早应革除，本不宜挂诸齿颊。"① 因此，为顺应现实受众心理需求的变化，务实的姑娘歌歌手必然要设法创新其演出形式和内容，是故在对唱之后开始加唱规劝世人改恶从善的歌，即"劝世歌"。

劝世歌最初是由姑娘或相角独唱，直接向观众进行说教。后为形象地表达其内容，便虚构情节，分角上场，铺陈故事，如《呆子卖猪》、《戒烟中状》等。这时它虽仍叫作劝世歌，其实已成了戏剧的雏形。但表演仍为生活原型的动作，各角只穿便装，系红腰带，两颧涂红，双眉

---

① 黄景星：《雷州歌谣话初集》，赤坎华文印书局 1925 年版。

画黑，男持一扇与烟筒，女持一巾，代表一切道具。台上只摆一桌数凳，此外没有其他装置。歌词清唱，不设锣鼓；若人物过多，则一人兼演数角，在这边唱了此角的歌，转身换位又唱彼角的歌；歌词事前大体拟好，道白临时编造。

劝世歌今日看来虽然简陋，但在当时从"歌"变成了"戏"，新鲜奇特，令人耳目一新，既能供人娱乐，又给人教益，所以得到雷州民众的喜爱，盛极一时。劝世歌本因此出现供不应求现象，姑娘歌艺人便将当时进入雷州表演的其他戏曲剧种的剧本移植为劝世歌本，如《玉莲投江》、《李三娘》、《陈世美》等。海康县名重京师翰苑的学者、乾隆十六年（公元1751年）进士陈昌齐也曾根据潮剧《三元记》中的一折改编为劝世歌本《断机教子》。据此可初步判断劝世歌于清乾隆年间已经出现。

一些农村青年模仿演出劝世歌以自娱，并在农闲之时，邀集起来，凑成班子，到各村演出，不收戏金，只求提供食住，这种班子农村称为"歌班仔"。他们的流动演出，在劝世歌的扩散中起到了积极作用，同时，也为其创造了突破闭塞僵化的乡村生活限制和可以接触更多文化传播信息的机会。多种地域文化在其传播流变过程中，相互启迪影响，充实丰富了各自的特质，促使其内部发生裂变，催生了有别于母体的新文艺传播品种。歌班仔在其发育过程中，直接受粤剧的影响，加速劝世歌蜕变为班本歌。

粤剧源自南戏，自明朝嘉靖年间开始在广东、广西出现，是揉合唱做念打、乐师配乐、戏台服饰、抽象形体等的表演艺术，受弋阳腔、昆腔、汉剧、徽剧、秦腔等多个剧种的滋润与影响，取各家之长，自成体系。清嘉庆、道光年间，粤西"下四府"（即高州、雷州、廉州、琼州四府）南派粤剧也开始流行开来，清《梅菉志》记载了当时粤剧盛行之态："梅菉圩遇重阳节、客户各醵厚赀，搭篷厂野外，张灯结彩，迎神演戏，轰饮昼夜，远近观众以万计，方六七日而后止。"[①] 雷城作为当时雷州半岛的经济文化中心，其曲街、南亭街、关部街为商贸繁华之区，居住着不少广府商人，设有广府商会馆，这些商人对于粤剧的需求，推动了粤剧在雷州及其

---

① 陈志坚：《雷剧》，广东人民出版社 2010 年版，第 29 页。

附近乡野的传播。尤其是位于雷州城的夏江天后宫为粤西重要港埠，江闽粤桂等地的商贾熙熙攘攘，为迎合商贾贸易，保证港埠繁华，经占卜请奏神允准，演出粤剧，使得粤剧传播有了保证。[①]

而当时的雷州歌班仔在劝世歌的演出中仅具戏曲的雏形，无法比肩于当时整套表演体系已经相对比较完善的粤剧。两种不同特质的文化品质在传播中的相遇相撞，往往是强势的文化更有着强劲的传播效果，雷州人看到粤剧艺术水平高，尊称其为"名班戏"，也有人将它称为"广东大戏"。但粤剧所用语言并非绝大多数雷州人士所持言语，这在一定程度上给粤剧的传播设置了障碍，使得当时的雷州歌仔班在冲击中得以缓冲并生存下来。

面临粤剧的冲击，雷州歌班仔仰慕之余，开始自觉不自觉学习借鉴粤剧动作、锣鼓等，将粤剧中的唱、念、做、打移用到自己的表演中，并开始有意根据角色与剧情需要配以服装、道具、头饰、挂髯、鞋靴以及脸谱等，渐渐地在拾取粤剧表演形式及剧目的基础上，劝世歌逐步演化为班本歌。

班本歌问世之后，演出唱腔仍沿袭雷歌唱腔，但演出形式与劝世歌完全不同。姑娘歌班的劝世歌虽然初具戏剧雏形，有一定的故事情节，但因循守旧，原型的演出动作长期不变，而且表演纯属模拟生活形态，长期介于说唱曲艺与戏曲之间，终不能变成戏曲。而班本歌则不断增加戏曲剧目，表演动作也日趋节奏化、虚拟化，有了一定的戏曲程式。但姑娘歌因其对唱、颂神的灵活性，具有其独特的传播功能及优势，故依然有其传播空间。所以班本歌与姑娘歌分道扬镳，各奔前程。班本歌因演员人数及剧情场景的需要，演出时舞台高阔，人们称之为"高台班"，而姑娘歌班则相对舞台要求不高，演出舞台低矮且窄小，人们将之称为"矮台班"。

表演形式丰富化，表演内容故事化情节化，再加上善于学习其他剧种剧目，雷州班本歌角色演艺排场日臻成熟，不仅得到了雷州本土民众的高度认可与追捧，还随着雷州半岛与海南岛的经济贸易往来，也逐步扩散传

---

① 陈志坚：《雷剧》，广东人民出版社 2010 年版，第 22 页。

播到了海南岛。清嘉庆至道光期间，雷州大班歌常往海南岛文昌、海口等地演出，海南岛乡村居民争相观看。被冷落的海南白斋戏（海南琼剧脱胎于它）班在其排挤之下，为维护其本地演出地位，想法干扰雷州班本歌的演出，引起双方斗殴事件屡屡发生。为解决两地戏班的冲突，道光元年（公元 1821 年），雷琼两地州县明令禁止雷州大班歌与海南白斋戏班渡海跨界演出，并分别树碑于海安和海口。①

班本歌的影响在道光年间日益深远，但在其发展中，不同乡村歌班之间的竞争因为当地棍徒黑势力的参与，处于无序状态，勒索民财扰民现象时有发生，使其形象声誉受损，乃至官府出面调解，甚至直接干预剧团到各地巡演，以保护各地百姓及当地剧团的利益，如清道光二十八年（公元 1848 年）海康知县金珏应北和圩居民的要求，在北和圩立碑，严禁戏班借故农闲无事演戏勒索民财惹是生非。碑文如下：

　　特授海康正堂加三级记录二十一次金。为严禁戏班作扰事，照得民间敬神演戏，或系神诞，或系庆贺，或祈求酬，皆出于民心之至诚，亦由于民情之深愿。从来未有戏班勒令演唱，藉图讹诈者也。兹访县属北和市一带地方，有外来戏班串同本地棍徒，每于年终勒令当铺、店户、居民挨次出钱演戏，稍有不如愿，即逞凶吓唬，讹诈钱银，实属蔑法妄为，肆行扰害，可恶之至！除饬差札清道司外，合行出示严禁。为此示谕该戏班及棍徒等知悉：尔等务须痛改前非，安分守法。凡当铺、店户、居民之愿否演戏，应听其便。如来邀请演唱，酌量议定价钱，依期前往。倘若并不前来邀请，不得以闲散无事，逐户挨家勒令演唱，稍不遂意，即逞凶吓唬，讹诈钱银。告示之后，如敢故违，仍蹈前辙，肆行无忌，即许就地铺户居民协同地保差役捆送赴案，或即去县呈控，定当严拘尽获，从重究办。本县言出法随，决不稍宽。各应凛遵毋违！特示。道光二十八年十二月廿日示。②

①　陈志坚：《雷剧》，广东人民出版社 2010 年版，第 31 页。
②　同上书，第 31—32 页。

这种限定流动的做法固然有其现实意义，但从文化传播角度而言，限定其传播范围使各戏班只能囿于一定区域演出，缺乏与兄弟戏班的竞争与切磋往来的机会，必然影响其革新发展的能力。除了因利益之争引发地方冲突，使其受限外，班本歌还因地方官府"鄙俚不文，有伤风化"的偏见遭受压制，甚至于 1948 年，明令禁止演出，许多歌班被迫解散。尽管如此，雷州班本歌仍在雷州半岛暗火潜行，在一些偏远村庄悄然薪火相传。

新中国成立后，班本歌易名为雷州歌剧。50 年代末至 60 年代中，湛江地区设立了改革雷州歌和培养雷剧新人的机构，并把雷州歌剧更名为雷剧。雷剧工作者对雷州歌剧积极进行改革，着重解决唱腔问题，并对舞台美术、音乐作了全面的革新，经过 20 多年的努力，他们抓住姑娘歌及口头歌唱腔特点，加以发挥，整理提高，形成了一整套声腔、板式；同时，广泛收集雷州半岛民间乐曲，加以整理，作为场间气氛音乐；锣鼓也有所创新，使雷州歌剧具有完整的音乐体系和鲜明的地方特色，丰富了艺术表现力。

回顾新中国成立前雷歌的发展史，我们可以发现随着雷歌文化的传播从自娱自乐到职业化剧种化裂变的渐次展开，出现诸多混合现象：口头歌、对歌、姑娘歌、情义歌、榜歌、班本歌等多种子系统并存盛行；自我传播、人际传播、群体传播与组织传播等多种传播类型同在；民间底层与文人士大夫不同阶层传播主体既相互独立又相互渗透；雷歌文化代代相传形态既有各代艺人之间的言传身教，也有民间故事、掌故形态进行的口碑式传播，还有姑娘歌教本、文人搜集整理出书等文字传播形态；其传播功能多层次交融并存，既满足了个人情感表达、乡村民间信仰与宗法集体仪式活动、经济功能等显性需求，又满足了乡村知识传承、道德教化等隐性需求，传播功能多元化。诸多这些传播要素混合并存，相互影响、相互牵制，共同构筑了富有雷州乡土气息的立体化的雷歌文化传播图景。

雷歌文化在雷州乡土社会中近乎全民性的文化传播状况的形成，是因其与乡土民众生活息息相关，满足了多个层面的功能需求，构成其完整的功能自足系统，其内部的各个形态的系统和其各自特定的社会功能在现实中交错作用，无法截然分离，雷歌文化整体社会功能的发挥依赖于各个系统社会功能的合力作用，各个系统的社会功能随着时间、地点的变化也在变化，时大时小，导致合力也在变化，其所有变化都取决于是否符合雷州乡土社会自身的衍生机制，所以，雷歌文化与雷州乡土社会表现出高度的同一性，其形式、内容、演唱场合都与其所在的自然及社会环境相协调，吻合这个环境中的人、社会、文化的内在协同性。雷州乡土社会是雷歌文化赖以生存的基础和重要保障，其内在的运作机制为雷歌艺人提供了众多潜在的演出市场和一定的经济来源，使其得以代代传承，而雷州乡土也缺少不了雷歌的存在，两者相辅相成，发生互动并共同展示着地域文化特色。雷歌文化以其强劲的生命力渗透到乡土生活之中，深刻地影响了雷州乡土文化的构成肌理，成为雷州乡土文化不可分割的文化现象之一。可以说，雷歌文化既是雷州民众生活的创造物，又是民众生活的重要内容与载体，记录并传达了其情感、生活哲学以及道德立场，是雷州文化凝聚民众的重要向心力之一。

第三节 雷歌文化的乡土气息

在雷州这片有着浓郁乡土气息的大地上，由"土头土脑"的雷州乡民为主体，创作和传承的雷歌文化浑身透着"土里土气"的气质，大部分雷歌唱的是乡村里的人和事，记录了十几代人田间地头、锅碗瓢盆、房前屋后的生活，这些不同类型的雷歌共同为我们绘制了一幅比清明上河图还热闹百倍的雷州乡土画卷，在这幅画卷上，有农夫在田间辛苦劳作，有放牛娃在溪边飙歌，有面对天灾人祸家破人广对天号哭的农夫，有塘边男女传情，有乡村窄巷里的鸡零狗碎，有夫妻间火辣辣的吵嘴，有孤庵当中青灯陪伴嗟叹的青衣女子，有推着牛车吆喝着卖东西的小贩，有乡间小道穿红戴绿抬着轿子热热闹闹的游神队伍，有戏台上一男一女持扇抢巾走步之间机智泼辣的唇枪舌剑，更有围聚在戏台周围的乡民们挤挤匝匝……画卷整体画风粗犷但亦有婉约细腻之处，大体浓彩重墨但局部也有清新淡雅。随着岁月的流逝，画卷里的人在变，场景也在一点点悄悄地发生着变化，几百年乡村的记忆、几百年的乡情通过雷歌传播得以留存下来，成为雷州文化的民间记忆宝库。

当然因为与生俱来的乡土气质，雷歌在较长的时间内，不受待见，就连从雷州乡土出来的诗人和出版人符马活也说："说实在的，我们以前是有些看不起雷歌，认为它是不太入流的东西。"① 但也许正是因为其"不太入流"，在较长历史时期里，无法登入大雅之堂，不为正统士大夫知识分子所重视，反因此得以与主流保持一定的距离，使雷歌文化获得了相对自主独立的发展空间，可以原汁原味地在民间流传，雷州乡民可以自由地享受吟唱品味雷歌的乐趣，将自己生活中的真情实感无所顾忌地借助于雷歌展现出来，可以说雷歌与雷州乡民的生活水乳交融，全方位展演了整个乡土社会的文化气息，是属于雷州人自己的歌，是具有一定地域排他性的地方特有民歌，正因为这种"自己人的歌"的情感及雷歌内容与民众生活的丝丝相扣，博得了雷州民众的认同与喜爱，使雷歌传播得以成为乡间生活的常态，成就了雷歌文化在民间的影响力。

一　土地耕作的苦与乐

可以说生活在雷州乡土上的每一个人一生都与其脚下的红土地有着割不断的情感联系，不用说一年到头在农田耕作辛辛苦苦耕耘着自己及家庭来年收成的农民的命运受制于土地，就是长期在外奔波，以姑娘歌酬神对歌维生的艺人们，在没有演出活动之时，尤其农忙季节依然得回到自己乡村投入艰辛劳作，还有通过科举获得功名的士大夫乡绅们，家族的兴盛衰败也与土地有着直接的关系，所以，我们不难看到雷歌里的喜怒哀乐大多指向红土地，人们用雷歌吟唱的方式抒发对这方土地终身依赖却饱尝人生酸甜苦辣的复杂情感。

1. 自然灾难的痛苦记忆

明清之际，史料当中有关自然灾害的记录非常多，宣统《徐闻县志》云："徐闻飓风常也，……非大不书"、"小旱不书"，但即使如此，我们仍能从史料当中看到明代有 21 次飓风灾害，由此可见当时自然灾害的频繁及严重程度，比如永乐七年（公元 1409 年），雷州遭飓风袭击，"飓夹咸潮，汛

---

① 符马活：《中国田园村雷歌集》，花城出版社 2008 年版，第 319 页。

滥府城，海堤崩缺，民溺死者甚众"。再如永乐九年（公元 1411 年）九月，飓风暴雨袭击雷州，遂溪、海康两县被淹，"坏田禾八百余顷，死一千六百余人"。嘉靖二十一年（公元 1542 年）九月，飓风袭击雷州，庐舍禾苗多被摧毁。次年，"民大饥，多流亡"。嘉靖二十七年（公元 1548 年），高、雷二府连续发生严重的风灾、水灾、旱灾。三、四月没下雨，农田受旱；六、七月飓风、暴雨袭击，淹死人畜，浸死农作物；九月降霜，晚稻失收。嘉靖三十一年（公元 1552 年）六月，雷州遭飓风、海潮袭击，海堤冲垮，东、西"两洋"居民漂没千余家，淹死数千人。万历十七年（公元 1589 年），雷州半岛飓风连作，防潮海堤多陷至甚，东、西"两洋"居民荡析殆尽，数万顷农田全部荒芜。清代更甚，大的飓风灾害高达 29 次。康熙二十七年（公元 1688年）五月初三，徐闻县飓风，官衙、庙宇、民房损坏无数，城墙崩毁。同治二年（公元 1863 年）八月，雷州半岛飓风大作，海堤崩溃，平地水高两丈，东、西"两洋"田舍全部淹没，居民死伤数千人。光绪二十三年（公元 1897 年）八月，雷州飓风猛烈，死人数千，沉舟千余，灾民遍地，为数十年所未见。

除飓风之灾，较大水灾明代有八次之多，清代有十九次之多；较大的冷冻灾害明代一次，清代四次；冰雹灾害，明代四次，清代八次；地震灾害明代十九次，清代十九次。除上述这些灾难，明清两际发生五次严重的旱灾，尤其光绪二十八年（公元 1902 年），徐闻、海康、石城、遂溪大旱，徐闻尤为严重，连续三年大旱，庄稼旱死，乡民以草根、树叶为食，饿死者不计其数。总之，明清时期严重的自然灾害，导致雷州半岛民众生产财产损失惨重，贫困、落后、动乱、萧条，是雷州民众不得不接受的生活现实。[①]

因此，我们发现不少记录灾难的雷歌作品直观地再现了雷州乡土劳作者面临多重自然灾害突然降临却又无能为力的痛苦记忆。

哭天旱

死天旱到无点雨，百姓个个苦到乌；

有做无收枉劳力，几好农田都白土。

---

① 吴建华：《明清时期雷州半岛的自然灾害初探》，《湛江师范学院学报》1999 年第 20 卷第4 期。

咸潮

天意欲伤超起浪，不被伤者代惨伤；

思间通洋变成海，想半哭人半哭田。

寒露风

寒露作风死得过，恰恰撞逢稻扬花；

石谷妃有九斗冇，嗳喑都无犹讲饭。

咸潮肆虐

人人记着清同治，处处漂流死人尸；

义墓葬尸二千几，东西两洋人哭啼。①

这样的雷歌既有来自农民之口的口头歌，也有出自文人之手的榜歌，足见这份记忆之痛波及整个雷州大地，饱浸苦难的雷州民众的歌便因此有了强烈的现实主义色彩。

2. 贫困交加的生活写照

明清及民国之时的雷州半岛传统小农经济本兼有分散、落后、封闭的特点，脆弱的农业经济再经如此频繁的自然灾害冲击，可想而知，雷州半岛的乡民们生活境况之苦，那么歌为心声，从这片多灾多难的土地上的贫苦乡民口中唱出的雷歌自然浸满了苦涩悲切的味道，符马活用"悲风"一词概括了雷歌这个非常突出的特点："田园村人的雷歌里有一种情结，那就是悲风。我所说的悲风，包涵悲愤、悲惨、悲凉、悲伤、悲哀等种种意味，带有痛苦的记忆，这跟我们常说的'苦情歌'有一定的相通之处，但不完全一致，悲风里有一种辛酸，有一种哽咽。在雷州半岛，雷歌里有许多'苦情歌'，在那个苦难的岁月里，雷州人民总喜欢用雷歌来歌唱个人的生活和处境，……'悲风'在雷歌中占有非常重的分量。而'悲'在歌中的体现又是何等的耐人寻味，有多少人因悲生歌，……'悲'是雷歌的抒情方式之一，裸露了最真挚的情感。雷州地处亚热带，这里人性格火

---

① 林涛：《雷歌大全》，中国戏剧出版社 2006 年版，第 1155 页。

爆，加上一直以来贫穷落后，更符合'悲'中带'苦'和'壮'。"①

一首清初雷歌（田园村开村祖先符应祥之作），短短四句通过"日长"、"日短"两种交错出现的心理感受便高度概括了当时人们青黄不接饥饿乏力却不得不为了来年的收成勉强硬撑着去农田劳作的满腹悲苦：

三八四月人饥饿，无米煲饭吃薯汤；
想到工多惧日短，挨饿去田叹日长。②

这首雷歌能够流传到现在，没有像其他即兴口头而作的雷歌那样很快被遗忘，显然是引发了众多同样穷苦之人的强烈情感共鸣，具有非常强烈的现实概括性，才得以口口相传留存下来。符应祥还有一首雷州初读风趣，但再读个中所饱含的辛酸让人感怀：

条衫条裤两人换，竹竿穿湿我穿干；
人穿暗暮交给竹，竹穿天明交给人。③

符应祥之弟符应诚所做雷歌则自嘲了自家贫寒农具不堪使用的尴尬，充满苦涩：

谁讲梛锄偌好使，掘坑挖园无关碍；
掘到柴头拔无出，掘到石头裂多边。④

雷州著名姑娘歌高功周定状有两篇传世之作，也将贫苦之人的生活窘困之状描摹得淋漓尽致，让人心酸：

---

① 符马活：《中国田园村雷歌集》，花城出版社 2008 年版，第 33 页。
② 同上书，第 53 页。
③ 同上书，第 52 页。
④ 同上书，第 50 页。

之一

有处安床无处坐，就拿床前安灶坑；

一支扁担无处放，直也枷枷横枷枷。

之二

水库筑在床底下，大雨一来水满家；

公婆母子堵倒屏，屏干无鱼也无虾。①

而田园村第三代雷歌歌手符春梅流传下来的歌也道出了田园生活真实而残酷的本质：

无米煲饭点把火，火烟过墙任风飞；

过路人问火熏乜，火熏讲娘是煲饭。②

事实上，不仅仅是上述几首雷歌，在《雷歌大全》、《雷州歌大典》、《中国田园村雷歌集》等中所收录的为数不少的早期雷歌多从生活各个细节入手，歌中没有比喻、没有拟人，没有象征、没有宏大的主题，吟唱记录的只是生活中普普通通常见的人、事、物，用语多乡下土语，但真实再现了小农经济的脆弱状态以及雷州民众悲苦的生活情境。

3. 乐观通达的土地情结

即使饥寒交迫，雷州乡民会通过雷歌来化解内心的苦闷：

苦人来唱苦人歌，唱歌一条解心宽；

又唱一条顶肚饥，再唱一条顶天寒。③

每到收获季节，便是乡民喜庆之际，符应祥的《乜都无卡做百姓》道出了百姓简单的生活物质诉求：

① 林涛：《雷歌大全》，中国戏剧出版社 2006 年版，第 579 页。

② 符马活：《中国田园村雷歌集》，花城出版社 2008 年版，第 66 页。

③ 何希春：《雷州歌大典》，中国文联出版社 2006 年版，第 34 页。

乜都无卡做百姓，秧恰插完早回青；

十冬六月收割起，去买牛肉炒豆芽。①

　　在《雷歌大全》当中还有六首雷歌表达了同样的这种质朴的喜悦与知足感，此处仅录其中一首：

百业不如做百姓，赤赤米饭任肚袋；

犁田那候虽辛苦，收割那时笑螺螺。②

　　也许正是因为物质诉求简单，雷州乡民唱过悲苦雷歌之后，只要能够丰收便可以满足于耕田放牧的传统乡村生活，依然坚守自己耕耘的土地，以其为自己终生的正业，遇到整日浪荡，高不成低不就，不务正业的乡人，便会唱歌劝其回归：

饱学经书理朝政，习武欠强祖符升；

文若无成武无就，快快回来犁耙承。③

　　还有一首雷歌将读书与犁地耕田做了比较，对世人轻视务农给予了教谕，暗含为农的骄傲，表达了其以农为本的价值观：

大郎好做犁难使，百姓苦请谁人知；

三年易考文进士，十年难求田秀才。④

　　以农为本的观念，在雷州民间根深蒂固，决定了雷歌的内容必然充满朴素自然的乡村特色，始终保持着与土地及村落文化的紧密联系。

---

① 符马活：《中国田园村雷歌集》，花城出版社 2008 年版，第 52 页。
② 林涛：《雷歌大全》，中国戏剧出版社 2006 年版，第 1230 页。
③ 符马活：《中国田园村雷歌集》，花城出版社 2008 年版，第 91 页。
④ 同上书，第 102 页。

二 性情中人，个性强悍

一方山水一方人，雷州民众不仅要与各种自然灾害抗争，与相邻村庄为抢夺稀缺的土地资源发生持久而残酷的械斗，还要防御时不时出现的流贼强盗，雷州乡民在岁月的考验和与其抗衡中形成的集体人格非常鲜明，主要表现为性情悍勇，直爽火爆，不畏强权。拥有如此人格特征的雷州乡民唱起雷歌来，信口而成、极少受清规戒律束缚，言辞犀利，直截了当，不留情面。如一位媳妇这样唱自己的婆婆：

> 家婆好畏过老虎，上巷妃爬到下巷；
> 手指拗拗脚顿顿，嘴斗骂人髻跳跳。①

仅仅二十八个字，就把凶狠泼辣的婆婆在里巷撒泼骂人的形象勾勒得惟妙惟肖，强烈的生活气息扑面而来，让人过目难忘，在传统礼教普及的乡村社会里，唱歌的人如果没有敢爱敢恨的性情是不可能有如此胆量对自己的婆婆唱出如此酣畅淋漓的辛辣嘲讽的。

我们再来看《中国田园村雷歌集》所记录的两对夫妻生活中的斗歌故事，从雷歌唱词中既能一窥乡里夫妻生活的小场景，又可从唱歌人言辞之中感受到雷州乡民率性而为的真性情。首先来看该村第三代传人符炜裕与其妻子之间的斗歌。妻子回娘家一个月才回来，丈夫疑神疑鬼，于是擅歌的两口子斗起来，外人看来真真是乡村小院里即兴上演的好戏一场：

凤莲：

> 三月去村四月回，官打我娘几夜昏；
> 山狗衔鸡嘴都放，官你打娘无放锤。

符炜裕：

---

① 林涛：《雷歌大全》，中国戏剧出版社 2006 年版，第 558 页。

三月去村四月回，要打你娘卅夜晚；

三十日长嫜做乜？三十夜长乜人陪？

凤莲：

犹是疑神和疑鬼，无信得娘去个村；

卅日工春帮父母，三十夜长姐妹陪。

符炜裕：

去村该讲乜候回，免至等娘卅夜昏；

三十日气集一肚，欠打千屉万九槌。

凤莲：

你去松雄都无回，怎怪得娘去个村；

若知回来给你打，这世再无回你门。①

《中国田园村雷歌集》中另一段夫妻吵嘴的故事也颇有趣味：夫妻吵架，老实巴交的丈夫说不过伶牙俐嘴的妻子，便负气睡在柜子上，夫妻因此打起冷战，到了第三天，妻子憋不住了：

妻：

有床无睡嗜睡桓，明早我娘就去村；

这下去村去久久，那候求娘已无门。

夫：

你嫜去村快去村，我去砍肉回煲精；

吃饭配肉肥无瘦，和嫜睡床瘦无肥。

---

① 符马活：《中国田园村雷歌集》，花城出版社 2008 年版，第 62—63 页。

门外游手好闲的旁听者：

> 无女甫个饿有女甫畏，天公总无放眼开；
>
> 只望有女甫死早早，快无女甫个去上门。

妻大怒追出：

> 乌鸦开口讨人呸，雷打公轰这狗狡；
>
> 丈夫只死妃守寡，快你砍头饿眼黄。

门外游手好闲旁听者边逃边唱：

> 无讲你嫜诺假鬼，我涎无流隔夜糟；
>
> 无女甫妃做单身汉，留你搁闲窟窿门。

妻恨恨唱道：

> 天怎不收这饿鬼，死早给人讨吃糟；
>
> 后次若给我抓着，裤归戴条你出门。①

生活中斗歌尚且如此骁勇，在姑娘歌捞台斗歌中，歌手之间更是极尽互相戏弄挖苦之能事，唇枪舌剑，越斗越狠，不择手段，如同仇敌，直斗得天昏地暗，常常从晚上斗到天亮，难解难分。

比如民间流传曾有一位"姑娘"大肆吹嘘她的宅大门高，家道殷实，门徒众多，唱道：

> 嫜在雷城住瓦宅，宅大门高吃无输；
>
> 跟班来此无算数，在家几十幼门徒。

与其斗歌的"相角"马上唱道：

---

① 符马活：《中国田园村雷歌集》，花城出版社 2008 年版，第 301—303 页。

蓝黄色纸做瓦宅，不过一时色未旧；

瓦屋做在草宅内，玉女金童你门徒。

意思是说她的瓦房是纸糊的，是放在她的草房内的纸屋，纸屋里的金童玉女才是她的门徒，"姑娘"即刻辩称她是尽孝道的，前年父母归阴确实做过纸屋，不过纸屋是放在她的瓦房内。唱：

我嫜是个孝义妇，父母前年归阴司；

纸宅放在瓦屋内，玉女金童为门徒。

"相角"步步紧逼，给予致命一击：

既是父母归阴府，麻衣草鞋未过灰，

三年之孝你不守，早走出门做江湖。[①]

雷州民风彪悍，性情豪放，雷歌当中不少佳作鲜明体现了雷州乡民的这个特质，下面这首流传甚广的雷歌朗朗上口，成为雷州孩童幼年必学之歌，代代相传：

我母生我叫妃方，脚板顿土土就崩；

手指举天天就窿，搧风驶船无讨帆。[②]

原始、夸张、豪情、无所顾忌，在此，笔者再选两首以飨读者，它们同样也表达了雷州人天不怕地不怕，不畏强权的张扬性情，颇有神话色彩：

不怕不怕就不怕，你胆不如我胆大；

---

① 何安成：《论析雷州姑娘歌》，《民间艺术》2013 年第 1 期。

② 林涛：《雷歌大全》，中国戏剧出版社 2006 年版，第 574 页。

捉着雷公敢问罪，捉着龙王大拳弹！①

打死皇帝当个蚁（清）

女：

> 东海是嫜照面镜，皇帝是娘亲那兄；
>
> 雷州是嫜洗面钵，广东是娘天井庭。

男：

> 打死皇帝当个蚁，怕乜你娘亲那兄；
>
> 搅到天熔与地朽，怕嫜都无天井庭。②

有如此众多豪迈不羁的雷歌口口相传，熏陶了一代又一代雷州人，其子弟沿袭了祖辈性格形成鲜明的独具地方特色的集体人格。

三 雷歌中的"情"与"欲"

在各地民歌当中，爱情是永恒的主题之一，雷歌亦是如此，也如其他地方一样多有青年男女或相互试探或互表衷情或表达分离相思之苦等各种恋爱情形的佳作，但如果将男女视角的情歌加以对比，就会发现，女性视角的情歌更多表现"专情"，即多表达了对自己意中人的思念、爱慕、忠诚，而男性视角的情歌则较多结合当时两人所处场景对女子进行即兴"性"挑逗。

1. 雷州女子有情有义的爱

雷歌不少情歌无论是口头歌还是姑娘歌都表现出相对比较强烈的女性主体意识，敢于主动表白深情且炽热的情爱，究其原因，一方面可能与雷州民风彪悍且女子性格比较外向泼辣有关，另一方面则可能与姑娘歌班以"姑娘"为主，"相角"为辅的演出机制有关。女性歌手作为歌班挑大梁的，除了日常演出中要从容周旋于各个乡村的各种酬神还愿活动、直面捞

---

① 林涛：《雷歌大全》，中国戏剧出版社 2006 年版，第 575 页。

② 同上书，第 601 页。

台斗歌中雷歌高手的挑战与刁难之外，还要时时应急处理来自地方各种势力挑起的是非与争端，这便意味着女性歌手需要抛头露面闯荡于险恶江湖。这样的江湖磨炼，再加上她们往往是歌班经济收入的顶梁柱，在歌班中享有较高的地位，造就了"姑娘"独立自信果敢顽强的性格，敢爱敢恨，不拖泥带水，矫揉造作。

所以两情相悦的男女一旦现实中遭遇阻力，其表现截然不同，相比男性对现实困难的理性认知而表现出屈服与哀叹，女性对爱情的追求则显得无畏无惧，更为直接奔放，捍卫自身爱情时的表现也更为果敢执着，比如下面三首雷歌，在雷州情歌当中颇有代表性：

男：

> 睡不得去眼晶晶，望见那边一盏灯；
> 不是山拦与水隔，日也去睇夜也睇。

女：

> 只要你官有诺心，怕乜山拦与水深？
> 山崴我嫜担刀砍，水深官人跳泥平！[①]

男子畏惧于现实阻力只能夜不成寐，辗转反侧，相反这位乡村女子却敢于捍卫自己的爱情，挑战现实中的各种困难，着实令人生敬。

《中国田园村雷歌集》记录了该村一位女子的雷歌《树生藤亡死也缠》，歌中巧用当地常见的"树"和"藤"相缠相依的自然现象表达其对爱情至死不渝的追求，情感炽热。

> 官嫜本是双飞燕，情似山藤缠树身；
> 树死藤生缠到死，树生藤亡死也缠。[②]

---

① 林涛：《雷歌大全》，中国戏剧出版社 2006 年版，第 1278 页。
② 符马活：《中国田园村雷歌集》，花城出版社 2008 年版，第 105 页。

《雷歌大全》里收录的《不闩门》，相比男子门外的踯躅试探，女子面对情感时的表达方式更为坦荡直率：

男唱：

> 天寒地冻下雪霜，外房睡寒里房暖；
>
> 愿死阴间隔层纸，不愿阳台隔层纸。

女唱：

> 天寒地冻下雪霜，外房睡寒里房暖；
>
> 若果真是男子汉，拭推里房门闩无。①

另一首《天替我娘留冤家》男子明明不想离去，偏要指责天气，相比之下，我们来看看女子如何姿态：

男唱：

> 正要起身雨阻隔，这天害人讨人骂；
>
> 前妃无村后无店，叫我今夜怎过夜。

女唱：

> 人留不如天阻隔，天替我娘留冤家；
>
> 幸得今昏下大雨，得官和娘过个夜。②

敢爱敢恨的雷州女子一旦爱上，便一往情深、矢志不渝，痴心呵护自己的爱情，视金钱为粪土：

> 千金难买真情义，誓过两人不离居；
>
> 钱财几多当粪土，嫜是嫁人不嫁钱。③

---

① 林涛：《雷歌大全》，中国戏剧出版社 2006 年版，第 1279 页。

② 同上书，第 1280 页。

③ 同上书，第 1262 页。

甚至愿为意中人掏心掏肺，付出一切，只求能长相厮守：

男唱：

> 思吃筒烟又无火，思呷槟榔又无灰；
> 思做生意又无本，思娶老婆又无媒。

女唱：

> 官要吃烟嫜给火，官呷槟榔嫜给灰；
> 官做生意嫜给本，官心合娘不讨媒。①

雷歌中的女子视角的情歌所唱情景千姿百态，有的雷歌活灵活现刻画了女子苦苦等待丈夫或意中人的生活情景，读之令人莞尔：

卜卦

> 听来听去仍不回，愁锁双眉拔不开；
> 偷卜文王金钱卦，看官何时到娘门。②

盼官来

> 灵台枕上响个气，翻来覆去天不光；
> 听闻外边人行动，估是官来起开门。③

有的则因情人爽约不来，女子又气又急失望负气闩门：

> 伸手闩门响个气，冤家不来今夜昏；
> 不来不该拿嫜诓，诓嫜全夜不闩门。④

---

① 林涛：《雷歌大全》，中国戏剧出版社 2006 年版，第 1278 页。
② 同上书，第 1266 页。
③ 同上书，第 1265 页。
④ 同上书，第 1266 页。

有的则表达了久别相逢后女子又惊又喜又娇嗔埋汰的复杂情怀：

> 别久冤家相逢会，哄嫜望长头颈酸；
> 嗜咬你鼻丑过世，看官奈娘也无门。①

有的则通过馈赠衣物，寓情于物：

> 衫送给哥如会面，日穿衣裳夜盖身；
> 见衫如同见妹我，盖衫当成妹伴眠。②

有的则约会之后相互送来送去，痴缠不休：

> 免送免耽亦免阻，免跟免缠免愁波；
> 无送无辞路亦短，愈送愈辞路愈长。③

有的则是因为即将别离泪水涟涟，偏偏离别的人不解风情酣睡不醒，女子哀怨不已：

> 一下提起拆分散，目汁亦同水下滩；
> 讲得入心嫜歇去，卧醒官人都鼾鼾。④

有的则心急出嫁，却又碍于脸面不敢明说只能哭哭啼啼：

> 十七八岁哭讨嫁，也不吃饭不纺纱；
> 父母来问不嗜应，不肯应人之牙牙。⑤

---

① 林涛：《雷歌大全》，中国戏剧出版社 2006 年版，第 1265 页。
② 同上书，第 1266 页。
③ 同上书，第 1269 页。
④ 同上。
⑤ 同上书，第 1270 页。

还有的表现了送别意中人（丈夫）到邻村书房学习，女子独守空房怨而生怒的娇憨之态：

> 卯时来到天吻光，送官出门那边村；
> 官去书房习孔孟，嫜在内头乜人陪。
>
> 未得见官第二回，可恨与娘俩分开；
> 若得把刀利过剑，剃官脚皮落娘门。①

当然雷歌并非都如上面几首一样炙热火辣，也有些雷歌用词清新，巧妙地再现了懵懂男女初遇之时清纯羞涩的相互爱慕之情，比如《中国田园村雷歌集》当中便收录了一段懵懂男女在村庄水塘边竹林里初识，男青年借用雷歌小心探试意中人心意的故事：

男唱：

> 路边种竹发荫荫，风吹竹摇动官心。
> 日晒心热身出汗，问竹给无把凉乘。

女回唱：

> 嫜是竹笋叶未盛，竹幼怎能遮得荫；
> 日头那晒你心急，去觅一丛大树乘。

男青年一听，难掩内心欢喜，对女孩更是"穷追猛打"，继续唱到：

> 竹笋幼幼味那清，竹笋那高乱发心；
> 塘里有水不种藕，塘干那时难为情。

女回唱：

> 单竹独笋心难定，也想找丛竹同心；

---

① 何希春：《雷州歌大典》，中国文联出版社 2006 年版，第 102 页。

　　　　我愿拿竹来陪种，两丛平平发亭亭。①

　　这一番探试之后，双方心迹明了，两情相悦，终成佳偶。

　　笔者深夜阅读这些或滚烫或质朴或清丽的情歌，宛如隐身游走在初恋、热恋、苦恋、痴恋、渴嫁的女子身边，真真切切地目睹了雷州乡间的一幕幕真情实爱，如此近距离地触摸着仍带有雷州女子温度的情感，心也随之起伏，为之喜，为之忧，为之泪！

　　2. 男性直白滚烫的性欲表达

　　与女子情歌相比，男性视角的雷歌则更多流露了较为露骨的情色意识，但这种情色的表达又往往并非指向其真正的意中人，常常是在比较特殊的场合，例如路上偶遇漂亮的女子，或是在姑娘歌捞台斗歌中"相角"对歌"姑娘"时以谐谑的方式出现，换言之，也就是我们常说的要要嘴皮子，逢场作戏。

　　在此，先辑录几首具有代表性的雷歌：

　　　　　　　　　　之一

　　　　路边山乳生罗罗，大姐摘乳在路上；
　　　　山乳都生给姐摘，姐生大乳给摘无？

　　　　　　　　　　之二

　　　　见嫜石榴生双并，识是白瓢哑红心，
　　　　因官肚饥讨吃紧，先摘两个那讲情。②

　　　　　　　　　　之三

丁宗闽：

　　　　新科举人丁宗闽，直意跑来上那仙；
　　　　芙蓉牡丹都采过，单未采莲这丛莲。

---

　①　符马活：《中国田园村雷歌集》，花城出版社 2008 年版，第 295—296 页。
　②　同上书，第 69 页。

阿莲：

算乜举人丁宗闽，进士堂堂在那仙；

本是姓周名做植，培养我娘这丛莲。①

之四

男：

你嬗也似木甘娄，水流下来三吉渡；

嬗是贱骨雕骰子，大也得摸小也摸。

女：

我嬗来到三吉渡，人闹也同蚁爬格；

嬗是沉香芳在格，只是准睇不准摸。②

之五

敬哉：

你妃是席我是被，我和你娘睡几次；

我在面上你在底，嗜直就直横就横。

莲珠：

敬哉这被是土坯，过路给娘踏几次；

庇护天公下阵雨，踏你坯溶成泥饭。③

之六

无名氏：

见嬗生得总妍动，恰似下凡七仙嬗；

仙女下凡带仙果，和嬗讨个仙桃尝。

符彩月：

鱼画活大无起浪，纸画日头难发光；

---

① 林涛：《雷歌大全》，中国戏剧出版社 2006 年版，第 600 页。

② 同上书，第 1357 页。

③ 同上书，第 1359 页。

仙桃谁人都想吃，手短天高难得尝。①

之七

符妃伍：

> 见嶂丘田无人赶，四边围围总是塍；
> 草发偌葳田定瘦，又欠雇人担锄爬。

无名氏：

> 嶂是宝田有夫赶，你是蛮牛踏崩塍；
> 只思偷吃塍边草，滚坏犁耙讨人弹。

符妃伍：

> 嶂肯租田给官赶，早晚都巡整净塍；
> 春头压薯和种稻，春尾拿田来种麻。

无名氏：

> 你无做工只学惰，睡倒夜头给鬼拖；
> 冬节做在四月八，北风未来做北寒。②

上面七首当中前两首是生活中对偶遇女子的所谓"不正经"的挑逗歌曲，后面五首则是斗歌所为。而且耐人寻味的是，无论是生活中的挑逗还是在捞台斗歌，面对来自男性的"性欲"戏谑，女子往往要么义正辞严，将之批驳得无招架之力，要么不予理睬，很少积极顺应男子的挑逗，进一步以情色回应、撩拨男子，将"荤"进行到底。

3. 原因探析

缘何雷歌中男女对情爱的表达出现如此差异，笔者认为与雷州男女不同的爱情婚姻观念有关，究其实质，是因为男女在乡土社会中所处地位不同，传统礼教对男女社会行为的评价标准不同。

首先，在封建礼教思想的浸淫之下，女子遵从父母之命、媒妁之言，

---

① 符马活：《中国田园村雷歌集》，花城出版社 2008 年版，第 105 页。
② 同上书，第 110 页。

嫁鸡随鸡，嫁狗随狗，从一而终的思想根深蒂固，雷歌当中烈女歌便集中体现了这样的观念：

> 嫜是一箭挂一弓，一马不能挂两鞍；
> 烈女二夫万不嫁，留点香名给人扬。①

在这种观念的左右下，女子一生的希望与一生的命运实际上都取决于婚嫁是否如意。但在礼教观念横行的乡土社会中，又有几个女子能自主选择如意郎君？即使有意中人，但现实中又有太多不确定性因素，往往其中某一个因素，比如家庭背景不同就可以棒打鸳鸯，使相互衷情的人儿难成美满眷属。对于绝大多数普普通通的女子而言没有婚姻自主权，命运掌握在父母手中，一嫁定终身。如《从一而终》便描述了这个非常普遍的历史事实：

> （古人话）嫁鸡跟鸡不能怨，嫁犬必然跟犬踪；
> 嫁着木头守到朽，不免我娘哭泪淋。②

妇女"嫁鸡随鸡，嫁狗随狗"，即使嫁个木头人，也要等到其腐朽，更无感情可言，不免伤心落泪。在这种包办婚姻里，"妻怨夫小"、"妻嫌夫老"、"妻嫌丑"、"嫌夫傻"等情况比比皆是，如《妻怨夫小》：

> 嫜过这门苦一世，无侬带来有依养；
> 睡到半夜翻身回，问侬吃乳不吃乳。③

该妇女由"父母之命"，许嫁给一个小孩子为妻。夫妻没有感情，更没有幸福可言。如果不幸遭遇婚后遗弃或是丧夫，有子尚可，无子则终

---

① 林涛：《雷歌大全》，中国戏剧出版社 2006 年版，第 1278 页。
② 同上书，第 1306 页。
③ 同上书，第 1318 页。

身凄凉，受尽乡人冷落、鄙夷与践踏，一生零落。生活的压抑与残酷，必然使萌生爱意的女子会拼了命地呵护自己的爱情，倘若不能遂愿，有些刚烈女子宁愿被逐出家门也誓死不嫁。雷州纪家镇田园村第一代歌手符妙真便是这样的女子，她年轻时为情所困，不听从父母之命出嫁，被逐出家门，投靠同宗侄子，却又再次被侄子乡人逐出村外独居，后来看破红尘出家为尼。即使没有恋爱过便被迫出嫁的普通女子，哪个不曾怀春，不曾渴慕爱情？所以，大量表达女子情感的雷歌得以产生并广泛传播，对于许多普通女子而言，不过是对现实中不如意的情感生活的一种心理补偿罢了。

而姑娘歌班的"姑娘"在捞台斗歌中之所以义正词严应对来自对方的露骨挑逗，从表面上来看，是因斗歌打赢对方的策略需要，不能落入"相角"或打擂的业余男歌手所设的语言圈套，所以必须以攻为守，以守为攻，以获得斗歌当中话语主动权，但事实上也是对乡土社会传统礼教"男女授受不亲"观念的自觉或不自觉的现实回应，作为艺人，因常常抛头露面卖艺，歌班的"姑娘"在乡民社会中本来就低人一等，遭人轻视，如果在台上行为再不庄严节制，必然会遭到整个乡土社会的唾弃，无法继续生存下去。

明清以来的中国社会，为了维护社会的安定，国家以意识形态的方式大力推崇礼教来约束和规范人们的日常行为，而这种约束从生活的方方面面投射到人心，内化为乡民的自我道德约束，成为自我压抑情欲的根源，但与在社会管理当中没有话语权的女性相比，同样在礼教的推行熏陶中成长起来的男性尤其是接受过科举教育的乡绅往往是乡土社会礼教秩序的自觉的主动的维护者，对乡间所有不合规矩礼教伦常的行为始终保持着警觉，对之给予及时的打击和压制。比如清代雷州著名的文人歌手黄清雅，在民间享有很高声誉，被称为"歌解元"，他就曾做歌无情嘲讽乡间风流男女：

其一

岂种狗母到处逗，总诓狗头走黑黑；

自似吴川人打铁，哪处有钱哪安炉。

其二

患着死病无药救，定见阎王梦南州；

阳间减个风流鬼，阴间加个鬼风流。①

　　事实上，人的原始性欲虽然可以通过种种现实清规戒律得以压制，但性情火爆天性豪放的雷州男子同样也有着七情六欲，又怎么可能真正做到清心寡欲？人之本能的爱与性的需求固然会因礼教的推行受到压抑，现实当中，青年男女情欲的滋生漫延确实也被有效地遏制了，但总会在某个角落借助于某种特定的渠道与形式反弹出来，对于雷州乡民而言，雷歌无疑为人们提供了这样一个发泄、排遣性压抑的合理渠道，所以，在乡间，男子们如果只是耍耍嘴皮子，发乎情止乎礼，没有在行为上逾越礼法，在民间倒成了情理之中可以接受的事情，久而久之，形成了雷歌对歌中以男性的口吻表达渴望性爱、以女性的口吻进行道德自我保护这样的对歌模式。在现实中，男子尽可以放情地逗弄女子，不仅不为人耻笑，反而会成为民间美谈。比如前面提及黄清雅无情嘲讽现实当中不合礼法的行为，但他本人却和其他雷州男子一样在生活中随处留情，风流倜傥：

其三

通市觅今无铺好，米是你娘才堪望；

又白又坚又滑手，升加几钱都嗜量。

其四

看见你嫜卖香蕉，倒口问娘香不香；

看官尝香官才买，没香断不买你娘。

---

①　何希春：《雷州歌大典》，中国文联出版社 2006 年版，第 654 页。

其五

看见你嬋在洗裤，请借问明条去路；

两条路仔平平上，不识哪条去下湖。[①]

上面这几首黄清雅所做雷歌如果全然以礼法来衡量，自是放浪形骸，不为正统礼教所容，但在民间黄清雅获得了很高声誉，足见被百姓视为自己人的黄清雅其言行深得雷州乡民的认同，而民间艺人或歌手亦有不少挑逗性欲的雷歌被多个手抄歌本收录，或传唱民间，反映了民间对这类雷歌的欢迎程度及接收态度，由此可以窥见乡土社会的限制所导致的爱的压迫和性的压抑在雷州是非常普遍的现象，黄清雅维护礼法却同时放荡不羁的行为貌似矛盾，实则是雷州乡土社会礼教观念与原始情欲的对立冲突在黄清雅这个个体身上表现出来的矛盾与协调。也就是说，雷州男子的性欲挑逗说穿了大多不过是给予饥渴身心隔靴搔痒式的安慰罢了。

四　崇贤尚智的乡风

从秦时开始，地处天南荒蛮的雷州便被历代中央朝廷视为贬官谪臣的放逐之所，而这些被贬谪的官员往往是政治、学术和学问主体为一身的复合体，他们来到雷州半岛，或如汤显祖创办书院教授三雷弟子立论讲学，宣扬文教，传播文化，或如苏轼兄弟热衷于与当地士人乃至平民百姓交往，三雷士人以这些声名卓著的谪宦能成为自己的座上宾为荣，在双方的交往中，往往会有诗歌酬唱、实物赠予，以及一些美谈逸事流传下来。有形的遗物、文字和无形的故事，对当时人的鼓舞和后代人的激励，其意义绝不亚于直接在讲堂授课。为纪念这些先后来到或路过雷州的贬谪文化名人给雷州带来的一代向学崇贤的风气，雷州人特为他们立祠，总之，他们为雷州后人提供了津津乐道的谈资，尤为重要的是，他们读书博学为官清廉成为雷州半岛百姓代代崇拜、效法的对象。

再兼宋元明时雷州兴办书院，为儒学传播创造了条件，也为三雷子弟

---

① 何希春：《雷州歌大典》，中国文联出版社 2006 年版，第 651—657 页。

参与科举考试提供了教育场所，所以自宋明开始，三雷陆续有多个村庄如禄切、调铭、东林等村出现"科举不绝，富甲一方"的现象，而且这些通过科举成名为官者多清廉公正，在民间享有较高声誉，所有这些历史现象累积沉淀，在雷州乡间便形成了尊师重教的乡风。而这种盛行雷州民间的崇贤重教的社会风尚，必然在植根于乡土生活的雷歌中折射出来：

谢梓童

梓童公，梓童公，保我孩儿读书通；
三年逢科两拜考，簪花挂红给梓童。

望婿成龙

听讲女婿肚通贯，夕妃废寝朝忘餐；
广读诗书通今古，照看将来必成龙。

勉夫勤学

我嬉嫁个读书翁，情愿脱鞋做田工；
无食我嬉肚都饱，俭给官人去书房。

望夫好学

官要独占鳌头贵，心当效前纳萤光；
思之畏书如畏虎，想官怎能跳龙门。①

与崇贤尚教乡风一脉相承的便是雷州乡民对文字的敬畏及文人或民间高人智慧与才华的崇拜。雷州民间存有大量猜字类对歌，充满文字游戏的乐趣，也间接流露了民间歌手对自己所拥有的文字知识在潜意识中具有自豪感。而且民间还流传着不少以雷歌智斗捉弄对方的传说故事，故事模式简单雷同，无非是主人公以雷歌无情嘲讽了贪婪、自私的对手赢得胜利，

①　林涛：《雷歌大全》，中国戏剧出版社 2006 年版，第 1328—1330 页。

如果将传说故事中的雷歌抽掉，只留故事框架，便无趣味可言，但正是因为其中所含雷歌一般巧用雷话谐音含沙射影，歌意巧妙，富含智慧，故事也随之有了生命力，在民间成为趣谈。

五　乡间民俗的展演

在现有雷歌研究中，研究的热点多集中于口头歌与姑娘歌的捞台斗歌上，至于姑娘歌的酬神活动因其民间宗教色彩，很容易被贴上"封建迷信"的标签，而遭到有意无意的漠视，甚至打压。事实上，酬神活动的存在，为雷歌从口头歌裂变为姑娘歌提供了历史机遇，也为姑娘歌扎根于民间持久传播提供了社会基础，如果没有酬神活动，雷歌在民间传播的广度与深度都将因之有很大幅度的削减。而且姑娘歌班的酬神演出活动是雷州乡土文化原始宗教信仰世俗化的展演仪式，如果简单粗暴地将之归为封建迷信活动，断然否定其存在的历史价值与研究价值，也就忽略了姑娘歌酬神歌的历史标本价值，也就此失去了深入解读历史上雷州民众民间信仰的内涵并反观历史现实的极好机会。

姑娘歌班酬神活动的展演实质上是一种沟通与表达的方式，是在一种特定情境下人类与其所信仰的神灵进行交流的一种样式和一种言说方式，这种独特的人、神之间的交流模式，类似于人间百姓—官员—皇帝的由下而上的"汇报"活动。在这个"汇报"过程中，姑娘歌艺人扮演了密切联系阴阳两界关系的"代理"人角色，通过唱颂方式将凡人的声音传达至神界，因而，可以看出艺人的酬神谢神"演出"在雷州民间有着独特的功能价值，是维系民间宗教信仰人神关系的一种重要交流形式。

姑娘歌班酬神谢神所进行的这种言语交流具有浓郁的乡土气息，神圣性与世俗性交融于一体，每一场演唱具体内容既与所酬谢的神灵有关，更与乡民的现实诉求有关，所以，"姑娘歌班"每到一地演出，必先了解当地供奉的是什么神，和邀请他们唱歌的东道主对演唱的内容有什么具体要求，以便针对村民的实际需求替人颂神求保。不过，尽管每个乡村所供的奉神灵不同，基本的演唱程序是一样的，每次"姑娘歌班"在舞台对唱前，都要由三五艺人跪于神前轮唱，为人颂神酬鬼求保佑。整台"姑娘歌"演出结束后，还要到神前唱歌辞别，也即"缴歌"，不能变化太大。由于乡村社会的封闭性，生活方式的单一化，乡民的祈求指向比较集中，大多与家庭子息、财富、农业六畜等话题相关，姑娘歌艺人长期从事颂神活动，通过观察积累渐渐对民间各种实际需求了然于心，在行内形成一整套的歌词与完整的套路，诸如《姑娘奉神歌》和《新奉神姑娘歌》等在艺人当中相传的秘本，只是后来这些歌词和套路被黄景星挖掘出来印制成册，才在一定程度上打破了酬神歌的神秘性。因此，要了解雷州民间百姓对生活的期冀是什么，深入理解民众的内心世界，通过整个唱歌套路及内容，便可知晓基本了。尽管已经形成套路，歌手们大半是照本宣科，例行公事，但仍然在每位神之前要毕恭毕敬，诚惶诚恐，悲悲戚戚，战战兢兢，不敢有较大的随意发挥。

1. 颂神

跪拜时唱：

　　　　愚民跪下参参拜，诚心赞扬礼应该，
　　　　神若朝天未回位，插香下炉接回来。

进香时唱：

　　　　一进二进三香进，香烟吐高升上天，
　　　　灯上生花花结籽，籽结生成变蛟麟。

斟酒时唱：

　　　　香进完周茶酒献，斟酒斟茶敬神天，
　　　　酒乃杜康前制造，李白装来后敬神。

请神时唱：

　　　　帝天阙下请一概，帝主英灵护凡胎，
　　　　祠堂客厅文武帝，外内帝佛请过前。
　　　　安神奉，天妃圣娘驾临轩，香接请，昭德圣王检香烟，
　　　　显赫英灵为父母，宽心下棋听歌文。

接着是宣意：

神请到位驾临轩，车也停轮马停鞭，

下马停轿宽龙驾，静听歌童宣意文。

神保合村老与幼，不老春者不老秋。

寿比南山松不老，福如黄河水长流。

感沾神恩佑赤子，大德功劳恩屡数，

百代千枝兄弟好，万载事业开鸿图。

德重如山恩似海，浩荡功劳护凡胎，

神恩永赐无疆福，圣德长流有道财。

四时无灾八节庆，福赐老人幼添丁，

二龙绕室报吉兆，五福跟严降门庭。

请神后要根据所请之神，歌颂神的生平、神的"英灵显赫"，神通广大，能解决赤子之厄，应赤子之求等。

如果当地供奉的是雷祖，他们即唱歌颂雷祖：

前古合州是山岭，少数民族贼假兵，

贞观八年城起基，是公创成雷州城。

若是供奉天妃，即唱歌颂天妃：

出世本在省福建，后到雷阳奶齐天，

闽海恩波流粤土，德泽雷阳接莆田。

供奉关公即颂关公：

赞颂关羽英雄将，带嫂曹营过五关，

闯过五关斩六将，拖刀计谋杀蔡阳。

土地公是普遍的，一般都要颂；

头戴绣帽袍遮体，进士中名公土地，

前整黄河忠第一，无贪黎民一分钱。①

总之，神灵不同，唱词内容不同，艺人在这方面必须熟悉一切，特别讲究，否则，一旦出错，主家发怒，艺人便等于断了此后在该村演唱的路子，无可弥补。

2. 求保

把神灵颂够之后便转上大唱求保佑的歌，大如乞雨、避疫、丰收、人畜平安、四境安宁，小如子息、功名、利禄寿考等，视具体情况而定。

一般来说由于大的方面，祈雨之歌比较多，因为雷州半岛大部分是平原，西部是起伏不大的丘陵，境内只有南渡河较长，灌溉水系相对落后，田园收成如何，严重依赖于降雨，但雷州历史偏多有干旱发生，所以，一遇旱天，百姓就心神不宁，因此，颂神歌当中大唱祈雨之歌。

百姓只望盛雨水，薯芋大条稻长穗，

每月安定三阵雨，播粪不如雨水肥。

每月三阵落透透，也得油麻也得豆，

得薯得芋得稻谷，得麦兼全得菜头。

小的方面来说，求神庇护，多生桂子兰孙之类的内容比较多。

赞颂完周求庇保，再望灵神送弄璋，

子若欠女便生女，子若欠男便生男。

也送给兄送给弟，婶嫂内头一齐养，

那姆抱个唉呀智，那嫂抱个智呀唉。②

---

① 何安成：《论析雷州姑娘歌》，《民间艺术》2013 年第 1 期。

② 阿松：《姑娘歌的产生及其活动（上）》，《海康文史》第 5 期。

或是如此唱道：

> 水有源头木有本，桂子送来并兰孙，
> 桂子兰孙入兰室，代代香炉有人存。
> 神送桂子给人养，养大养高去书窗，
> 手攀丹桂级到级，脚踏青云层到层。

还有保六畜也是家家户户所关心的日常生活大事：

> 保鹅保鸡并保鸭，二脚保全保四脚，
> 保猪保牛并保狗，家若养猫也保猫。
> 也保六畜保鸡狗，鬼也不摸贼不偷，
> 日去荒坡饲草水，夜归本栖壮皮毛。

至于其他的内容如乞求保护生意发财的，则根据邀请者的要求来唱：

> 五湖寄迹陶朱公，四海交游晏子风，
> 诚心生意东西就，得志财源左右逢。
> 东妃也成西也就，生意兴隆盖九州，
> 贵人提携来帮助，富客常临来交游。
> 生意兴隆通四海，茂盛财源达三衢，
> 利如晓日腾云起，财似春霖风送来。

3. 缴歌

整台"姑娘歌"演唱结束后，歌手们必须再跪坛前，向神灵唱歌祷告，称为缴歌，以示辞别。

> 这台讴歌数完满，复回坛前乞缴歌，
> 先请香官爷符使，禀知案衙高低坛。

句消了完得明白，抔壳神前保合家，

保男清熙女吉庆，老安少宁保平平。

……①

总之，姑娘歌酬神歌唱内容和所求内容充满浓郁的世俗精神与功利性，人们的所有期望都与自身乡土生活密切相关，基本内容围绕生活起码的物质诉求展开，并不奢求遥远的不切实际的欲望，也不会关注外部世界的风云变化。

小　结

文化的产生、发展及其演变都是在一定的时间和空间中展开的，明清时代雷州乡土社会作为雷歌文化产生、发展递变的场域，对雷歌文化的内涵与形式有着决定性的作用，雷歌文化从其产生到裂变都始终深嵌于雷州乡土文化中，当场域即雷州乡土社会内部产生变革的时候，文化生态环境也随之发生变化，为了更好地适应和接受新的文化生态环境，人们必然地要进行新的文化创造，产生新的文化样式，而且在这种文化环境的变迁当中，旧有的文化基因作为一种历史沉淀被保留下来，成为新文化创造的动力之一，也正是在这种代代相承的文化传承当中，雷歌文化的内容和形式得以传承和裂变，并成为文化创造的历史积淀。从现实的、横向的维度来看，在人们的社会交往、社会关系的动态变化当中，雷歌是人们文化交流传播的媒介，是连结社会关系的中间环节。其历史进程与裂变必然与人之间、与社会力量的变化密切相关，所以，必须对雷州乡土社会及生活在其中的雷州乡民的生活有深入的理解，这种理解，既是基于对历史材料的客观解读，也是走入"现场"与真实情感的触碰与交流。唯有如此，我们才能明白为什么土得掉渣的雷歌，歌里歌外唱的都是日常生活中常见的普通得再也不能普通的事物，但它就能深入雷州乡民心中，男女老少都喜欢随意哼两句的深层原因所在。同时需要指出的是，社会的变迁与自然环境的

---

① 何安成：《论析雷州姑娘歌》，《民间艺术》2013 年第 1 期。

综合作用作为文化生态环境的重要因素，又将使文化的继承与变迁呈现错综复杂的状况，文化主体虽然可以对文化传承做出选择，但文化的变迁与传承并非是环环相扣、层层递进的，雷歌文化的裂变自有一定的独立性，又非人所能完全控制。

第三章　雷歌文化传播主体分析

考察雷歌文化的产生、传播、承续的基本特征及其所以然，必然需要将目光集中到与雷歌文化相关的"人"身上，"所有静止的和流动的艺术都是由人产生，由人发展，由人流传——因人而起的；由人选择，由人接受，由人鉴赏——为人服务的；由人疏远，由人厌弃，由人淡忘——因人而亡的。人是艺术最本质的生命主题，艺术始终围绕着人转。"① 所以，本章将以雷歌文化传播中的"人"为考察核心，探寻"人"之不同的角色、行为及其意义。

普通的信息传播活动，都基本符合传播学四大先驱之一拉斯韦尔1948 年发表的《传播在社会中的结构与功能》一文中确立的"5W"传播模式，即包括传播者、信息、媒介（或渠道）、受众、效果五个基本要素。但在雷歌文化传播中，需要对"5W"要素中的"传播者"和"受众"这两个基本要素格外注意，不能简单地套用这个模式。首先，并不存在单一的、明确的信息来源，即传播者身份在现实中极其复杂，无法明确界定究竟谁是这个传播链上的"第一个"，也无法将其对应到某一特定的个体或群体。钟敬文先生曾言民俗"首先是社会的、集体的，它不是个人有意无意的创作。即便有的原来是个人或少数人创立和发起的，但是它们也必须经过集体的同意和反复履行，才能成为民俗。其次，跟集体性密切相关，这种现象的存在，不是个性的，而是类型的或模式的。再次，它们在时间上是传承的，在空间上是播布的"。② 此段对民俗主体的判断，笔者看来同

---

① 李雄飞：《河州"花儿"与陕北"信天游"文化内涵的比较研究》，民族出版社 2003 年版，第 118 页。

② 陶立璠：《民俗学概论》，中央民族学院出版社 1987 年版，第 8—9 页。

样适用于雷歌文化传播，也就是说，雷歌文化传播中"集体性"、"类型"是我们把握传播者主体身份时必须注意的两个关键词。其次，雷歌文化传播中的"受众"并非单纯被动的信息接收者，相反，他们在接受雷歌的过程中，对其从内容情感、演唱歌声、道德教化等多方面评头论足，即使没有评论行为，现实当中与雷歌或亲近，或疏离的身体距离，实际上正是用脚投票的体现。也就是说，在雷歌文化传播中，正是通常意义上所言的"受众"而非"传播者"真正扮演着"把关者"角色。而其"评头论足"甚至"用脚投票"、"酬金高低之决定"等行为又常常使之在实质上参与了雷歌文化的传播，当然，在这个过程中，"受众"自身并没有清醒意识到自身的传播角色。因此，我们研究雷歌文化传播主体时必须清醒地认识到传播过程中"传播者"与"受众"这两个基本要素在现实中的复杂性及身份的混同性。

第一节　雷歌文化传播主体及其类型

雷歌文化作为地方民俗及民歌歌种之一，提及其创造及传播主体，人们很自然地指向"民"——雷州乡土社会中的民众，或者更集中地指向位于社会底层的普通民众——乡民。这种既定思维，从逻辑上来看，似乎没有什么问题，从现实来看，雷歌的产生、发展及传播的确与雷州乡民有着千丝万缕割不断的密切关系。但是，关于民俗主体的定义，英美国家的学者并没有停留在这个狭义的既定层面上，而是处于不断的发展中，高丙中《关于民俗主体的定义——英美学者不断发展的认识》指出随着民俗学在世界的发展，"民"的范围不断在扩展，那种把"民"定为乡下人、古人的理论可能已经不合时宜了。① 受其启发，再结合对雷歌文化传播史的考察，笔者认为，将创造主体及传播主体仅仅局限于"雷州乡民"，的确不利于全面把握主体在传播中的身份特性及其传播意义。事实上，雷歌文化

---

① 高丙中：《关于民俗主体的定义——英美学者不断发展的认识》，《湖北大学学报》1993年第 4 期。

在发展的过程中，渐次裂化形成多种传播形态并存，近乎全民性的立体化传播图景，这个过程及后来衰落走向，我们不难发现其中的参与者不仅仅只有标准意义上所言的"乡民"，事实上，情义歌、榜歌乃至后来雷剧的出现及传播使雷歌参与主体不再仅仅是标准意义上所言的"处于社会底层的"、"没有接受过教育的"的"愚民"，[①] 情义歌及榜歌在发展的过程中日益追求苛刻的格律及典故的运用，且榜歌歌社要求参与者交纳费用，这两个因素在实质上起着过滤作用，将没有接受过系统文字教育的贫困乡民从创作与传播主体中排除在外，使情义歌与榜歌逐渐成为士绅文人专属性的文字活动。而姑娘歌、班本歌乃至新中国成立后正式定名的雷剧，它们的传播因特定礼仪场合及舞台表演属性的影响，传播主体的构成就更不能仅仅理解为贫苦乡民出身的艺人了。后来黄清雅、黄景星等初步有了民本思想的地方文人自觉参与雷歌文化活动的创作、改造、整理、编辑及出版工作，以及新中国成立后宋锐、陈湘、詹南生、何希春等大批地方文化工作者及管理者以其行政身份介入改编、创作、收集、编辑及出版，引导雷歌发展走向的行为也使雷歌文化传播主体的辨析更趋复杂。

　　另外，雷歌文化传播中多种传播类型并存，自我传播、人际传播、群体传播、组织传播乃至清末民初黄景星的出版活动及新中国成立后大众传播的介入，使雷歌文化传播同时共存三个层面：以个体为传播主体单元的雷歌文化微观层面传播；以艺人歌班、乡村民众为主体的中观层面传播；以地方文化部门为主体的借助于大众传媒的宏观层面传播。不同层面的传播在传播过程中其传播五要素，尤其传播者与受者在形态、结构和传播意义、传播效果上都表现出极大的不同。从时空范畴来看，从个体到群体再到文化部门组织，微观、中观及宏观三个层次构成多级传播链条，且随着个体到群体到文化组织部门链条的现实构建，人在其中的传播地位、意图乃至传播讯息的意义和功能都随具体情境的不同而灵活变化着，且传播主体的功利化追求逐层表现更为突出，并最终左右其发展命运。鉴于全书框

---

　　① 高丙中：《关于民俗主体的定义——英美学者不断发展的认识》，《湖北大学学报》1993年第4期。

架的安排需要，本章着重从个体、群体这两个层面分析明末清初至新中国成立前雷歌文化传播主体的构成类型及其传播行为。新中国成立后宏观层面的传播主体则将于本书第五章探讨。

一 个体

雷歌文化传播的全民性使生活在雷州乡土社会中的民众几乎人人皆为雷歌文化的传播者，只不过传播讯息、渠道、面向受者以及传播效果不同而已。

1. 普通乡民

从雷歌文化近乎全民传播这一历史现实来看，凡是能唱几句雷歌的男女老少，都是雷歌文化的传播主体之一，甚至可将生活中没有吟唱雷歌行为，但内心认同和喜爱雷歌这种口述歌唱现场的（这些口述内容代代相传固化成为民间传说，关于民间传说，笔者另辟一章分析）传播方式的民众也列入传播主体之中。

（1）口头歌的创作者与传唱者

普通乡民唱歌一般来说多属自发状态，无论是忧愁还是欢喜，只要心里想唱，便即兴高歌，唱歌地点也因之具有很大的随意性，乡间小路、田间地头、村口乘凉的大榕树下、塘边竹林中、家里灶台边……受者往往是自己，也有一起劳作生活的亲人、邻居。因不受"演唱"角色意识的拘束，一般来说，生活中的雷歌不重技巧，不尚雕饰，所唱内容多为触景生情，歌中所唱用来比兴情感的事物多为歌者现场所见，即乡村生活任何可见事物，所以，其所唱雷歌从内容到形式都紧紧黏着土地，泥土气息浓郁，或充满原始活力，或透露出生活磨砺的沧桑感。由于口头语言的转瞬即逝，大多数出自普通民众生活的即兴雷歌往往随着歌声的消歇而消亡。得以流传的雷歌，一种可能是歌者意犹未尽，将之反复唱给自己家人或邻居听；另一种可能是歌者无心，听者有意，在当时产生共鸣，遂反复习之，唱之，将之传播开来。

一般来说，这种类型的雷歌传播者无论是一级传播者（原创者）或二级、多级传播者（原创歌曲的听者在传唱中成为二级或多级传播的发起者）多为无心为之，而且他们生前都本是籍籍无名的普通的劳作者，对雷歌没有所属概念，所以很多作品在多次无名者的传唱过程中，已无法辨认真正的信源，也就是说这个类型的传播者在雷歌文化传播中多处于无名状态，其所遗留雷歌以佚名方式存世，只有极个别的歌者因为某种机缘（比如田园村早期歌手之所以能留名至今，与其子孙自觉搜集整理歌本有关）得以留名至今。

（2）姑娘歌、班本歌的"次生"传播主体

普通乡民不仅是口头歌的传播主体，还是姑娘歌、班本歌等舞台演出活动赖以存在的受众基础，但从传播学视域来看，他们的存在，不仅仅只是"受众"这样的被动角色，从整个雷歌文化的传播来看，他们在舞台表演性质的雷歌传播中有三种价值。

第一，其中个别观者直接参与到主体行为中，和艺人一起成为现场传播主体。姑娘歌的表演形式尤其对歌打破了舞台限制，演出艺人与观众之间虽有舞台这种物质形态作为形式上的隔离，但因为可以捞台斗歌，这种空间隔离实际上被暂时打破，艺人和观者台上台下"看"与"被看"关系随时发生变化，观者当中的个别民间歌手可以以斗歌姿态从台下观众转为台上的表演者，与艺人在歌声的抗衡中完成其现场文化传播的使命。

第二，普通乡民作为表演现场的观者，往往在斗歌白热化时，群情激动，受群体传播机制的影响，以其现场的口头语言、身体姿态等为情绪热烈释放的载体，相互影响相互感染，共同将现场情绪推到高潮，甚至狂欢化境地，无疑，这样的情境给每一位"在场者"强烈的心理暗示，这种心理暗示包括情感喜恶与价值判断两个层面：刚才的表演深得他人喜欢，或是深遭排斥。对于艺人而言，通过现场观者的情绪反馈可以及时检验出什么样的讯息内容及讯息表达方式可以在传播中产生预期的传播效果。而观者因群体传播的从众效应也不断在修正自己的审美趣味和情感喜恶，最终台上台下在情感、审美、道德审判等多方面达成共识，而所有这些共识在集体无意识中规划了雷歌文化的走向。因此在场的观者实际上与台上的艺人共同进行着传播主体对传播讯息及形式的肯定、否定、筛选、过滤等，虽然他们对此毫无知觉。

第三，往往姑娘歌或班本歌演唱现场产生的情感效果或话题效应并不会随着现场演出的结束而结束，还会随着"在场者"的散去及其回归各自的日常生活而继续传播开来，也就是说，所谓的口碑传播模式现场表演结束之时便在场外开始启动，而这个口碑传播的主体正是当时在场的普通乡民，他们的传播活动不仅在民间塑造了高知名度的艺人或民间歌手形象，也在为下一次的演出"积蓄"人们参与的热情和动力，所以，这种传播乃是现场表演传播的次生现象。由于姑娘歌或班本歌表演通常只在神诞年例或重要节庆之时进行，其余时间雷州民众并无多少机会观看，所以绝大多数在场者因日常生活中的精神食粮匮乏，而津津乐道于一年中难得一遇的现场盛况，这样的行为在日常生活中实为雷歌文化传播的余波所在，所以，笔者认为，在以艺人为核心的姑娘歌、班本歌的传播中，普通乡民最主要的价值体现在其次生传播主体的身份上。

（3）家庭启蒙教育的传承者

这里需要补充的是，虽然这个类型的传播者在现实中并无明确的传播意识，但他们却又往往以行动不自觉地发挥了对雷歌文化的上承下启作用，使雷歌文化及其吸引力可以代代相传。在此层面上，毫无疑问，乡村中肩负养育子孙责任的女性是家庭启蒙教育的最主要承担者，《雷歌大全》中有一篇名为《老祖母的歌》（作者为湛江市雷歌研究会常务理事）的文章记述了祖母教雷歌的童年生活情景。笔者也曾经问过几位结识的雷州籍人士，谈到最初接触雷歌，不约而同地都提及自己的母亲或祖母或其他女性，由此可见，女性对子孙的这种自发的雷歌启蒙，在雷歌文化的传承中有着非常积极的作用。

总之，普通乡民作为雷歌文化传播主体的构成之一，虽然终生默默无闻，作品也多为遗失或佚名，但他们才是雷歌文化得以传承的最根本承载者，没有他们的欣赏、认可，雷歌文化也就失去了葆有活力的源泉。

2. 艺人

在雷歌文化传播活动中，艺人是雷歌文化传播主体中传播效果尤为突出的个体存在。和普通乡民相比较，虽然明清至 1949 年前的雷歌艺人并非完全职业化且脱离了乡土劳作生活，但已经明确具有了当众"表演"的意识和提升自身表演水平的自觉追求。他们在与周围社会环境的互动过程中，通过对自己及其他艺人演艺活动的反复感受、体验、学习、创造和表演，能动地与时俱进地建构、重构自己雷歌表演的内容、形式、功能，不仅自身从普通学徒渐渐成长为乡间广受热捧的知名艺人，而且正是其主动自觉的建构与重构行为，使其生活与普通乡民相比具有了某种独特的文化意义，即所谓的"人生如戏，戏如人生"，他们的表演基本来自其自身的个人体验，而这些表演正是雷州乡土社会生活的再现与文化表达。也就是说，在雷州乡土社会的发展中，艺人因其自身艺术追求，无意中扮演了再现与推动乡村社会变迁的重要角色，因此，他们和普通乡民一样既是乡土文化传统的承载者，同时也是能动的传播者与改造者。而且在实际的传播行为中，因为他们或收徒授艺或拜师学艺的行为，在雷歌的纵向传播，即代际传承方面有着无可替代的历史贡献，所以，本章第三节将重点围绕雷歌艺人的生活状况及其习得雷歌的方式集中探讨雷歌艺人的传承行为。

3. 士子文人

在明清之时，乡村中的士子文人，通常被称作"乡绅"或"士绅"，主要包括由于各种原因而还乡家居的官吏，以及有功名或学衔的文人。这十年来，明清乡村士绅在地方教化及自治方面的研究一直是社会学研究的热点课题之一，就是因为人们注意到乡村士绅在地方乡土文化中具有举足轻重的地位。的确，比起一般的地主、商人乃至乡村基层政权里的乡官，乡绅享有更为广泛的社会尊敬。有钱有势的地主、商人及乡官是当地社会的上流而非名流，而士绅则既是上流又是名流。在乡民眼中，士绅们拥有道德和知识权威，通常被视为做人的表率和排疑解难的顾问和智囊。不过，笔者在此所指乡村文人并不仅指功成名就告老还乡的仕途之人或在外为官者，而是指所有在私塾及书院接受过较为系统的儒学教育的读书人，也就是说，即使没有考取功名，以私塾教书为生，或一生贫困潦倒无所营生的文人，也在笔者视野之内，因为无论地位成就高低，他们有关国家、地方、文化的观念从本质上而言是一样的，对民间文化的态度也基本一致。

在明清之际的雷州半岛，乡村文人的数量增加迅速，这与当时朝廷极力推行书院儒学传播有一定关系，从史料统计得知，到了明代，雷州城区已拥有 9 所社学和雷阳、平湖、崇文、怀坡、文会等 5 所书院。清光绪年间，雷阳书院已经发展为广东六大书院之一。① 从宋建炎四年（公元 1130 年），雷州府海康县黄守政考中进士，是从雷州举办书院中走出的第一个进士，此后雷州乡村人才辈出，涌现了以陈瑸、陈昌齐、陈乔森、丁宗洛等为代表的一大批本地文人。至清朝止，有进士 23 名，举人 227 名。② 书院儒学教育传播的推行使乡村文人数量迅速增加，极大地推动了雷州半岛社会结构的整合，加速了乡绅阶层的出现及其社会影响的深化，进而强化了地方社会底层管理的维度。书院儒学传播在雷州的扩张所培养出的众多乡村文人以其言行贯彻推行着儒学之精神理念，对其他社会成员和地方风气产生了重要影响。比如至今还流传着陈昌齐以"有千年禄切，无百年观楼"至理名言调解民间纠纷的美谈，陈昌齐所在村（调风镇南田村）和邻村（禄切村）多年纠纷不断，人少势寡的乡人在械斗中总是吃亏，所以当陈昌齐科举成名授做京官后，乡民便请他出面为村里做主，但他阐明"村有千年史，人无百年命"的道理，劝导以和为贵，不要仗势欺人。从史料及民间记忆来看，陈昌齐不仅为官清廉正直，也颇为关心民间雷歌的发展状况，亲做班本歌剧本，以供歌班使用。事实上，除了陈昌齐之外，还有不少为百姓所推崇的雷州乡村文人几乎个个与雷歌有关。今日我们从《雷歌大全》"雷歌名人传略"和"人物传说故事"的编选比例，也可以一窥雷州乡绅在乡土社会的影响。"雷歌名人传略"这部分总共介绍了 12 位雷歌名人，其中就有 5 位（洪泮洙、陈昌齐、黄清雅、陈伯常、黄景星）是明清之时的乡绅。在"人物传说故事"这部分共编辑了 12 篇知名人物的雷歌故事，其中 9 篇是关于陈瑸、陈昌齐、黄清雅与丁宗闽等 4 位知名文人的对歌故事。

除了上述这几位知名士绅在雷歌文化传播史上为人铭记外，还有不少文人积极参与情义歌与榜歌的创作，亦成为雷歌文化传播的有力推动者，

---

① 《雷州史话》[EB/OL]．（2011 - 10 - 31）[2007 - 04 - 19] http：//www. leizhou. gov. cn/LZDT/Content. aspx? id＝21。

② 关家玉：《"二苏"诗书启后惠雷州》[EB/OL]．（2007 - 10 - 08）[2013 - 04 - 19] http：//gzdaily. dayoo. com/html/2007 - 10/08/content _ 61094. htm。

当然，他们受儒学教育及传统"诗言志"观念的影响，面对民间歌手和艺人的作品，在道德教化及雷歌语言表现技巧等多方面都表现出居高临下的优越感，对民间雷歌持以偏见，认为其语言乃至内容粗鄙有伤风化，力图纠偏，端正民风。笔者在下一节将针对文人与民间的这种微妙关系进一步加以分析，在此不再赘述。

另外，笔者注意到，在雷州民间有些乡村和田园村一样收藏着民间雷歌抄本，这些雷歌抄本多是乡村文人所为，虽然这些文人也许因为没有考取功名，只能在乡村私塾教书维持生活，而名不见经传，但他们也许是源于自身的兴趣，也许是因文人的文化传承的使命感，将民间流传的雷歌进行搜集整理，以抄本形式将原本口口相传容易遗失的雷歌以语言文字的形式保存了下来，在一定程度上挽救了不少雷歌，使之避免了彻底遗忘的危险。

《中国田园村雷歌集》讲述的一段故事，可以体现乡村文人在富有生命力的雷歌文化的熏陶下，自觉不自觉地参与到雷歌文化的传播中来。

清同治二年，和家上村人符兆鹏考中进士，田园村人沾了符兆鹏的光，符氏家族名声大震。雷州符姓村庄均获得符兆鹏"进士纪念牌匾"，据传田园村人抬着"进士牌匾"唱歌狂欢了三天三夜。没想到的是，田园村人的激动"张扬"，却在无形中得罪了其他地方的一些雷歌歌手。

有一天，有个遂溪歌手打听到田园村的多数歌手都去了外地唱歌谋生，以为留在村里的都不怎么会唱歌，逮到了给田园村人"下"面子的机会，便特地前来田园村讨战。那歌手先是在田园村转了几圈，才以"塘"为题，教给附近的落村洋村的一些小童一首讥讽田园村人的雷歌，想以此歌来一解"歌恨"。歌是这样唱的：

前塘妃塞后塘堵，女像柴猫男似猪；
有山原来那有虎，塘子怎能养大鱼。

在雷州话中，"鱼"和"符"谐音。这分明是一首"侮辱"符家人的歌！面对挑战，田园村人自然不会沉默。因为歌是小孩子先唱出来的，所以最早知道"被人侮辱了"的便是正在村里开办书塾的符思富。符思富虽然没有像符老章、符彩月、符大南等人那样登台"斗歌"，可以立即出口成歌，但反复听着这首让人生气的歌，他还是来了灵感。

为了捍卫田园村的雷歌声誉，符思富以其人之道，还治其人之身，也作了一首歌让自己学生在田园村周围几个村传唱。他的歌在该村流传至今：

后塘水吃出进士，兆鹏也来读过书；

殿试三甲第十九，有谁又强这条符。[①]

总之，乡村文人以其立场审视、评判、参与、改造着雷歌文化的活动，是雷歌文化传播历程中不容忽视的一支力量。

二　群体

雷歌从自娱自乐的口头歌裂变生成出娱神娱人的新功能后，其传播主体的结构也随之出现变化，与口头歌歌唱者本身就是传播活动的发起者不同，姑娘歌及班本歌演出活动的发起者、组织者及表演者是由不同的群体来完成的。在传播学意义上，群体指的是具有特定的共同目标和共同归属感、存在互动关系的复数个人的集合体。而组织则指人们为实现共同目标而各自承担不同的角色分工，在统一的意志之下从事协作行为的持续性体系。在明清时期，因雷州乡土社会宗族观念的崛起，地方演艺活动通常是宗族出面组织，围绕着宗族祭祀需要，发起协调相关的一系列活动，比如祭祀的流程、酬金的募集、歌班及演唱歌本的选择等，活动具体的执行则通常是由宗族知晓并执掌仪式程序的长者们或村中乡绅完成。他们代表宗族，与承担演出任务的歌班进行交涉往来。由此，在姑娘歌及班本歌的演出中产生两个层面的信息传播活动：一个层面是宗族内部族人之间的信息

---

① 符马活：《中国田园村雷歌集》，花城出版社 2008 年版，第 296—297 页。

交流及歌班内部艺人之间的沟通；另一个层面则是存在于两个群体之间的表演过程中及表演前后的所有信息交流活动。尽管两个群体各自有着自己的利益诉求，来自不同的宗族与乡村，但都得围绕着共同的演出活动进行相关交流，而且两个群体都是雷州乡土社会的存在体，拥有相通的语言，相同的习俗、趋同的审美心理，也就是说有着相同的文化基因，所以从整个活动来看，又可将两个群体视为一个完整的传播主体，他们有着相同或相近的群体意识、群体规范和审美标准。从这个意义上而言，姑娘歌、班本歌的演出活动为群体传播。

1. 家庭歌班

根据各地曲艺发展的历史来看，班社一直是曲艺传播最为重要的主体形式，一种曲艺的发展史实质上也是一部演艺班社演进和变化的历史。在雷歌从自娱自乐转为表演性娱乐他人的活动后，就意味着初步具有了商业化色彩。受传统小农经济思维影响，最初的班社通常是由家庭成员组成，流动方便，适应性强，如雷州田园村第三代歌者符炜裕夫妇为该村最早以家庭歌班的形式到各乡村进行流动演出的艺人，他们有需要便出外演出，无需要则回家农田劳作，这种夫妻歌班既能以歌养人，又不耽误正常的农作劳动，自然会引发其他雷歌好手的效仿，因此该村陆续出现了凤莲夫妇歌班、符朝义和符月娥兄妹歌班，再到后来出现"同门"的符老章、符彩月、符彩凤三人歌班。其他村庄也莫不如此，慢慢地各村出现的家庭歌班逐渐增多，竞争激化，夫妻档、兄妹档等形式固然灵活，但两人来来去去，难免日久令人生厌，而且人少难免歌班势单力薄，而对雷州半岛时常发生的流匪抢劫等其他突发事情常常束手无策，所以，从符大南、瘟鼻母夫妇开始，教授一批徒弟跟班，期望突破惯常僵化的两人表演模式得到乡民认可，守住其在徐闻及北部湾沿海一带的"市场"。① 事实上，类似符大南这样的以师徒方式组建歌班一直是雷州姑娘歌班组建的主要形式。因为姑娘歌班不像后来出现的班本歌班需要多人分饰不同角色，而且对舞台的要求非常简单，无须配置相对较多的演艺设备，表演成本低，家庭组班或

---

① 符马活：《中国田园村雷歌集》，花城出版社 2008 年版，第 346 页。

师徒组班基本上能满足各种演出要求。

这种组班体制因为相对保守封闭，且大多"半农半艺"，从传播效果的角度而言，有其利也有其弊，没有彻底脱离农业生活，使其表演自始至终有着强烈的草根气息，表演"地气"十足；但歌班艺人相互之间都为同门，缺乏与同行艺人充分切磋交流的机遇与平台，不利于雷歌文化的创新与歌手的成长。

直到后来清末民初，才在一定程度上打破这种相对比较封闭保守的组建方式，出现如林芝忠歌班这样集中不同师门、不同家族的优秀艺人的歌班，这种歌班的出现，多与姑娘歌班执掌者在行内享有较高声望有关，从《雷歌大全》雷歌名人传略对林芝忠的介绍来看，林芝忠本人不仅歌艺高超，且为人忠厚、宽容、平易近人，所以徐闻、海康、遂溪三县的雷歌艺人或慕名请教，或投奔歌班，所以该歌班是雷州历史上最大型、人才最多、艺术水平最高、坚持演出活动时间最久、范围最广的姑娘歌班。①

2. "锣鼓班"

由于雷州乡村村村有神庙，月月有神诞，姑娘歌班在较长时间里除了与同行的其他歌班的竞争外，并无太多的竞争冲击，在乡间可以说发展相对比较顺利。但是当姑娘歌班忙碌于应付各个乡村相继而来的表演邀请时，根据陈湘、宋锐、詹南生三位先生《雷剧志》资料描述，粤剧也在此时（清乾隆年间）开始进入雷州半岛，初始其演艺活动主要集中于雷州城，但粤剧很快便以其完整曲折的故事情节、规范的唱做念打、专业乐师配乐、精美的戏台服饰等鲜明特色吸引了雷州民众的注意力，并产生较大反响，当时人们尊称粤剧班"名班戏"，可见其受欢迎程度，很快粤剧影响力就辐射到了乡村，甚至开始蚕食姑娘歌班的演出地盘。

农村的一些青年包括原姑娘歌班中的一些艺人，钦慕于粤剧的精彩，纷纷学习粤剧，有的随班习艺，有的延请粤剧师傅开馆施教。他们在学艺过程中和自己表演中虽仍用雷话表演，还沿袭着雷歌的格律与句式特点，

---

① 林涛：《雷歌大全》，中国戏剧出版社 2006 年版，第 215 页。

但开始自觉将所学动作、锣鼓配乐以及仿制戏服等悉数嫁接于本土的劝世歌表演中，并配以服装、道具、头饰、挂髯、鞋靴、脸谱等，这样便出现了本土化的戏曲剧种——班本歌。为了区别于既往不用锣鼓配乐的姑娘歌班，人们将表演班本歌的戏班称为"锣鼓班"，也有因其所需舞台高阔，被称为"高台班"，而姑娘歌班舞台矮窄则称之为"矮台班"。

　　相比较于姑娘歌班，显然"锣鼓班"的职业化倾向较为明显，内部的分工更加明确，而且与姑娘歌班艺人沿袭师傅教本唱歌这种因循守旧的方式相比，剧目越来越丰富，且越来越讲究表演程式的"锣鼓班"自然适应了变化中的乡村文化需求，在雷州乡土受到越来越多的欢迎，甚至在一些乡村出现用延请粤剧戏班替代姑娘歌班完成酬神仪式的现象。从传播角度而言，"锣鼓班"崛起之后，作为传播主体其影响力越来越超过相对"草台班子"色彩较浓的姑娘歌班，甚至到新中国成立后，名姑娘李莲珠把自己所在姑娘歌班改为"和平雷州歌剧团"，其他歌班也纷纷随之易名为剧团，只有零散的艺人偶尔做业余演出。

　　总之，雷歌文化传播中传播主体的构成复杂且处于动态变化中，其构成的变化反映了雷歌文化对现实社会变迁的适应性。

第二节　乡村文人与雷歌文化关系探析

　　上节分析雷歌文化传播主体结构中，笔者将乡村文人也列为主体之一，指出他们对雷歌文化的传播有着独特的价值，如果没有乡村文人创作、搜集、改编、编辑出版、民歌批评等多种形式的参与，雷歌文化的历史或许将重新书写，也许只能潜行民间，并随着岁月的流逝自生自灭，乃至许多具有史料研究价值的雷歌文本也渐渐遗失殆尽。

　　但乡村文人生在乡间，成长亦在乡间，在其开始接受启蒙教育到完成社会化的进程中，不可能完全脱离其所生存的乡村环境，相反，乡村生活常常有神诞年例等多种乡俗生活，使他们在成长的过程中必然与深嵌于乡俗中的雷歌产生千丝万缕的关系。所以，乡村文人的生活必然有雷歌文化的烙印，而且也必然会有一定的传播行为。《雷歌大全》"雷歌名人传略"

中黄清雅的例子就极具代表性。

> 据说，黄清雅年少志高，心不外骛，勤奋攻读，寻求学问，对雷
> 州歌并不喜爱。有一同窗好友喜欢雷歌，多方劝说他，不为所动。该
> 书友费尽心思，竟请来讴歌女艺人在他书房隔壁不断唱雷歌。他初始
> 捂住耳朵读书，不予理睬。但时间一久，偶尔放开手，那婉转悠扬的
> 歌声，那情意绵绵的歌词，使他耳濡目染，打动了他的心，他抵挡不
> 住，结果给女艺人的悦耳歌声征服了。从此，他就一步步地从喜欢听
> 雷歌到喜爱唱雷歌，以至创作雷歌了。①

饶是如此，乡村文人毕竟与普通乡民不一致，其传播理念与传播行为
方式必然与普通乡民有所不同。乡村文人接受了较为系统的儒学教育，形
成了不同于普通乡民的社会观与文艺观，而传统儒学文艺观对民歌事实上
一直持歧视打压的态度，这势必对雷州乡土文人于雷歌的认知、情感及行
为产生深刻影响。那么，传统儒学文艺观何以鄙视民歌，又对乡村文人与
雷歌关系产生了什么样的实际影响？

朱炯远《中国古代民歌受歧视的现象及起因》对民歌受歧视的起因给
予了分析，笔者认为对于理解传统知识分子对民歌的态度以及现实当中雷
州乡村文人和雷歌关系很有借鉴意义。他根据马克思、恩格斯所言"统治
阶级的思想在每一时代都是占统治地位的思想。这就是说，一个阶级是社
会上占统治地位的物质力量，同时也是社会上占统治地位的精神力量。支
配着物质生产资料的阶级，同时也支配着精神生产的资料。因此，那些没
有精神生产资料的人的思想，一般地是受统治阶级支配的"，得出中国古
代民歌受歧视的根本原因是统治阶级手中的奴隶制或封建正统文艺思想支
配着各个时代的文人学者和下层人民。但朱炯远紧接着指出中国古代民歌
的受歧视，还因为它的特殊性，即从它的产生之初，一登上文坛后即刻遭
到儒家思想强大力量的包围，环境极度险恶，以致几乎决定了它在整整一

---

① 林涛：《雷歌大全》，中国戏剧出版社 2006 年版，第 206 页。

长段封建社会中横受打击的厄运。朱炯远结合儒家先师孔子对《诗经》的态度分析，认为民歌受歧视的起因有三条。

第一，儒家学说强调诗歌的教化作用。中国最早的文学理论片段《尚书·尧典》首先提出了"诗言志"。孔子对《诗三百》的看法以及以后儒家学者对《诗经》的种种诠释，都以"诗言志"为出发点。而这个所谓的"志"仅仅是道德范畴的思想情志，并非个人的七情六欲。孔子曾言"《诗三百》，一言以蔽之，思无邪"，正是对"志"的最为明确的解释。如何使所言之志达到"无邪"境界？《礼记正义》引孔子语："人其国，其教可知也。其为人也，温柔敦厚，诗教也。疏通知远，书教也。广博易良，乐教也。絜静精微，易教也。恭俭庄敬，礼教也。属辞比事，春秋教也。……其为人也，温柔敦厚而不愚，则深于诗者也。"由此可见，在孔子眼里，诗歌乃教化工具，并非情感的宣泄与表达。这种观点实质上等于否认了《诗经》本为民歌抒发情感的本质，进而否定了民歌自身的情感价值。

第二，儒家学说强调诗歌的交际功能，将诗文视为政治交往的手段。民歌的社会功能本来是多样的，它可以言情，可以抒愤，可以抒怀，可以排忧。但在儒家眼中，却将本为民歌的《诗经》视为不折不扣的政治斗争工具，孔子曾言"不学《诗》，无以言"，是要求他的学生通过诗经学习游说诸侯、外交的本领，所谓"言"即指动听的外交辞令。孔子批评学生说："诵《诗三百》授之以政，不达；使于四方，不能专对；虽多，亦奚以为！"就是说熟读《诗三百》，交给他政治任务，却办不好，叫他出使外国，却又不能独立从事谈判酬酢，纵是读得再多，又有什么用？可见孔子对《诗三百》社会功能的解释非常狭隘，深刻地影响了后世对诗歌的态度，仅将诗文视为酬答工具，赋予其社交使命，而忽略了其他功能。

第三，儒家学说强调诗歌的中和之美。所谓"中和之美"是指诗歌应有"温柔敦厚"的思想内容，要求诗歌作者"怨而不怒"，"和而不流"、"乐而不淫，哀而不伤"。但民歌显然并不是按照孔子的标准从事创作的，其中有许多愤懑偏激之情要发泄。孔子曾言"郑声淫"，主张"放郑声"，其实正是表明对《诗经》中收有爱情婚姻之作最多的《郑风》的否定态度。

孔子作为儒家先师，对社会产生了很大影响，而汉武帝时"罢黜百家，独尊儒术"的措施，更使孔子的文化思想成为封建阶级专制文化的教条，成为后世文人学者必须遵循的教义，这就导致了歧视、轻慢和排斥民歌的做法相沿成习。①

对于雷州乡土文人而言，一方面是身处雷州乡土，避免不了雷歌文化的包围与渗透，另一方面，又深受儒家文化思想的熏陶，两种不同背景的传统所产生的对立冲突必然造成乡村文人认知世界与情感世界的撕裂，面对这种困境，不少雷州乡土文人在现实当中找到了其化解冲突矛盾的变通之道，当然，这种变通之道及其实施因人而异，而且我们不难通过乡村文人的所作所为发现其欲拒还迎的心理微妙之处。

一　雷歌文字创作

对于大多数乡村文人而言，最为适宜的选择便是寄情于情义歌与榜歌的文字创作，而非参与到生活化的雷歌吟唱活动中。

情义歌和榜歌是在文人圈内盛行的"拟民歌"式的创作活动，是文人之间切磋诗歌艺术，唱酬往来的社交渠道与工具，从传播心理角度而言，毫无疑问，同样的身份以及相互之间所进行的诗歌创作、评比、酬和等活动更容易使乡村文人对这个群体产生强烈的归属感，并在这个群体中实现自我价值。

而且情义歌和榜歌的创作是以文字形态来完成的，其形式的要求除了因雷话语音的影响导致格律要求及韵脚运用比较特殊外，与传统诗歌并无二致，换言之，两种形态的雷歌文字创作实际上就是雷话版的律诗创作而已，对于文人而言，用雷话雷歌的方式来从事诗歌创作，轻车熟路，自然容易产生认同感。

总之，选择这种方式，既能践行其所信奉的儒家"诗言志"传统，有助于其与其他文人及乡绅阶层保持密切往来，扩张其社会人际圈及社交影响力，又可通过这种文字创作方式满足其玩票的兴致。

从清末贡生黄景星所编撰《榜歌分类法汇选目录》收集的榜歌作品来

---

① 朱炯远：《中国古代民歌受歧视的现象及起因》，《上海大学学报》2003 年第 10 卷第 6 期。

看，文人榜歌与民间普通乡民或艺人所做雷歌相比，从整体而言，确实有两个特点比较突出：一是"诗言志"，即创作中较少个人真情实感的直接流露，相反，较多的作品关注诸如咸潮伤禾、寒露、乞讨、战乱、富主诈贫、贫子忧债以及百姓期盼贤官理讼等诸多社会现实问题，有着较强的入世忧世的使命感；二是风格上"温柔敦厚"，情感表达克制庄重，极少痛快淋漓的情感宣泄，即使也有以美女、寡妇、妓女、新娘为题材的习作流露了其视女性为玩赏对象的把玩戏弄心态，但用词也较含蓄内敛，不似民间雷歌性欲挑逗那样直接放肆大胆，这说明儒家"中和之美"的诗歌创作观念对雷州文人确实产生了影响。乡土文人的这种创作追求及其成果在盛行崇贤尚文社会风气的雷州半岛必然产生深远影响，进而影响到民间对雷歌的审视心态乃至雷歌文化的发展走向，后来雷歌教化功能越来越强，直至劝世歌、班本歌出现，应该说与文人创作在民间的渗透有一定关系。

在民间教化意识逐渐强化的过程中，随着劝世歌的出现及进一步演变为班本歌，有着敦化民风使命感的文人乐于参与剧本的写作，以达成其"改良雷剧未开化社会之中坚"[①]的愿望，比如陈昌齐听闻堂弟昌敬之母因观看有关敦情说教的雷歌而一改过去虐待妾侍及其儿子的错误，心有所感，便将潮剧《三元记》中的一折，运用雷歌形式，将之改编为劝世歌文，名为《断机教子》，供雷州"姑娘歌班"和"班本歌班"演出。而黄景星与陈昌齐相比，有着更为明确的改良意识：

> 不论全本出头，总出咸同以前者，差可人意。全本如《铜铡记》、《玉明宝袋》，出头如《玉堂春》、《真假状元》等皆是。后此则自桧以下，不足观矣。缘其布局配景，节目繁多，每出至少须一二百歌，全本必六七百。事愈长，则歌愈难佳，只求其词韵不甚堆复，不多文字。并择一二节之有兴味者，着力铺张，便算佳作。故余作《姐妹贞孝》一出，力矫此弊。拟再多演雷州古事，渐变晚清淫靡鄙陋之风，

---

① 林涛：《雷歌大全》，中国戏剧出版社 2006 年版，第 214 页。

抑亦爱乡君子所乐闻於。①

当然也有个别文人既没有落入"诗言志"的窠臼，也没有高高在上敦化民风的道德优越感，相反，游走于民间，敢于以歌直接表达个人情感，嬉笑怒骂率性而歌，深得民歌之精髓。这当中尤以黄清雅为杰出代表。从雷州民间流传较多关于黄清雅对歌的故事中，我们可以充分感知到民间对黄清雅的亲近感，这种亲近感源于黄清雅本人率性而为的个性魅力，更源于其雷歌内容浓郁的生活气息、活泼犀利的风格深深吸引着雷州民众。但黄景星《雷州歌谣话初集》有这么一段话值得玩味：

> 世传丁公登台与歌妓阿莲唱和者。闻当时孝廉公清雅及名宿黄锡九等，皆以歌著称。而诸先达亦互相应酬，成为风气，此举或未必无因。然谓其登台唱和，当是传讹。纵甚不羁，断不至此，或于闲居偶以为戏耳。②

显然，在黄景星等传统文人看来，文人之间互相应酬习作雷歌，乃社会风气，无伤大雅，但登台唱和，纵使个性放荡不羁如丁宗闽、黄清雅这样的文人也断然不会与艺人同台斗歌。可见，在当时文人的价值观里，与艺人同流同台为有伤风化之事，乃行为不端。但民间百姓并不如此认为，相反他们尊称黄清雅为"歌解元"，并津津乐道于黄清雅对歌的逸闻趣事。于此，我们可以清晰地察知，所谓"雅俗共赏"其实是对雷歌文化多元化一定程度的"误读"，"雅"与"俗"之间其实存在着现实鸿沟，两者分属于不同社会地位的群体，而这个将文人与民间割裂开来的认知差异，根源在于文人所受之儒家思想的影响。

二 搜集整理

2009 年，雷州市纪家镇田园村村民在一对诗人兄弟符马活、符骐骈

---

① 黄景星：《雷州歌谣话初集》，赤坎华文印书局 1925 年版。
② 同上。

的发起之下集结该村流传雷歌，出版了具有"村史"意义的《中国田园村雷歌集》，该书收集了该村自第一代歌手符妙真到第十一代歌手符海燕的雷歌作品，并围绕该村雷歌流传当中的一些焦点问题进行了卓有意义的探讨，为我们展现了雷歌发展当中一些具有关键作用的节点及其细节，具有极高的研究价值，得以荣获广东省第四届（2009 年）民间学术著作一等奖。符马活兄弟作为从乡土走出来的诗人，深受雷歌的熏陶，并自觉反哺乡土，表现了知识分子的文化自觉性。但没有晚清民国时该村符尚德、符老章等人以及新中国成立后符如舟对流传雷歌自发自觉的收集作为基础，恐怕今日该村无法编辑出版这样的歌集来清晰地展示该村的雷歌发展史，而这三位虽然从事职业不同，但都是乡人眼里的"文化人"，比如符尚德是村中私塾先生，符老章本系读书人，但科考落第，半路出家演艺为生，成为田园村姑娘歌第六代传人，符如舟则新中国成立后为公职人员，退休后才返乡养老。而符如舟生病托本之时，所选择托付之人，并非从艺之人，而是读书写诗的符骐驿。梳理整个田园村雷歌文本的传播史，显然乡村文人是非常关键的角色。不过，由乡村文人来承担保管并传承使命，固然有其合理性，但必然也因文人的身份，使其难免有"把关"、"过滤"的行为，"删掉一些捞台对唱，尤其是那些'不堪入耳'的'粗话歌'首当其冲"。①

除了田园村有雷歌抄本之外，其他村庄也有抄本传世，可见乡村文人收集整理雷歌歌本并非是田园村个案，在整个雷州半岛有一定的普遍性。只是这种收集整理工作及其成果因收集者的视野限制以及乡村传播条件严重落后、传播渠道匮乏、官方漠视等多种社会原因的作用，从数量上、种类上而言显得非常零散、缺乏系统整体关照。

直至清末民初的黄景星才开启了全面搜集、整理、研究、编印、出版发行雷歌文本的活动，他对雷歌搜集整理几乎涵盖了所有雷歌文本形态：第一，大力搜集雷州歌班的班本，以"歌册"的形式印刷发行。例如《断机教子》、《陈世美》、《白兔记》、《梁祝姻缘记》等；第二，挖掘出姑娘歌艺人秘相传授的教练本子公之于世。如《姑娘对唱歌》、《姑娘奉神歌》、

①　符马活：《中国田园村雷歌集》，花城出版社 2008 年版，第 349 页。

《新教练姑娘歌》等一批歌母;第三,搜集历年经过宗师取录和评点的榜歌汇编成《榜歌集成》,并探讨榜歌的写作方法,将历年优秀榜歌分门别类编辑成书《榜歌汇编》,分析其修辞手法;第四,搜罗情义歌《监中叹》、《歌解元叹世》、《劝夫戒烟》、《红叶题诗》、《探花主人》、《符玉莲》等十余种;第五,总结雷歌歌韵规律,出版《雷州歌韵分类》及《歌韵集成》等书。黄景星通过这样的努力,挖掘和保护了雷歌文化大量文本,具有非常重要的学术史价值。

三 雷歌批评与研究

黄景星不仅热忱于雷歌的收集整理,其视野及眼光远远超越了其前辈及同时代的乡村文人,他还著述了《雷州歌谣话初集》对雷歌的发展脉络、艺术特征、类别进行了描述与概括,并对所选雷歌作品其内容及歌唱情境做了具体解释,对作品艺术效果进行评点,并提出审美标准。黄景星的研究具有开辟性的历史意义,为后世创建了雷歌研究的框架与思路,但客观来讲,他对雷州民歌的研究点评中精纯驳杂并存,非常集中地体现了社会急遽转型对传统文人冲击所产生的新旧思维的矛盾冲突,也非常鲜明地折射了民歌在清末民初兴起、士人心态转向的时代气息。

黄景星出生于清之末叶,其求学之时,适逢光绪维新,科举制度一波三折面临废弃,先是一批官员上书要求递减科举取士名额以学堂生员补充,后面临日俄战争爆发,革命迫在眉睫的危机,清廷于光绪三十一年(1905年)废弃科举制度。科举制的断然废止,作为一场"不流血的革命"在当时即引发了社会系统的全面震荡,从微观而言,尤其对文人产生巨大冲击,直接切断了文人"学而优则仕"的传统道路。但丙午科(光绪三十二年,1906年)优贡考试仍然进行,给当时文人走上仕途带来最后一线生机,此时的黄景星正在位于广州的广东师范学堂修业,按照当时规定,黄景星已为生员,不得参加考试,但黄景星仍然报名参与,并被取录为广东省二十名优贡中的第十九名,获得授予官职之机会,却遭遇师范学堂监督检举终被除名,显然,这一剧变对黄景星是一记沉重打击,其《忧人传》将其心态表露无遗:"忧人者,常居忧境中……详请奏革优贡,而其人其忧，固自在也。惟二而一，又一而二矣。因自名曰忧人。"① 这段人生际遇彻底摧毁了黄景星走上仕途的梦想，使他不得不重新思考人生的出路和自身的定位。而其在广州新式学堂的修业经历毫无疑问为他提供了初步接触现代社会理念的机遇，使其萌生开启民众智慧、涵养民族精神的"启蒙"信念，所以在民国初年，黄景星接受了设在海康县城的雷州中学——省立第十中学、雷州师范学校前身——的聘请，担任国文课的教员，在教学方面，"标新立异"，打破陈规，引导学生去除滥调，不无病呻吟，以民间传说、故事为题材自我发挥。除了以教育为己任，黄景星还积极进行地方文化的创造与文化传播工作，抛却"士人"不屑或耻于言利谈钱、鄙视商人之传统成见，与雷州富商符南山于 1921 年合资，在雷州创设"道南印务局"，并逐渐将其业务扩张到赤坎、安铺、梅菉、海口等地，大量印刷发行地方文献及地方名著，使陈瑸、陈昌齐、蔡宠、李晋熙、陈乔森等人的著作得以流传于世，黄景星的所作所为开雷州一代风气之先，对雷州文化成型并获得区域文化一席之地做出了不可磨灭的贡献。

黄景星之热忱于雷歌文本全面整理编辑出版以及点评研究，追根溯源，与其成长中深受雷歌熏陶有关，但也不能忽视肇始于 1918 年以北京大学为发端地席卷中国南北的歌谣运动对黄景星这种转型知识分子的心理影响。

1918 年 2 月 1 日，《北京大学日刊》发表向全国征集歌谣的简章，该简章不到二千字，以北大名义，直接分寄各省官厅、学校，要求内地报馆、学会协助参与，本意是为刊发《中国近世歌谣汇编》和《中国近世歌谣选粹》而进行材料收集，同时还规定了具体的截止时间：民国八年六月三十一日。这个活动从当时"国家中心"北京蔓延开来，逐渐激起"全国性"回应，不但四川、江西、黑龙江、安徽、广东、湖北、江苏、直隶、河南、陕西、浙江、云南、辽宁等省市纷纷有歌谣材料寄往北大，使北大此后的三个月内"所收校内外来稿"八十余篇，歌谣一千一百余章，经征集者选编甄别后，用一年的时间（1918 年 5 月 20 日—1919 年 5 月 20

---

① 林涛：《雷歌大全》，中国戏剧出版社 2006 年版，第 212 页。

日），以"歌谣选"之名在《北京大学日刊》刊发了其中的 148 首，各地还纷纷仿效，开始在报刊上登载歌谣，引发更多知识分子对民间文艺的热切关注。① 五四之后，北京大学临时性的歌谣"征集处"改为"歌谣研究会（1920 年 12 月 19 日），演变为有组织的学术行为，将其专业化和学科化。1923 年 5 月 24 日，北大"国学门"组建的"风谣调查会"成立，随即向国内寄发数千份格式相同的"风俗调查表"，继续倡导关注歌谣和风俗这样的"民众事故"。这场歌谣运动一直持续到 1925 年，然后活动的中心渐渐由北向南，直至 1927 年中山大学"民俗学运动"替代歌谣运动将关注民间文艺的主张及学术追求继承了下来。

雷州半岛尽管地处偏远，但关注教育、热心编辑出版地方文献整理国故的黄景星必然也被社会关注民歌的热潮裹挟其中，在思想上与之产生共鸣，并以其全面搜集整理出版各种雷歌文本及雷歌研究批评活动来呼应这场运动。在其雷歌文本的收集、点评研究过程中，目光深入民间，兼容并包，不以人废言，既有来自文人的拟雷歌之作，也有乡人艺人之作，无论雷歌作者背景，对其中佳作都一一给予中肯评价。

但文人转型为知识分子是一个艰难而漫长的过程，虽然科举制度改变了文人的现实命运，但并没有从根本上改变中国传统"三级社会"模式，即"官"在上，"民"在下，中间夹着"士"阶层，只不过民国之后，"士"的称谓变成了"知识分子"或"文化精英"罢了。② 这种传统的身份定位及其思维依然顽固地左右着当时中国的知识界，黄景星和当时绝大多数中国处于转型中的知识分子一样在如何对待"民心"和"民智"的问题上始终摆脱不了若即若离、取舍两难的自我困扰：一方面呼唤顺应民心，因而主张"视民为本"；另一方面又认为民众愚昧，于是力图"开启民智"。其《雷州歌谣话初集》所言"余意将来所拟歌题，宜以社会教育为重。凡我郡旧俗之淳者，力为保存，俾免浸淫于欧化。然而世界之眼观，潮流之趋势，苟能随时引导，略就儿童妇女家庭方面着想，使揣摩家渐阅

---

① 徐新建：《民歌与国学》，四川大学出版社 2002 年版，第 10—16 页。
② 同上。

此项杂志，输入国民知识，则其潜势力，必捷于学校及宣讲者多矣。有心者请留意焉"① 便正是其对民众真实态度的流露，其根本意图究其实质是"教化"风俗，与传统礼教所倡导的并无本质区别。而且揣摩此段有关"旧俗"、"欧化"的表述，充分显示了黄景星对国故旧俗的依恋不舍及对欧化思想的误读与排斥。

总之，民歌的兴起和士人心态的转向，尽管驱使黄景星在雷歌文化的搜集整理出版及研究中做出成就斐然的贡献，但其雷歌批评中依旧清晰可见正统诗学和传统意识的烙印，这是清末民初知识分子面对时代身兼复古、创新二重性的关节所在，也是传统"士"之观念与现代启蒙思想杂糅并存的客观必然。其研究的精纯驳杂，实际正是这个特殊时代政治经济和思想文化矛盾的集中表现，是时代的折射。

四　请戏把关

《雷州歌大典》中介绍知名艺人李莲珠时，以一名乡村贡生的赞许为例来说明李莲珠的雷歌雅俗共赏：

> 解放前，徐闻县北潭村有一年演唱姑娘歌，开始请南兴某班来演唱，唱的歌都是伤风败俗内容。该村有一老贡生听后马上将该班驱逐出村，请来李莲珠班演唱。贡生听说李莲珠唱歌水平很了得，但生怕又唱那些不三不四的咸湿歌，所以第一夜在场外听。第二夜进场来在旁边观看。第三大就堂而皇之地搬来太师椅在台前观赏。第四夜继续来，可是演唱到中途，天突然下起雨来，很多观众都跑了，而演唱没有中断，贡生爷就到场内菠萝蜜树下继续观看。据说，他对李莲珠演唱水平的评价是：会唱又高雅，故一夜比一夜靠近来观赏。②

尽管这个实例的真实性有待考证，但这个片段中蕴含一个重要的历史

---

① 黄景星：《雷州歌谣话初集》，赤坎华文印书局 1925 年版。
② 何希春：《雷州歌大典》，中国文联出版社 2006 年版，第 556 页。

细节：在乡村延请歌班及决定歌班内容的程序执行过程中，乡村文人掌握着关键的话语权，他们的情感喜好、审美标准及道德教化要求，往往在现实中直接影响着姑娘歌班的市场地位和表演走向。

小　结

乡村文人与雷歌文化的关系及其心态比起普通乡民而言，所表现出的斑驳复杂性，缘于传统乡村文人身份及心理定位的特殊性，在他们身上，交汇着官方文化与底层民间文化的影响，而两者之间必然存在的矛盾与冲突，使身处"官"与"民"中间的乡村文人，本身就具有种种情感与理性的纠缠困惑，兼其自身所秉承的"士人"传统，自然使之面对来自民间的雷歌文化既有天然的亲近感，也有自发自觉的控制与改造意识。这种控制与改造意识，使之与官方文化具有一定程度的共性，并成为官方文化现实中的代言人与执行者，凭借其所拥有的话语权力，对民间雷歌进行一定的控制和改造。但民间乡土生活自身的生活惯性又必然驱使民间雷歌文化对这种控制产生一定的反控制机制，所以，尽管民间雷歌张扬性爱的内容和狂欢化的艺术表现手法屡遭驳斥，但在民间仍然顽强流行，而且我们不难看到在民间传说或故事的叙事模式中，存在一种常见模式——乡民借助雷歌机智嘲讽酸腐文人使之颜面扫地落败而归。但控制与反控制中，毕竟官方文化占据优势话语权，在其影响下，不仅文人的心态及行为多种多样参差多态，普通乡民对雷歌文化的审美心态及道德评审心态也在悄然发生变化，姑娘歌到民国之时逐渐没落而教化功能明显的班本歌崛起，正是来自不同层次的文化权力对峙的现实表现，民间雷歌文化传统与文人审美情趣趋同，是历史的必然。

第三节　艺人、传承人及其习得

在本章第一节分析雷歌文化传播主体时，笔者曾提及艺人在雷歌文化传播主体中至为关键。因为他们不仅是雷歌文化的承载者，也是雷歌文化的能动改造者与再现者，他们不断地根据表演需要和市场需求变化对雷歌内容和形式进行自发自觉的改革与创新，以提升雷歌的表演魅力，这种努力对雷歌文化传衍生息的作用自然是不言而喻的。本节将围绕"传承"、"传承人"、"习得"这几个核心概念来探究雷歌艺人在雷歌文化发展中的独特价值、生活语境、社会地位、学艺传承方式。

一　"传承"及"传承人"内涵认识

"传承"一词广泛地运用于民俗学和人类学研究中，自联合国教科文组织和我国文化部分别于 2001 年与 2006 年颁布非物质文化遗产命名认定项目后，更成为文化研究领域内的高频词语。目前对其内涵和外延尚未形成统一概念。之所以产生分歧，实际上是广义与狭义之争。广义的"传承"从时间维度出发，将侧重这个维度的所有传播活动无论其是否有着明确的传承意图，也无论是否有着系统的传授与习得，都可视为传承。按其定义，事实上，该文化传播区域内的每一个传播个体或群体都充当了传承主体，毕竟在现实中，时间与空间是无法剥离的两个相互依存的维度，任何传播行为都在纵向传播中具有一定的意义和价值，因此，从这个角度而言，广义的传承实际上和传播学所言的"传播"并无本质的区别，是文化传播当中普遍存在的现象。但狭义的传承，则主要强调技艺知识、审美意识、信仰观念等在代际层面上的系统传授和习得、继承。而且在一些研究者看来，狭义的"传承"除了上承下传之外，从民俗的绵延发展角度认为民俗传承，不能简单理解为传授者和继承者的共同在场和相互配合，或是"传"与"承"两个动作的简单叠加或代代完整的递交重复，认为文化的传承应该是传承与进化的统一，即"靠传承而进化，在传承中进化"[①] 在他们看来，传承是文化存在的关键，但进化是文化发展的动力，只有通过创新进化的传承，才能使某种地方文化的表现形式得以世代相传，不断流、不泯灭、不消亡，在自然淘汰中逐渐形成一种相对稳定的文化传统或文化模式。因此，"在个人来说，传承的第一义是习得，即通过传习而获得；第二义是创新或发明，即在前人所传授的知识或技能的基础上，加

---

① 刘锡诚：《传承与传承人论》，《河南教育学院学报》2006 年第 25 卷第 5 期。

入自己的聪明才智，有所发明有所创新，使传承的知识或技艺因创新和发明而有所增益。在群体（族群或社区）来说，由个别人所传承的非物质文化在群体（族群或社区）中得到传播和认同，并进入集体的'再创造'的过程。"①

基于学界对"传承"的内涵把握不同，对"传承人"的理解也必然出现分歧，从目前来看，最主要的分歧在于将传承人抽象化或个体具象化，即黄静华《民俗艺术传承人的界说》所言的"抽象传承人"和"具象传承人"。②"抽象传承人"强调传承行为的集体性，强调民俗乃群体所创造和拥有，是通过群体传承的方式世代相传至今天，即所谓群体传承，用时髦的话即"民间记忆"或"群体记忆"，也就是说传承人是复数形态，是遵循群体传统的匿名者或无名氏。"具象传承人"和"抽象传承人"相比，关心的是民俗生活中具体的个体，直接指向民俗生活中有名有姓身份明确的传承人。笔者认为，导致分歧的因素主要有三个。

第一，与研究语境有关。"传承"的界定有广义、狭义之别，衍生而来的"传承人"也自然有其内涵外延之不同。研究中采取广义"传承"，界定时重在研究民俗文化的上承下传，不考虑其内部的衍生裂变，则传承人可以泛指所有与民俗文化相关的且生活于该文化区域内的参与者，在这种语境中，只要在民俗文化当中参与口口相传行为的皆可视为传承人。如果采取狭义"传承"则对传承人的定义更为严格，要求其不仅有实际的言传身教及模仿继承行为，还往往要求其是该民俗文化的集大成者，掌握杰出的技术、技艺、技能，为该区域民众及从艺者所公认的有影响力的人物，对该民俗文化发展有着强有力推动作用。

第二，民俗属性不同，传承方式不同，传承人属性不同。刘锡诚的《传承与传承人论》指出风俗礼俗类（如诞生习俗，生男大门口左侧挂弓箭，生女大门口右侧挂红布条）、岁时节令与民俗节日（如端午龙舟竞渡）及大型的民俗活动（如庙会）这三种民俗是由民族记忆、群体记忆、民间

---

① 刘锡诚：《传承与传承人论》，《河南教育学院学报》2006 年第 25 卷第 5 期。
② 黄静华：《民俗艺术传承人的界说》，《民俗研究》2010 年第 1 期。

记忆所传承的，并非个人传承所能形成。而专业性、技艺性比较强的民俗活动，如戏剧曲艺，则主要由家庭传承和师徒传承以及无师自通习得，需要依赖于技艺高超熟练的传承人才能得以传承和延续下去。①

第三，研究者自身视野及研究重心不同。研究者如果将目光聚焦于民俗本身进行文本分析，或是没有充分认识到民俗传承主体的能动性与创作性，便可能对民俗的传承主体没有兴致深入进行个体研究或较少提及。

基于雷歌属于专业性技艺性较强的民间曲艺，本书采用传承人概念为具象传承人，并在本节以具象传承人为核心探讨其生活语境和存在意义和谱系生成；知识传习和创造表演等影响雷歌文化传承的具体问题。

在具象传承人这个层面上，学界内的定义不一，张紫晨在《民间文艺学原理》一书中将传承人界定为"长期直接参与民间文艺活动，并通过自身进行演唱或讲述民间作品的传承者"。② 董晓萍的论文《民间文学传承研究概论》界定传承人为"在民众集团中按照一定的血缘和地缘传递路线，自发产生的民间文学作品的讲述者和表演者"。③ 黄静华《民俗艺术传承人的界说》则言："民俗艺术传承人是在民俗生活实践中，通过思维观念、技艺知识、行为范式三个方面的'承'与'传'，体现出展演观念的现实性取向、技艺知识的地方性色彩、艺术行为的生活性操演三项特性，有能力和资格主持、参与民俗艺术的实践活动，肩负着确保其恒久延续之职能的俗民个体或群体。"④ 相比之下，笔者认为黄静华的定义所列基本要素明确而具体，在现实中有着很强的指导性和操作性。即在判断界定传承人时，主要看其是否具备展演观念的现实性取向、技艺知识的地方性色彩、艺术行为的生活性操演三项特性。

展演观念的现实性取向是指传承人对民俗艺术的认知与生活经验有着直接的联系，在和现实的亲密接触中，平常生活的图景为他（们）提供了不竭的创作资源，而现实展演过程中听众的现实反应则是传承人评价艺术

---

① 刘锡诚：《传承与传承人论》，《河南教育学院学报》2006 年第 25 卷第 5 期。
② 张紫晨：《民间文艺学原理》，花山文艺出版社 1991 年版，第 105—106 页。
③ 董晓萍：《民间文学传承研究概论》，《民俗博物馆学刊》1998 年第 1 期。
④ 黄静华：《民俗艺术传承人的界说》，《民俗研究》2010 年第 1 期。

的依据，其展演观念深嵌于现实话语中。技艺知识的地方性色彩是指传承人所掌握和运用的技艺知识乃是地方性知识的组成部分，每位传承人的知识都是地方知识的一种文本。乡土气息浓郁的地方文艺所具有的"土气"，是适应于其所处乡土的特性表现。艺术行为的生活性操演是指传承人对民俗艺术活动的主持和参与，是传承人在其生活世界的基本行为之一，行为表演的细节被纳入他们的生活体系，并与其他生活领域有着各种层次的联系。①

需要注意的是，界定民俗艺术传承人，要从群体的民俗生活实践中去认识和理解，不要将传承人和其存在的民俗生活语境割裂开来，因为在社群习俗生活的实践中，民俗艺术传承人逐渐了解其角色要求、培养其角色意识、确定其角色行为、实现其角色养成。传承人存在的价值就在于习得、认同和分享社群集体的技艺知识、观念信仰和行为方式。这样，传承人的角色行为常常呈现出鲜明的模式性，他们所习得和教授的技艺知识，所展开的歌唱、演奏、制作等行为常常具有基础性的结构内容和表现形式，蕴含着社群集体共知、共识、共喜的审美风尚和观念信仰，不同世代的传承人皆能在民俗生活中学习、仿效、使用、分享和传授它们。而且从传承人角度而言，只有在群体的民俗氛围中，才能获得、表达和传授其所拥有的具有一定独特性的成套技艺知识、成型行为范式和成熟思想观念。和群体民俗中的普通参与者相比，传承人表现出较强的主观能动作用。"他既能够遵守既定的习俗规则，有对传统习俗的顺应倾向，同时也能够确立或创造新的习俗模式并删改、丢弃固有的习俗惯制。也就是说，在模式化的民俗角色行为中，传承人也建设着属于'自我'的范式和观念，个性的产生使其获得了在生活世界中的独有位置，成为了'这个'传承人，而非'那个'传承人。"②

二 雷歌传承人的界定

雷歌尤其姑娘歌和班本歌从其民俗属性来看，是具有技艺性和表演性

---

① 黄静华：《民俗艺术传承人的界说》，《民俗研究》2010 年第 1 期。
② 同上。

的民俗生活文化，专业性和技艺性比较强，不仅要熟悉严格的格律要求和韵脚种类，遵循约定俗成的唱腔和做功，还要懂得颂神的全部套数，熟悉各村神灵分布情况及其全称，不能有任何差池，在台上对唱或捞台斗歌中，不仅要注意表演的听觉和视觉效果，还要面对对方挑起的各种突发话题斗智斗勇，而班本歌表演由于剧本的缺乏，还要具有丰富的舞台表演经验，可以根据现场情境需要随机应变，根据剧情发展脉络和角色性格自编自演，也就是所谓"爆肚戏"，没有一定的经验积累，很难在几乎全民性的乡土社会立足舞台，因此，根据传承人应具有展演观念的现实性取向、技艺知识的地方性色彩、艺术行为的生活性操演三项特性来看，能胜任雷歌传承人角色，确保雷歌传统持久延续的，应当是姑娘歌与班本歌艺人中的佼佼者。

《雷州歌大典》与《中国田园村雷歌集》都对雷歌传承人及其谱系做了确认研究，从其所确立的雷歌传承人身份来看，除田园村第一、二代传承人没有从事演艺外，其他传承人皆为民间知名艺人。由此可见，雷歌艺人在雷歌文化传统的传承延绵中所起的关键性作用得到了广泛认可。

但客观来说，雷歌传承人的确认及谱系的建立尚不够完善。田园村的雷歌传承人谱系相对《雷州歌大典》而言，其谱系传承线索相对比较明晰，不仅相对完整地勾勒了田园村内十一代传承人的代际关系和相互的师承关系，而且也在一定程度上显示了传承中的创新与裂变，具有较高的地方史料价值，但因其谱系所涉艺人从整体上来说除了最后三四代在雷州半岛享有较高声誉外，其他传承人的影响力是否辐射到整个雷州半岛，尚无充足的资料支撑，因此从整个雷州半岛雷歌发展史来衡量，该谱系尚不具有全面代表性。

田园村"姑娘歌"传承人谱系表①

代别	传承人	研究者	重要歌者	相传年代与表现形式
第一代	符妙真		无名氏 符应诚	约 1624—1684 年（明崇祯至清康熙年代）清唱、自娱、对歌、劝世

---

① 符马活：《中国田园村雷歌集》，花城出版社 2008 年版，第 354 页。

代别	传承人	研究者	重要歌者	相传年代与表现形式
第二代	符应祥		符玉兰	约 1650—1705 年（清顺治至康熙年代）清唱、自娱、对歌、劝世
第三代	符炜裕		凤莲 符春梅	约 1698—1752 年（清康熙至乾隆年代）清唱、自娱、对歌、劝世
第四代	符天豪	符天豪 符开泰	符朝义 符月娥	约 1728—1780 年（清雍正至乾隆年代）清唱、劝世、斗歌、颂神、自娱
第五代	符朝胜	符朝胜	符尚举 符尚武	约 1768—1830 年（清乾隆至道光年代）清唱、劝世、斗歌、颂神、自娱
第六代	符老章	符老章 符尚德	符尚文 符老谋	约 1836—1884 年（清道光至光绪年代）清唱、劝世、斗歌、颂神、自娱、表演
第七代	符彩月		符老尾	约 1848—1892 年（清道光至光绪年代）清唱、劝世、斗歌、颂神、自娱、表演
第八代	符大南	符大南 符思富	瘝鼻母 符大雅 黄氏	约 1870—1920 年（清同治至民国初年）清唱、劝世、斗歌、颂神、自娱、表演
第九代	符妃伍	符妃伍 符大密	符大密 符如保	约 1894—1951 年（清光绪至民国时期）清唱、劝世、斗歌、颂神、自娱、表演
第十代	谢莲兴	符如舟	符惠英 符有利	1935—2008 年（民国时期至今）清唱、对歌、劝世、颂神、自娱、表演
第十一代	符海燕	符海燕 符骐骅 符马活	符海棠 符同和	1986 年至今（现代）清唱、劝世、对歌、颂神、表演

　　而《雷州歌大典》所列传承谱系有六代，相比田园村谱系集中关注该村传承人，其所列传承人散布于雷州三县，具有全局代表性，但其所列谱系只是根据艺人生活表演的年代简单区分代系，对谱系中代表传承人之间的师承关系缺乏进一步考察和确认，而且仅列举了姑娘歌艺人各代知名艺人，没有涵盖雷歌内部其他子歌种形态的传承状况，无法据此绘制出相对完整的雷歌文化传承进化脉络图，这是当下雷歌研究中的一大缺憾。当然，由于资料匮乏，且该表所列第五代艺人相继离世，第六代艺人又多为"文革"之后出道的演艺人，年纪多集中于四五十岁，与第五代之间明显存在年龄断档现象，他们对新中国成立前老辈艺人的情况知之甚少，要建

构起完整明确的师承谱系图，从目前来看，难度相当大。

"姑娘歌"传承人代表名录①

代别	姓名	性别	出生时间	文化程度	传承方式	学艺时间	居住地
一代	周阿莲	女	清乾嘉年间	不详	演唱	不详	遂溪县那仙村
	老章	男	清乾嘉年间	不详	演唱	不详	不详
	凤仔	女	清乾嘉年间	不详	演唱	不详	遂溪县
	平兰姑娘	女	清乾嘉年间	不详	演唱	不详	海康县北河镇
二代	维鸿	男	清道咸年间	识字	演唱	不详	海康县韶山村
	妃月	女	清道咸年间	不详	演唱	不详	不详
	蛤干	男	清道咸年间	不详	演唱	不详	徐闻
三代	廷尧	男	清同光年间	识字	演唱	不详	徐闻县东常岛
	月彩	女	清同光年间	不详	演唱	不详	不详
	妃凤	女	清同光年间	不详	演唱	不详	徐闻县东常岛
	官庆之	男	清同光年间	识字	演唱	不详	海康县东坎村
	南兴二仔	女	清同光年间	不详	演唱	不详	海康县南兴
四代	陈守经	男	1877年	识字	演唱	不详	海康县赤步村
	伍兰香	女	约1880年	不详	演唱	不详	廉江市安铺
	林芝忠	男	1875年	识字	演唱	不详	海康县草龙村
	张维四	男	约1880年	识字	演唱	不详	海康县卜扎村
	林桂英	女	约1880年	不详	演唱	不详	海康县卜扎村
	良玉	女	约1882年	不详	演唱	不详	不详
	蒋必盛	男	1885年	识字	演唱	不详	海康县上村仔村
	黄干才	男	1887年	识字	演唱	不详	海康县
	志和娘	女	1884年	文盲	演唱	不详	海康县后排村
	梁祝梅	男	1886年	文盲	演唱	不详	海康县落村洋村
	何福金	女	1884年	文盲	演唱	不详	海康县落村洋村
	黄桂忠	男	1884年	文盲	演唱	不详	海康纪家上郎村
	四姑	女	1885年	文盲	演唱	不详	海康纪家上郎村

① 何希春：《雷州歌大典》，中国文联出版社2006年版，第547—548页。

续表

代别	姓名	性别	出生时间	文化程度	传承方式	学艺时间	居住地
五代	李莲珠	女	1914年	文盲	演唱	1926年	海康东塘村
	陈敬哉	男	1895年	识字	演唱	不详	海康县赤布村
	周定状	男	1915年	识字	演唱	1932年	海康县大周村
	谢莲兴	女	1926年	文盲	演唱	1936年	赤坎福建村
	田莲喜	女	1927年	文盲	演唱	1937年	遂溪县乐民镇
	黄桂学	男	1927年	识字	演唱	不详	海康纪家上郎村
	刘妃荣	男	1920年	识字	演唱	不详	海康县西洋村
	陈立荣	男	1924年	识字	演唱	不详	麻章区太平
	黄谭之	男	1915年	文盲	演唱	不详	海康县东里
	陈兰芳	女	1928年	文盲	演唱	不详	海康县东里
六代	符海燕	女	1973年	小学	演唱	1986年	海康县田头园村
	陈家悦	男	1967年	初中	演唱	1983年	海康县后山村
	符海棠	女	1968年	初小	演唱	1982年	海康县田头园村
	陈发明	男	1962年	初中	演唱	1980年	海康县铜鼓村
	黄月莲	女	1970年	小学	演唱	1985年	海康县东里镇
	黄华	女	1965年	小学	演唱	1980年	海康县杨家镇
	黄仁	男	1960年	小学	演唱	1977年	海康县上郎村
	黄平	男	1951年	小学	演唱	1975年	海康县上郎村
	黄月宏	女	1966年	小学	演唱	1980年	海康县上郎村
	周保	男	1960年	小学	演唱	1976年	海康县东里镇

注：1948年至"文革"期间政府禁演神诞戏而基本停止活动。

三　姑娘歌传承人谱系的解读

在民间艺人的研究中，对人的存在的描述和思索，应该是贯穿民间艺人研究的核心线索，这样的研究方式力图通过对艺人丰富多彩的艺术生活的考察，弥补宏观的、抽象的艺术话语建构方式所存在的不足。这种方法不是纯粹单向度地依赖静态作品或文本来分析意义，而是期望在过程中体验艺术事件，分享主体的艺术情感，建立对艺术的理解。它试图由民间艺人的生存状态来窥见其代言的民间艺术的存在方式和本质特征。这种方法尝试经由民间艺人的研究，来提供关于民间艺人生活、民间艺术、民间社会的细节。所以，关于民间艺人的研究与关注看似微小和狭窄，实际上却能够据此了解纷繁芜杂的民间生活天地与民间社会的情状特征，求证乡土社会、艺人、民间艺术三者之间相互关系，寻求民间艺术发展线索。

下面笔者期望通过结合两份姑娘歌传承人谱系名录，配合《中国田园村雷歌集》访谈以及《雷歌大全》、《雷州歌大典》中的相关资料，力图以此为突破口，进一步触摸和感受雷歌艺人生活及其个性，从"人"及其生活角度，来理解这片红土地上的雷歌所承载的生活记忆及其酸甜苦辣。

1. 生活状况

在所能看到的这两份传承人谱系当中，艺人的生活状况如何？遗憾的是缺乏足够的资料让我们——深入了解，其中只有伍兰香、谢莲兴、李莲珠、符惠英等女艺人，符大南、符妃伍、陈守经、陈敬哉、周定状等男艺人和田园村第一代口头歌歌手符妙真的生活经历，为我们初步了解雷州半岛雷歌艺人的生活状况提供了宝贵资料。

从仅有的资料来看，女性艺人虽各自生活经历迥异，但人生境遇普遍较为坎坷苦难。其中伍兰香一生凄惨尤令人同情，据《雷歌大全》与《雷州歌大典》介绍，伍兰香祖籍廉江市安铺，其父为粤剧名生，父母亲在徐闻演出时生了她，将之遗弃送给当地人抚养，后为徐闻东常岛姑娘歌名相角廷尧与其妻妃凤收养，并收为学徒，传授技艺。伍兰香很快便举步能舞，舒喉能歌，崭露头角。廷尧视之为摇钱树，将之嫁于自己的学徒。但因当地官府豪门屡加欺凌，伍兰香夫妻俩无法立足徐闻，遂私逃到海康投奔当时高公林芝忠的歌班，并常与林芝忠同台演出。伍兰香丈夫嗜赌，无钱偿还所欠赌债，将伍兰香典当。后伍兰香被当警察局局长的周俊生强娶为妾，周撤职后，带其回家，为周之妻子不容，常遭虐待，至古稀之年，被赶出周家，无家可归，在野外茅寮栖身，贫病交加，于1948年辞世。其爱徒李莲珠闻之，唱雷歌一首高度概括了伍兰香悲苦的一生：

> 当江湖头乞丐尾，做江湖人通世衰；
> 年老生病不做得，带病街头乞讨饭。①

---

① 林涛：《雷歌大全》，中国戏剧出版社2006年版，第219—220页。

伍兰香爱徒李莲珠的童年也较凄惨，1915 年生于雷州市客路镇东塘村。刚出世时，父亲李大廷被诬入狱。7 岁时父亲被杀，祖母上吊。8 岁时，因生活难以为继，其母被迫以 45 块银元将她卖给杨家圩景盛铺号老板黄芝美，受尽虐待，后又几经转卖，被卖到白沙镇草龙村林芝忠家当婢女。林芝忠是"姑娘歌"著名"高功"，又是"姑娘歌班"班主，他发现李莲珠长相姣好又能吃苦耐劳，天资聪颖，还有一副好歌喉，便纳为童养媳，并请来著名"歌姑娘"伍兰香指导她唱歌。[①] 后李莲珠通过麻扶歌台先后与陈守经、陈敬哉斗歌获胜名满雷州半岛，其所在歌班成为雷州城乡最受欢迎的歌班，而李莲珠酬金也是最高的，如每年正月十六到南兴镇塘头村演唱一日二夜的年例歌，莲珠独得酬金六十大银，当时可买十五石谷，其他男女演员酬金最高的陈敬哉也仅得八个大银。但李莲珠一家十多口人都染有陋习，吸鸦片的吸鸦片，酗酒的酗酒，赌博的赌博，其所得戏金悉数用来偿还债务，即使有孕在身将要临产，也不得不答应演出，以致孩子降生不久便夭折。[②]

谢莲兴是另一位新中国成产前就名震雷州的歌姑娘，我们可以通过《中国田园村雷歌集》主编符马活与其的对话，感受到谢莲兴生活之辛酸不易。

符马活：你是什么时候走上唱"姑娘歌"这条路的？

谢莲兴：我 3 岁时跟着母亲来到田园村，母亲跟继父结婚后，又生了三男两女，但我继父对我挺好，因为生活艰苦，我 9 岁时继父把我卖至落村洋村梁祝梅家做"妹仔"，其实也是为了我能够活下去。梁当时是有名的"相角"，他老婆也是有名的"姑娘"，他俩见我还是块料，要我跟他俩学"姑娘歌"，可那时我不识字，要手捧歌册念"歌母"，真是难过上青天。梁后来想了一个方法，他把圈圈画在墙上，意思是把"字"写在了墙上，我照着圈圈念"歌母"，他则一边躺在床上盯着我，一边悠悠自得地吸他的鸦片，床头放着一条长长的

---

① 王锦强、何安成：《李莲珠：姑娘歌起万人迷》，《人民日报海外版》2005 年第 7 版。

② 林涛：《雷歌大全》，中国戏剧出版社 2006 年版，第 1687—1693 页。

鲎尾。有时我念到深夜，特别想睡，但又不敢睡。这种折磨十分难
受的，如果我念不出"歌母"，就会受到一顿暴打。现在年老了，
我腰部才开始发痛，都是那时落下的祸根。我出道登台演唱表演才
15岁。那时的生活苦呀！社会动荡不安，生活还是靠人一点一点挨
出来的。①

　　田园村第一代歌手符妙真虽不是艺人，但她是现存资料中最早有名有
姓的歌者，且有作品留世，在田园村而言，是该村雷歌历史的开启者，从
其生活年代（明末清初）来看，在整个雷州半岛亦应是雷歌的先行者之
一，所创雷歌独具"禅味"，其身世也颇凄凉，年轻时为情所困，不肯遵
从父母之命，离家出走，寄宿于有血缘关系的符应祥家；后因同村人担心
她身体不好，唯恐出现"姑婆猖"事件，给符应祥施压让她搬到村外独
居。符妙真最终看破红尘选择出家，成了大彻大悟的禅者。②

　　与女艺人相比，男艺人资料更为匮乏，没有较为具体的生活资料，但
从一些艺人所留存的雷歌来看，生活也较多贫寒苦困，比如清乾隆年间田
园村第五代传承人符朝胜所唱《十苦歌》的凄切哀痛，应是感同身受，才
有如此留存之歌：

　　　　　　　　一苦出世家穷蒯，捱苦擦磨形色衰；
　　　　　　　　一日三顿都难顾，哭地无门叫天高。

　　　　　　　　二苦冬天无衣穿，裤归一条穿窿吼；
　　　　　　　　行出外路受人笑，抵冷抵寒活凄凉。

　　　　　　　　三苦做到无屋居，赤屋无强人鸡窝；
　　　　　　　　头拢入内脚又出，猪顶鸡耙屋里游。

---

① 符马活：《中国田园村雷歌集》，花城出版社2008年版，第312页。
② 同上书，第340页。

四苦无田与无地，四处漂流受人欺；
祖宗无福那下贱，人看都无值个钱。

五苦幼年死父母，去片拿钱葬上坡；
棺材有卖无钱买，破席包个好割肠。

六苦半世夫妻拆，无敢怨人是怨命；
富在深山人去觅，蒯家门头鬼无行。

七苦贫贱欠债多，钱债逼人牵子卖；
眼汁流流牵子去，回候也同给鬼迷。

八苦到此年岁老，无子无儿来侍候；
思人有子承后代，想赤香炉给水流。

九苦生来是单身，四亲六戚无敢认；
孤家寡户作多挂，世间断情真可怜。

十苦一生贱命根，风烛残年病缠身；
饱受风霜多波折，生在世情也枉然。①

　　另外则有些零星资料表明较多男性艺人如符妃伍、梁祝梅等沾染了不良恶习，或吸食毒品，或嗜好赌博嫖妓，其中原因恐怕也多因生活不如意所致。

　　所以从整体上来看，雷歌艺人阅尽人间忧患沧桑，并在人生的大灾大难大苦大悲大起大落中磨砺出达观的品格以及丰厚的生活经验，积蓄了足够的内容素材，所以可以张口即来，随性发挥，赢得民间民众的认

---

　　① 符马活：《中国田园村雷歌集》，花城出版社 2008 年版，第 84 页。

同与喜爱。

　　2. 传习中的文化心态和个性

　　从《雷歌大全》所介绍雷歌名人传略来看，男艺人多是因为环境熏陶喜欢雷歌，自发自愿学习雷歌走上艺人之路的，比如陈守经，本在私塾读书，因为同村陈敬哉等人学艺，受之影响，无心向学，和同村少年一起学习唱歌，父母发现反对，认为唱姑娘歌属于九流之外没出息的事情，极力劝阻，但他离家出走，浪迹江湖。林芝忠则是 15 岁时，自己背着晒干的番薯求师学艺。周定状则本是学制鞋糊口，但因喜欢雷歌，到符妃伍所办的歌馆拜师学艺。①

　　而女艺人相对来说，则因生活所迫，被动学艺唱歌的比较多，但在学艺的过程中，也渐渐对雷歌产生了兴趣，如下面这段访谈在女艺人中具有一定的代表性：

　　　　符马活：那时生活这么艰苦，你还能坚持唱"姑娘歌"，是因为什么动力？你没有别的选择？

　　　　谢莲兴：我 15 岁就登台演唱了，如果不坚持下去，我那时能干什么呢？唱"姑娘歌"也是一种生存的技能吧！所有的动力都来源于艰苦的生活，想活下去，就首先要填饱肚子，毛主席在长征时说这是硬道理。我没有别的选择，因为根本就没有什么可选择的，当时是什么社会，还有自由让人去选择自己的职业？你们现在生活好了，得感谢共产党。②

　　　　……

　　　　符马活：你觉得唱"姑娘歌"首先要具备什么条件？

　　　　谢莲兴：什么条件呀？要有兴趣。我那时是被人逼着学的，后来发展到自己想学了，即有了兴趣。后来能"出口成歌"不是天生的，是靠勤学苦练出来的。③

---

　　① 林涛：《雷歌大全》，中国戏剧出版社 2006 年版，第 215—224 页。
　　② 符马活：《中国田园村雷歌集》，花城出版社 2008 年版，第 312 页。
　　③ 同上书，第 314 页。

无论男女艺人是基于兴趣自愿从艺还是如谢莲兴、李莲珠一样因被转卖被迫从艺，根据现有相关回忆性资料来看，这些艺人在性格方面具有高度的相同性：聪明、刻苦、开朗、自信，善于表现，乐意分享，在《中国田园村雷歌集》中访谈提到符妃伍和同时代的梁作梅、林进多、蒋必盛等知名艺人关系密切，常相往来。《雷歌大全》介绍林芝忠时，也提到一个细节，因为林芝忠为人忠厚、宽容、平易近人，雷州三县的知名艺人歌手都慕名求教于林芝忠，如徐闻县的廷尧、妃凤、伍兰香、林桂英、良玉，海康陈守经、陈敬哉、蒋必盛、周定状，遂溪黄桂忠等人，他们相互切磋歌艺，博采众长。

通常来说，在民间文艺的传承过程中，传承人开朗的性格，开放的心态，必不可少。一个普通艺人成长为代表着民间传统文艺的集大成者，成为代表性传承人，除了有非常好的记忆能力，对长辈师傅们的教诲能长期不忘，还需要有较强毅力，面对演艺生涯中的困难能自信应对，如谢莲兴曾言："我跟多少人打过擂台赛，记不起来了，但我记得我从来没有输过。有人说我唱得一般，但我不会认输，我的坚韧性是有名的，我要'磨'到你倒我不倒，你说谁厉害？他能'将'到我站在台上一动也不动，一句歌也唱不出来，我就服输了，但我唱了这么多年，还未碰到一个真正的对手。我所说的对手，主要不是'姑娘歌'的歌手，大多数是有爱好'捞台'的，他们都是在台下想好一些歌冲上来的，如果被他们的气势压住了，会容易跌下来。"[1] 同时还必须具有开阔的视野、善于交流，把生活当中多种渠道得来的素材可以自由灵活地糅合在自己的演唱中，这样才能逐渐形成个人风格，从而受到民间普遍欢迎。

3. 传承习得方式

雷歌的传承习得方式和绝大多数民间文化的传承一样，同时存在多种传承方式：血缘传承型、师徒传授型、自学型、互师型等。

（1）血缘传承型

即家族式传承，田园村的十一代之间的传承基本上以这个类型为主，

---

[1] 符马活：《中国田园村雷歌集》，花城出版社 2008 年版，第 314 页。

就是家族内部成员的传授，一般有隔代、邻代、同代三种方式，田园村从第四代起出现了家庭作坊式的歌班，村中有多人从艺，这样便形成了家族内部渠道多样化的传承场域，正如该村第十一代传人符海燕所言："在当时唱口头歌的可能是一群人，你影响我，我影响你。然后聪明的、有文化的、好学的，这些人学到了'姑娘歌'的精髓。""符玉兰跟符应祥学到精髓。所以符玉兰的雷歌跟符应祥的雷歌有些近似，都是唱自己的生活，也很通俗易懂。后来到了符炜裕、符天豪他们，田园村的雷歌不断改造，才渐渐形成一种比较固定的以唱个人生活为主的'模式'，比如'挑逗'女性、颂神、唱个人身世、个人生活际遇、讥讽他人或世事，无不是具有一定'模式'，在这个'模式'里，个人可自由发挥，这样就出现了个人雷歌的艺术差异性。正是由于这种差异性，才促进了田园村雷歌文化丰富多样异彩纷呈特质的形成。"① 谢莲兴曾言："选田园村人作为我的弟子，是因为我是田园村人，没有什么规则可言。前人不也是一样，都是选一些跟自己有关系的人作为弟子。"② 可见费孝通先生所言的乡土社会的差序格局在根本上决定了血缘或家族传承型必然是民间文化传承的基本方式之一，雷歌也不例外。

（2）师徒传承型

即通过师傅传授、徒弟学习而进行的传承方式。这种传承方式师徒关系不再依赖于血缘关系或地缘关系，授艺者会招收外村外姓子弟，一来可以发现真正自愿学习雷歌的好苗子培养，强化歌班的表演实力，扩大歌班在雷州半岛影响力，二来对于师傅而言，也是经济收入的重要来源之一，根据田园村访谈资料，在符妃伍时代，师傅带徒，"徒弟 3 年 6 个月前的戏金归师傅，以后的还跟师傅一块分。"③ 所以，在雷歌姑娘歌班市场竞争日益激烈的过程中，必然渐渐与血缘传承型一样成为主要方式之一。

一般来说，这种传承方式主要是师傅教授徒弟记诵"歌母"（师傅

---

① 符马活：《中国田园村雷歌集》，花城出版社 2008 年版，第 344 页。
② 同上书，第 310 页。
③ 同上书，第 272 页。

所收集的所有雷歌所押韵脚的示范性雷歌，师傅不同，歌母也不同），并同时学习姑娘歌或班本歌表演所需要的基本的唱腔、声调以及做功等。对于悟性较高的学徒，掌握歌母之后，就可以在实践中逐渐脱离歌母，自编自唱，进行个性化的创新。著名艺人谢莲兴的习得方式即属此种类型：

> 符马活：在唱"姑娘歌"的众多前辈中，谁对你的影响最大？
>
> 谢莲兴：谁对我的影响最大？我想是我师傅梁祝梅吧！尽管小时学歌，他经常打我，后来有了成绩，反而觉得如果不是他那么打，自己也没有今天。还有李莲珠对我的影响也很大，因为她大我 10 多岁，出道比我早，脑子灵活，更有成绩。①

3. 自学型

这种传承类型相对于前两种传承类型而言，受传者没有明确固定的上传人，也就是我们通常所说的"无师自通"，在雷州半岛雷歌盛行的情形下，对于聪颖好学的人而言，整个乡土社会无论是田间地头还是闲暇时的村口，祭神还愿的民俗活动场合等地方都是可以"偷师"学艺的地方，田园村符天豪的一首《吃饭胀胀去拾歌》实际上正是偷师学艺的形象描绘：

> 吃饭胀胀去拾歌，拾着一条顶做官；
>
> 回到半路开声唱，歌尾歌头混做盘。②

（4）互师型

在民俗生活世界中，"承"与"传"的行为有时会同时展开，时间阶段上的程序性不甚明显，角色的对应性较含混，但表达着民俗艺术传承的

---

① 符马活：《中国田园村雷歌集》，花城出版社 2008 年版，第 311—312 页。
② 同上书，第 68—69 页。

开放性和灵活性。具体存在两种情况：一种是指向某些"教"与"习"关系不明确的传承场景————主要是乡里传承或地缘传承，在此类情境中，常常出现"习得者"和"传授者"的相互交错、融合，"互师性"十分明显。比如每年端午在麻扶村举办的盛大歌会上，打擂对歌及台下观摩的艺人及民间歌手在歌会现场相互切磋、彼此竞争的环境中实现了歌艺技巧、即兴才智、表演质感等方面的逐步提升。

4. 传承习得之个案

符海燕是姑娘歌最为年轻的传承人代表，其学艺习得方式体现了上述几种习得方式的综合性，具有代表性：

　　符马活：最初你是怎样开始唱"姑娘歌"的？

　　符海燕：很多人唱"姑娘歌"是自发的，我却是受到村中"姑娘歌"歌潮的影响，莲兴姑婆是第一个带我入门的师傅，特别是在我叔公不同意让我唱"姑娘歌"的时候，莲兴姑婆来我家跟我家人做思想工作……这点我必须感谢她，如果不是她的坚持，估计我现在也只是唱唱而已。我的第二个师傅是状公（周定状），我跟他唱了八年。这八年，我从他身上学到不少的东西，特别是状公"逼迫性"的教育，使我明白了我为什么要唱"姑娘歌"，唱歌的思路也就开阔了。再后来跟李莲珠、田莲喜、黄桂学等师傅学习，也使我有了不少的进步。①

　　1987 年以前，谢莲兴的弟弟常不在家，照顾她母亲的这一担子落在当时只有10岁的符海燕肩上，每天晚上，都是符海燕挑水给谢莲兴的母亲。谢莲兴每年农历二月初九都回村里唱姑娘歌，有些唱段，符海燕竟然一字不漏唱出来。谢莲兴见她善良聪慧，把年仅14岁的符海燕收为徒弟。

　　符海燕跟着姑娘歌班出门，白天背"歌母"。这些"歌母"实际上就是几百年来所积聚的优秀的姑娘歌，它们都是由代代师傅

────────────

① 符马活：《中国田园村雷歌集》，花城出版社 2008 年版，第 317 页。

口口相传的诗歌。晚上谢莲兴让符海燕用心观摩，看人家是怎样唱、怎样舞。符海燕熟记于心，二百多首"歌母"十多天就背得滚瓜烂熟。

第一次上台演出，是在一条只有二三百人的小村子。姑娘歌的舞台不像雷剧一样需要搭大舞台，它只需要两副大门板、四张长条凳即可搭成。农村没有电灯，头上挂着一盏煤油马灯，天一黑，灯一亮，老人孩子妇女蜂拥而来，把这方寸舞台围起来，里十层，外十层。而这条村不是每年都唱姑娘歌，是五十年才唱一次。也许是人们等待太久，周围几条村的人都过来看，人山人海。符海燕从未见这般阵势，刚上台，心嘭嘭地跳，唱了三首，大脑突然发白，能倒背如流的"歌母"，顿间找不到，她稚嫩的歌声打哑了，台下一片笑声。符海燕从台上跳下来，落荒而逃。

谢莲兴鼓励她说："这好正常，只要多出来练，你就变成铁胆啦。"

20世纪80年代，雷州农村人出行的交通工具，绝大部分还是靠双腿。姑娘歌班出去演出全部是步行。乡路，就是符海燕的课堂，谢莲兴一路教她各种技巧，没话时她一路背"歌母"。

学了二年，上台唱"歌母"绝对没问题，但是即兴唱歌，没法唱。姑娘歌的最大的特点是即兴式，并随时准备应对有人跳上歌台与歌者斗歌。姑娘歌的最大亮点就是有人上去斗歌，斗歌才能把戏推上高潮。此时的戏场笑声连连，一些妙语，在第二天就被传到田间，一村传一村，一乡传一乡，它成为乡下人茶余饭后的谈资。

因为学不了即兴唱歌，一些师兄也没耐心同她练歌，如果唱来唱去都是"歌母"，即使是有上千首，天天唱肯定乏味。作为姑娘歌演员，就是无时无刻在创新，这是她们最大的乐趣，符海燕找不到门道，开始打退堂鼓。

谢莲兴说："你比我过去好得多了，我斗大的字不识，全靠死记硬背，学不会，常让东家用鱼尾抽。做人一定要有志气，如果你现在回家，肯定让人笑掉大牙，谁谁女儿傻死了，以后还有谁敢娶你当媳妇。"

古话说"熟读唐诗三百首，不会作诗也会吟"。没有文学基础的姑娘歌艺人，之所以要背上千首"歌母"，其用意应该如此。

有一次有人点名要捞符海燕的台，符海燕看看谢莲兴，谢莲兴拍着符海燕的头说："你看那人像老鼠，上台骂他。"

符海燕跳上台先开唱，捞台人竟然招架不住，溜了。从始，凡有人点符海燕的名，她都上。符海燕慢慢在方圆几十里有了小名气。

周定状是谢莲兴的老拍档，他的演艺并不比谢莲兴逊色，他俩应该是旗鼓相当，只可惜男人在姑娘歌里永远是配角。周定状开始二年不太理会符海燕，因符海燕聪明好学，周定状慢慢喜欢上她，时不时教她背歌，且对歌的内容进行详细解释，这让只有四年级水平的符海燕得益匪浅。周定状为了培养符海燕，常常邀她同台对唱。与高手过招，加上另一姑娘歌"歌仙"李莲珠的点拨，符海燕的所悟所得，如日中天。符海燕不满足前辈的一二，常跑到县城买各种图书。三国故事等中国典籍，成为符海燕姑娘歌里常出现的话题。符海燕的姑娘歌内容越来越丰富，古今中外、天文地理、风土人情、生活情趣等包罗万象。①

总之，民俗的形成发展都是经过几代甚至几十代人通过一定的习得方式，通过传授者的言传身教心授和继承者的系统模仿、心领神会不断积累而成具有规范性、模式化和制度性的文化。雷歌文化的"传"和"承"所构成的互动链接是民俗文化存在的关键，从总体来看，雷歌绝大多数优秀或著名的传承人都是血缘传承、师缘传承、无师自通与互师型的综合体。优秀艺人因自身对雷歌的痴迷及现实中提高自身表演水平的功利性需求，他们不会放过任何学习机会，也正缘于传承方式的多样性，才使优秀艺人得以突破视野限制，自觉进行筛选，去粗存精，广泛

① 符昆光：《歌后符海燕》[EB/OL]．（2011-10-31）[2013-03-01] http：//blog.sina.com.cn/s/blog_4c9e59ca01018xql.html.

吸收并储备了大量表演知识和经验，并在融会贯通的基础上根据个人特质进行创新，在长期演唱中找到了形成独属于她（他）自己的风格与技巧，成为一代名家，以其表演的震撼性潜在地引导着雷歌文化的审美走向。

第四章　民间传说故事与雷歌文化传播

　　前面几章分别从传播场域、传播主体等角度对雷歌文化传播体系进行了探讨分析，那么，雷州普通民众作为雷歌文化的受众，其接受行为机制如何？传播学受众选择性理论认为，在信息传播中，受者必然会根据个人的需求和意愿有所选择、有所侧重乃至有所理解与记忆，以使之同自己固有的价值体系和既定的思维方式尽量相互协调，也就是说，在其接受、理解与储存雷歌文化的过程中，具有一定的倾向性。据此，雷州民众在接触雷歌、理解并记忆的接受过程中必然也表现出一定倾向性，这种倾向性不仅在一定程度上决定了雷歌作品的命运是自生自灭抑或深入民间记忆代代口口相传，而且从传播学角度而言，它是雷歌文化传播受众反馈的表现形式之一，作为反馈，必然在一定程度上影响和制约雷歌传播主体的传播心态及行为，乃至深刻左右雷歌文化传播的历史脉络与走向，所以，我们有必要针对雷州民众对雷歌的选择性记忆的成果——雷歌的民间集体记忆来审视雷州民众接受雷歌的倾向性具体表现为哪些方面，以及为什么存在如此倾向性。

　　显然，要解答这两个问题，需要先解决两个问题，一是需要梳理并确认雷歌的民间记忆其表现形态有哪些，也就是说，我们可以从哪些渠道来接近雷歌的民间记忆；二是这些不同形态的民间记忆对于雷歌文化研究的价值所在，并从中进一步确认最佳渠道，以其为触点分析雷州民众接受雷歌的倾向性。

　　目前来看，雷歌的民间记忆主要表现为三种形态，第一种即民间所口口相传的雷歌作品；第二种是地方志及黄景星等文人的研究资料；第三种则是涉乎雷歌的民间传说故事。相比较而言，笔者在三者之中更倾向于以传说故事为切入口进行分析。

第一节　民间传说故事的研究价值与传播价值

所谓传说故事，是民间口头叙事文学之一，从狭义而言，它是民间文学的一种体裁，从广义角度而言，则指辗转述说于民间，具有一定历史性但又不太确定的故事，"传述者自己并未亲历、而仅为耳闻的故事，与口述史有一定区别（口述史一般是指讲述者对自己亲历的事情的回忆）；同时它又与口述史资料有其共性，即同为口头叙事（oral narrative）"。① 因为传说故事是以口头转述的形式存在于民间，具有极大的不确定性，在转述传播的过程中，可能会出现以讹传讹、片段信息遗失或扭曲、转述者的再创作等等现象，所以，千百年来，中国历史学术之主流大多把传说视为随意性、杜撰、人云亦云以及不可信的同义语，而与此同时，人们往往认为历史文献是经过证实的、可信的、关于过去的事实的史册记载，所以，当人们聚焦审视过去的时候，常常将传说故事和历史文献对立起来，更愿意采信历史文献，在文献之外宁可相信金石等实物，对口传的东西则多取怀疑态度，将之视同为街谈巷议，小道消息，不予重视，对于那些以野史笔记形态出现的传说故事则持谨慎保守态度，小心求证考察。

但是，仍有不少民间传说故事在流传过程中，因为某些机缘进入文人视野，被记录下来，跻身于稗官野史、笔记小说中，甚至进一步转身成为正史中的一部分，比如《史记》中便存有部分传说故事之痕迹，再如雷州半岛民众广为崇信的雷祖陈文玉，其人其事存有较多唐人传奇笔记小说的痕迹，尤其有关他生与死的细节陈述颇多神化色彩，却也不妨碍其进入《雷州府志》这样的地方历史。也就是说，大到整个国家正史的编撰，小至地方方志的著述，传说与历史之间的界限往往很难彻底地划分开来，两者关系复杂。

---

① 赵世瑜：《传说·历史·历史记忆——从 20 世纪的新史学到后现代史学》，《中国社会科学》2003 年第 2 期。

　　传说故事与历史文献两者之间这种剪不断理还乱的关系，引起了不少学者注意，其中北京师范大学历史教授赵世瑜撰文《传说·历史·历史记忆——从 20 世纪的新史学到后现代史学》，文章清晰地梳理了现代科学历史观与后现代历史观对传说与历史的态度变化之脉络，从而得出明确结论，认为传说和史料都是历史记忆。笔者在此简要概述该文内容以帮助阐明民间传说故事之史学研究价值。

　　该文先从科学实证的角度对传说与历史两者的关系进行了辨析，指出传统只重视实证史料的学术观到了民国之时，开始出现松动，先是梁启超发表《新史学》，其文主要抨击了以往的帝王将相史，倡导进化论思想，主张发现历史规律，但他对与史料问题有关的历史认识问题几乎没有涉及。几乎与此同时，美国历史学家鲁滨孙也著述《新史学》反对历史学科画地为牢，主张把许多不见于书本或碑文记载的材料也当作史料，认为历史学家如果只是局限于史料上所叙述的确切可靠的事件，那么其著述往往会缺少生动活泼真实可信的情节。梁启超所提新史学观的意义主要在于史观，而胡适、傅斯年、顾颉刚等人则从技术操作层面上进行了革新，他们反对清代学者以儒家经史为中心诠释史料的做法，主张扩大史料范围。此后民俗学泰斗钟敬文也强调传说的历史意义，认为传说的产生都有一定的历史史实为依据。

　　当科学史观内部尚为传说和历史之间是否有一条不可逾越的鸿沟这个问题而纠结时，20 世纪中后期出现的后现代史学观从历史认识论出发否定了历史学自身的客观性。之所以出现这样的否定，是以 20 世纪结构主义语言学家索绪尔的《一般语言学教程》为开端的，语言学转向深刻地撼动了人们对语言真实性的传统认知，影响到历史学界，也开始对历史文本的真实性进行了反思和质疑。海登·怀特是将语言学的后现代认识与历史学联系起来的核心人物，他在著作《后设历史学》中，认为历史学家面对的过去不可能是客观真实，而只是各种形式的文本，即我们通常所说的史料。他们若要把这些文本变成历史，首先需要把它们组合成一部编年史，然后再将编年史转化为叙事，叙事的过程包括了论证、编织情节和进行解释。他认为历史的写作经历了三个过程：第一个过程是原始的素材、碎片或者资料。第二个过程是编年史，编年史没有逻辑的起点和终点，就是说编年史的编写者从哪开始写，那么历史就从哪开始；他在哪搁笔，他什么时候搁笔，历史就在哪结束。第三个过程，在写历史的时候加上头、尾、结构、逻辑，所以，实际上像编故事一样。因此，怀特认为，运用史料的语言学立场可以发现事实，但在此之外构建一个历史陈述的任何步骤都是出于美学的和伦理的考虑，而非科学的考虑所决定的。在历史写作中，形式和内容是无法分离的，历史学家具有一部分可以任意支配的修辞可能性，它们事先决定了形式并在某种程度上事先决定了他们的陈述，因此历史叙事是词语的构造，其内部既可以说是发现的，也可以说是创作的，而其形式与其说是与科学的共性多，不如说是与文学的共性多。怀特对历史写作过程的剖析，瓦解了原来历史编纂学的理念和程序。

尽管许多历史学家难以接受怀特等人提出的后现代历史观，不愿意承认他们的工作在相当程度上是文学虚构，但也不得不严肃对待这个观点。后现代历史观的提出，提醒了历史学研究者需要对自己的认识论立场、方法论立场进行反思，同时这种观念的提出，实际上表明历史文本与传说之间存在一定共性，不仅在于它们都是某种叙事逻辑和结构支配下的产物，而且在于它们都是一种历史记忆，是用不同的方式表达的历史记忆。

基于对上述后现代历史观的进一步思考，赵世瑜认为，人们对过去的一切总要进行选择性的记忆，如果记下来的东西历经劫难，没有被摧毁或者在动乱中损失掉，这种记忆的东西就变成了我们今天来重构历史的史料。但人们究竟是怎么进行选择的？历史记忆的选择机制是怎样的？这两个问题却很少加以探讨。从记忆的角度讲，既然今天的历史学家无法判断前人删除的东西是否不重要，留下的东西是否一定重要，从这样的角度来怀疑和认识以往的历史，历史学必然会把传说也放在一个非常重要的位置，它和历史文献都是历史记忆，传达的历史在价值上应该是平等的，对于历史学家而言，传说同样也应是有意义的，不应以截然的二元对立态度来对待它们。所以赵世瑜的结论是："我们今天需要做的，就是在一个多学科的背景下重新思考不同的资料，对其加以不同的解释，使过去人们的思想重新浮现出来，告诉人们更多、更新的关于过去的故事。"①

　　赵世瑜的这篇论文对笔者启发很大，的确，历史文献与民众口耳相传的民间传说本质上并无区别。无论正史、野史或者民间传说，他们都是有关"过去"事件的一种叙说，都是人们对于过去的集体记忆，只不过经过了不同阶层和群体的选择与重新建构。不同个体与群体的历史记忆呈现和传承的方式可能不同，于是便有了官方的、史家的与民众的历史记忆之分，也有了文献的记忆与口述的记忆之分。实际上，文献与传说都是呈现在不同载体上的历史记忆，它们之间也会经常性地发生互动影响，正如有关雷祖陈文玉的民间记忆穿梭于地方志与民间传说一样。

　　既然雷歌文化的相关历史文献相对比较匮乏，严重影响了今日研究者对雷歌过往历史的复原，但既然民间所存叙事中关乎雷歌的传说故事同样具有历史记忆的研究价值，而且相比历史文献，民间传说故事数量较为丰富，所以，以之为雷歌文化传播研究的重要资料，将之和相关的历史文献对接起来，思考雷歌历史记忆问题有助于开发出更为丰富的资源，探析影响雷歌文化纵向传承的历史机制。

　　传说和历史既然都是历史记忆，那么所有与雷歌有关的传说故事作为历史记忆其研究价值具体体现在哪些方面？

　　第一，民间传说故事是我们理解民众生活、倾听民众心灵的最好线索。

　　许多民间传说故事的具体情节或者人物有可能是虚构的，但是它们所表现出来的历史情境和无名状态的创作者、传播者及改编者的心态与观念却是真实存在的，而我们所要了解的正是这种记忆得以存在、流传的历史情境。由于各种原因的限制，我们根据仅有的历史文献是无法完整复原雷州历史各个层面的状态，而民众作为社会底层，话语权长期缺失，在这样的现实条件下，解析民间传说无疑成为探寻民众历史记忆的一种较好方式。将民间传说视为民众的"历史记忆"，将它们放置在三雷地区社会的具体的时间序列里，并且以角色换位的方式进入传说的时空之中，将这些

---

　　①　赵世瑜：《传说·历史·历史记忆——从 20 世纪的新史学到后现代史学》，《中国社会科学》2003 年第 2 期。

传说与文献资料互相佐证，无疑有助于我们理解和细化原来的历史知识，能够窥见更为细致的历史事实和一定区域历史发展的时空脉络。所以，民众世代口耳相传的具有明显"地方性"的民间传说，是每一个地方文化研究者都应面对的问题。这些传说情节的传播是一个成千上万次被"重复"的过程，其创造、流传与变异，是一个随着具体时空生生不息的过程。不同时代、不同地区的民众每天都在有意无意地重复祖辈留下的传说，同时根据各自的生活经验和个人爱憎对具体的故事情节进行再创作。民间传说蕴含了有关历史背景、一定区域社会的空间情景、民众日常生活经历与相互关系以及他们的观念心态等多方面的信息。也就是说，民俗生活是民间传说故事赖以凝聚结构并获得意义的语境，而民间传说故事作为文本，作为意义的构成物，在一定程度上是民间意义的结晶，这些民间传说故事和广为传唱的民歌一样都寄托着民众的欢乐和悲伤、引导着民众对宇宙、历史、地方的理解，因此，它们正是我们理解民众生活、倾听民众心灵的最好线索。离开这些民间记忆，我们其实也无法如期本然地理解民间传统。"民间文学并非始于民众生活、民俗事象不相干的而仅仅在民间游移无定、漂泊无依的文化碎片，而是民众生活、民俗事象的由衷之言说，是民众心灵的自我理解和自我阐释，他们在融贯汇聚意义的同时，也为民众世界赋予意义，正是因为有了这些世代相传的言说和理解，民众世界才不是一片恍惚缥缈的混沌，而成为一个泾渭分明、秩序井然、意蕴丰盈的生活空间，一个情景相生的意境。"①

第二，以雷歌为叙事核心的民间传说故事作为雷州民众对雷歌文化的记忆成果，其叙事模式（本章第二节详细分析）相对比较有限、集中，可以通过这几种有限的叙事模式及其叙事要素的分析，反向推测，在近三百多年的雷歌文化中，什么类型的具有何种特质的雷歌及其演唱情境可以被"选择性"地进入雷州民众之历史记忆中。

历史记忆的形成是一个十分复杂的问题，它不仅是被政治、文化、经

① 刘宗迪：《从书面范式到口头范式：论民间文学的范式转换与学科独立》，《民族文学研究》2004 年第 2 期。

济等多种外部力量"形塑"的产物,也是记忆主体"能动性"的"建构"结果,也就是传播学所谓的选择性接触、理解与贮存。赛弗林与坦卡德在其《传播学的起源、研究与应用》中对受众的这一选择机制进行了形象比喻,选择性接触、选择性理解与选择性记忆好似环绕着受众的三道防卫圈,从外到内依次逐级抵御各种外来信息对自己原有立场的冲击,抗拒信息对自己既定认识的袭扰。其中最外围那道防卫圈就是选择性接触,又称选择性注意,是指受众在接受信息时,注意力总会自然而然地去想那些符合自己的观念、态度、志趣及需求的内容,同时忽视或回避那些与己无关和与己相对的内容,从其表现来看,要么表现为刻意留心,要么表现为置若罔闻,也就是说,选择性接触其实是受众对信息的"把关"行为,即对信息的筛选与过滤。在实际的传播活动中,由于某些原因,受众并非可以完全自主地通过选择性接触来处理所有信息,但这些乘隙而入的信息还要冲过受众第二道防卫圈。所谓选择性理解,是指受众依据自身的价值体系而对接触到的信息做出独特的解释,以避免认知的不协调。相对于选择性接触,选择性理解是一道比较难攻破的防卫圈,受众对信息的种种选择性处理大都以选择性理解为主。而所谓选择性记忆,从传播学角度而言,是受众在已经"理解"的信息中,将部分信息贮存于大脑之中,这个过程中,受众记住某种信息并非它合乎自己口味,往往是在无意识中进行的,根据相关的心理学实验,人们所记忆的信息往往本身合乎其自身的认知结构和思维定势。[①] 也就是说,记忆及历史记忆的形成是一个十分复杂的问题,它不仅是被历史、文化、政治等外部力量"形塑"的产物,也是记忆主体"能动性"的"建构"结果。所有历史记忆的叙述者在叙事之时之所以有选择性记忆和遗忘,"首先取决于叙述者的记忆多大程度上与叙述的故事相关。其次,我们对现在的体验很大程度上取决于我们有关过去的知识。再者,记忆中的遗忘是权力运作的结果,是一种'记忆的黑洞现象'。记忆本身就包括储存和遗忘,储存和遗忘是记忆两个辩证方面,有些事件取代另外一些事件储存下来,体现了记忆中的权力关系。这种权力关系一

---

① 广陵:《传播学的选择性理论》,《新闻爱好者》1996 年第 7 期。

方面是自然选择的结果，另一方面也有主体能动性选择的因素"。①

上文从史学研究的角度，分析了民间传说故事有助于我们了解雷州民众对雷歌文化的接受机制及其传播效果。事实上，从雷歌文化的角度而言，民间传说故事不仅仅作为历史记忆见证了雷歌文化的传播过程与效果，其实那些与雷歌相关的民间传说故事自始至终也参与了雷歌文化的传播活动，是雷歌文化的重要构成之一，在雷歌文化的时空传播中发挥了非常重要的作用，甚至从某种意义上而言，这些传说故事比起雷歌文本自身更具有传播的优越性。

毋庸置疑，每一首雷歌尤其雷歌对歌最打动人心的那一时刻，是情感产生的那一刻，而对之最能产生情感共鸣的，是其产生时"在场"的传者与受者。在那一时刻所特有情境中，在唱歌的上下文语境、歌词内涵、歌声、腔调、歌者做功、歌者肢体语言、歌者关系、在场表演规模大小、传受者之间及多个受者之间多向关系的互动感染等多重符号与意义的共同影响下，所产生的传播效果都有着绝对的独一性与无法复制性，"在场者"直接感受到了现场所唱雷歌带来的那种妙不可言的情感冲击，这种每一次具体的情感体验来得直接而强烈，但从某种程度上而言，这种生活体验是抽象的、流动的、碎片化的，随着现场的结束，来得快，去得也快，继而可能会彻底消失在历史深处。曾有花儿研究者言，花儿在歌唱的时候，它们是盛开的鲜花和飞舞的蝴蝶，一经记录到纸上，就像从树上摘下的叶子，或从空中扑抓到的蝴蝶，夹在本子里，它们便成了干树叶和干蝴蝶，花儿就失去了"七成"的魅力。② 对于雷歌又何尝不是如此呢？对于非"现场"的人而言，由于上述多种现场因素的"剥离"、"缺失"，面对抽离了一切"现场"相关因素的纯文字雷歌，必然无法完全真实地还原歌唱情境，也无法"忘我"地将自身置入角色中与歌者展开情感层面的"对话"与交流，不仅体会不到在场者所得到的快感，还因为经验的匮乏，在认知与情感两个层面都产生隔膜感。而当在场者以叙事者的身份讲述现场时，

---

① 翁红波：《建构叙事者的意义自我——生活史视角》，《教育学术月刊》2013年第2期。

② 马少青、马自祥、郭正清：《花儿的口传与文本——兼论花儿文献的保护意义》，《甘肃文苑》2006年第3期。

是以时间为主轴，将在场零散的信息联系起来，用因果关系形成完整的、连续的人生故事，事实上正是重构了现场，叙述者的选择性记忆、叙述框架和叙述的顺序、叙述的话语（流利度、清晰度以及是否具有喜剧化的语言）、叙述者所处的环境等因素，决定了传说故事的建构功能之强弱。那些建构功能较强的传说故事为非在场者较大程度上还原了彼时彼刻的情境，为原本疏离现场的信息接受者创造了间接感知现场的可能性以及期盼"下一个"、"新"现场能够到场的动机，这样一来，现场的雷歌传播活动实际上并没有终结于现场，而是继续在生活中传播开来，构成多级传播，并为以后的雷歌文化的展演创造了精神空间，吸引代代民众成为传播活动的积极参与者。

笔者回忆自身接触民歌的经历，也深切感受到民间传说故事在时空上的传播功能之潜移默化。笔者因为机缘缺乏，从来没有现场直接感受过壮族民歌的魅力，但刘三姐的民间故事通过多种媒介形态尤其电影在全国范围传播开来，使笔者对这位壮族歌仙的故事乃至壮族民歌心生向往之情。同样，童年时，第一次对故乡裕固族民歌的热切期望也是由民间故事激发的，父亲的藏书中有本裕固族民歌故事选集，当时深深被那本书中《黄黛琛》这部反映裕固族爱情悲剧的叙事史歌中的民间故事曲折情节所吸引，那次阅读使并不通晓裕固族语言的我，对这部民歌产生了浓厚兴趣，并有幸在 1984 年裕固族自治县庆祝建县三十周年文艺聚演活动中听到了该民歌之片段，虽然语言全然不通，但由于之前已经了解了梗概，所以在现场出乎意料地从腔调的变化中感受并领悟到其中所蕴含的甜蜜与悲怆。因此，笔者认为，相对民歌所持方言的地域限制性，民间传说故事在一定程度上突破了该民歌传播的限域，有着其独特的传播功能。

第二节　雷歌传说故事的叙事模式

凡叙事当中涉乎雷歌的雷州民间传说故事，从其叙事主题与模式来看，大致可以归纳为如下几类：

一　乡贤雷歌

《雷歌大全》与《雷州歌大典》所辑录的新中国成立前的民间传说故事总数达六十八篇（两书重复的民间传说故事不再计数），其中以乡贤为主角的数量高达十七篇，这些名人分别为在雷州半岛享有很高声誉的文化名人：陈瑸、陈昌齐、丁宗闽与黄清雅，四人中黄清雅的雷歌传说故事最多，总计为十三篇。

陈瑸雷歌传说有三篇，《陈瑸以歌抒志》故事大意为陈瑸小时求学非常专心刻苦，有一日其母去海边劳作，因担心午后下雨，嘱咐他看好院子里晾晒的稻谷，以免淋湿。陈瑸答应了母亲的要求，但很快沉浸在学问之中，等他听到惊雷震天动地时，外面已经倾盆大雨，所晒稻谷已被雨水冲走。母亲回来看到又气又急，责备陈瑸，家境贫寒，三餐难顾，日子更为艰难，陈瑸闻之，心里难过，灵机一动，以歌安慰母亲：

> 蚶蚱若听陈瑸讲，回去三年海中间；
> 待我逢科中进士，重重答还母功劳。

其母听之，觉得孩子有志气，便破涕为笑。《多煲一个人饭》故事则言陈瑸康熙三十三年参加北京会试，"殿试"考取三甲第三十一名"进士"后回乡候任，在其他乡村担任私塾教书先生，有一次回家途中，发现一路有人尾随着他，并在他进门问候母亲的时候，悄悄躲入陈瑸床铺之下，陈瑸不动声色，开口了一首雷歌：

> （娘呀）今晚有客经此过，买些猪肉炒金瓜；
> 热情招待那位客，多煲一个客人饭。

等母亲把饭菜做好，陈瑸走到床前开口唱到：

> 人非圣贤谁无过，改正过来传佳话。

梁上君子听清楚，请你出来吃便饭。

陌生人听后只好爬出来，满脸通红，无地自容。吃饭时，陌生人道出个中苦衷，原来他本为杀猪生意人，其母生病，耗尽家中资财，无奈之中，看见陈瑸，打算乘机打劫。陈瑸听后非常同情，好言相劝，并拿出其做私塾先生所得薪水的一半给了这位陌生人。第二年，陈瑸改到离家较近的人家教书，每天都回家吃饭，一连几天发现吃的菜都是猪肝瘦肉汤，觉得奇怪就问其母，他母亲原以为是陈瑸每天早晨买来的，听了之后也觉奇怪。陈瑸次日早晨躲进厨房，想查清究竟，过了一会，一人手提一串猪肝瘦肉走了进来，原来正是那位杀猪的客人，他是用这种方式来报答陈瑸资助救母的大恩。此事在附近乡村传为佳话。《主仆共吃一个鸭蛋》则是说清康熙十一年，台湾百姓无法忍受贪官污吏的欺压，群起造反，福建巡抚张伯行听闻陈瑸在古田任上清正廉明，深得民心，便奏请朝廷派陈瑸赴任台湾。陈瑸台湾上任后，老仆人问陈瑸做什么饭菜，陈瑸微笑答唱了一首雷歌：

青鳞薤菜长尾秧，竹笋芋横蟛蜞汤；
主仆共吃个鸭蛋，菜谱三个任你摇。

原来此为陈瑸在古田任知县时，给自己和仆人定了三个菜谱，一个是盐腌制的青鳞鱼或长尾秧鱼和通心菜；二是竹笋和盐腌制的芋杆、海蟛蜞；三是咸鸭蛋。他把这三个菜谱分别写在三根竹签上，装在竹筒里，每次做饭前，由仆人摇签，摇到哪根就按上面的菜谱来做。仆人听了，认为陈瑸现在任职台湾薪金多了，可以吃得更好，所以问道：这不还是古田时的菜谱吗？陈瑸回答说因为其家乡雷州的东西洋海堤被海潮冲垮，是故要将银子全部寄回家乡修堤，仆人连连称是。有一天陈瑸唱歌给仆人：

刚才门官入来报，说有同僚到府上；
中午要加几个菜，你把签筒摇三摇。

可是仆人摇了三次都是"竹笋芋横蟛蜞汤",于是仆人唱道：

<blockquote>连摇三次签一样，竹笋芋横蟛蜞汤。</blockquote>

陈瑸回唱：

<blockquote>一个菜谱才单调，鸭蛋加个意如何？</blockquote>

仆人按其意见做好饭菜，等候客人，等来等去，来了一个算命先生，自称同僚，仆人请入屋内，同僚进门看见饭菜，哈哈大笑，原来此人乃钦差李光第，专来调查陈瑸放犯案件，李光第看到陈瑸生活清苦，再加上清点犯人发现人数不但没少反而比登记的多了，说明陈瑸爱民，百姓更爱戴他，所以李光第上报康熙，朝廷不但不追究陈瑸私放犯人的事情，反而给予嘉奖。

《公孙共创雷歌》主人公是清时名人陈昌齐，故事梗概为其祖父临近晚饭时仍在挥毫创作雷歌：

<blockquote>岭顶树木欠风债，海里石头浪冤家；</blockquote>

但之后搜肠刮肚没有满意的下两句，正好陈昌齐前来请祖父吃饭，见状略一思索，唱道：

<blockquote>（石呀）怎唔生大填海满？树呀怎唔发高于天平？</blockquote>

其祖父听后，连连点头非常满意，是啊，倘若石头大到能填满大海，还怕巨浪？若树能长到与天同高，还会怕飓风？颇能显示陈昌齐的雄心壮志。

以上陈瑸与陈昌齐的雷歌故事叙事模式相对来说比较简单，雷歌在其中是主人公解决生活问题的手段，显然，在这种叙事模式中，叙述者的叙述核心是主人公即雷州知名乡贤的远大志向及高风亮节，也就是说，故事中人物单一，不存在多个主人公之间的戏剧化的紧张对抗和明显的矛盾冲突，传说故事本身的传播功能为崇贤敬能，颂扬主人公即本地乡贤的品质，有着很强的教化意味，雷歌并非叙述者叙述的核心要素，而是更多以叙述的辅助形式出现在故事当中，起到一定的艺术强化作用。也就是说，是因为故事的主人公在民间的影响力比较大，享有较高声誉，其崇高品质激发了叙述者的叙述动机，所以与其相关的雷歌因为传播学所谓的光环效应也相应得到叙述者的认同和重视，并成为证明主人公品质的有力工具。

但这类民间传说故事无论其虚构程度的多少，其存在的价值在于它们无意中透露了一个重要而真实的历史事实：雷歌在民间影响力甚大，以至于讲述者和转述者无意识或有意而为迎合民间趣味，在叙述中介入雷歌，避免说教沦于枯燥乏味。

黄清雅的雷歌传说故事多达 13 篇，在所有雷歌传说故事中占了很大比重，他也是此类故事中最为频繁出现的主人公，有关他的这些所有传说的叙事模式明显不同于陈瑸、陈昌齐的雷歌传说故事的叙述模式，归纳这些传说故事，总体来看，有四种模式。

第一种模式是黄清雅作为传说故事中的主人公机智对歌嘲讽另一人物的丑恶行径。如《黄清雅戏监生》讲述了黄清雅与一位自私褊狭的监生之间的矛盾冲突：黄清雅一日有事急于赶渡，到了渡口发现渡船离岸不远，便大喊艄公，艄公便打算调转船头靠岸，但被站在船头的监生挥手阻止，艄公无奈只好放弃，黄清雅心急火燎，被监生气得火冒三丈，脱口唱出一首雷歌：

> 来到渡头无渡过，（船呀）不载圣贤载冬瓜；
> 宛似溪中蚂蟥板，无肚无肠只番皮。

歌声传到船上，满船人都乐了，唯有监生怒火冲天，暴跳如雷，要求艄公立即将船摇到岸边教训黄清雅，艄公拗不过，只好把船摇回岸边。黄清雅喜出望外，急步登船，监生怒斥黄清雅，并挥扇扑打。黄清雅不慌不忙接住扇子并顺势推开监生，警告他不要太放肆，黄清雅不是好惹的，船上人一听不约而同惊呼起来，监生哑口无言，龟缩一旁，黄清雅又唱雷歌一首嘲弄监生：

> 扇是竹做拿纸盖，倚扇打人理不该；
> 这扇也不是你做，是你拿钱去买来。

船上人纷纷称好。《清雅歌难锡久公》讲述的是，黄清雅听闻高桥村的黄锡久是当地一个倚仗权势的富人，而且很会唱雷歌，便有心寻他对唱雷歌。一日，黄清雅在山坡上放牛，望见黄锡久骑着马过来，故意用竹笠盖着脸，横卧在路上，等黄锡久到跟前，坐了起来，随口唱了一首雷歌：

> 一下醒起总懵懵，好彩碰缝锡久公；
> 倒口也问公锡久，雷地多少精人多少傻？

黄锡久一怔，心想一个毛头小伙子也想对歌，但仔细想想这小子提的问题很刁钻，谁能说得清楚雷州多少精人，多少傻人呢？一时语塞，非常难堪。黄清雅起身让路，黄锡久悻悻而去，闷闷不乐，觉得十分丢脸，忽然恍然大悟，快马加鞭追上黄清雅，回唱：

> 真是有幸你这侬，好彩碰逢着尼公；
> 放耳来听讲给你，雷地除去精人总是傻。

黄锡久多方打听，才知这毛头小子叫黄清雅，黄锡久被黄清雅对歌难倒的故事在民间流传开来。再如《黄清雅讽差役》则是讲述一个叫三仔的差役身穿单层青色的服装，带几个同伙，气势汹汹闯入黄清雅朋友家里敲诈勒索，巧遇黄清雅在此，黄清雅当即唱歌一首利用雷州话的谐音讽刺了差役的恶行：

> 偌青衫子无缝里，无缝里个人叫缝；
>
> 有缝里个加年寿，无缝里个短寿年！

这首歌，运用"青"与"差"、"衫子"与"三仔"、"缝里"与"天理"、"叫缝"与"叫天"等谐音词讥讽差役，使差役无法辩驳，只好悻悻而去。《脱裤顶钱》则是黄清雅赶路途中吃饭遭遇欺负生客漫天要价的女老板而气愤做歌：

> 都未吃到几多物，算算起来钱四二；
>
> 抖净荷包只四一，脱裤顶娘那个钱！

第二个模式则是故事当中的另一人物角色以雷歌探试黄清雅才学并对之惊叹。如《陈昌齐试才》，陈昌齐写了两句雷歌："天作楼台实在阔，日月照明内与外；"然后命丫环备好槟榔和银两送到黄清雅家中，让他续下二句歌。黄清雅稍一思索，便提笔写完，与陈昌齐的原来二句连起来就是流传至今的脍炙人口的雷歌：

> 天做楼台实在阔，日月照明台内外；
>
> 大海深江鱼做戏，四山岭头鸟吹弹。

《黄清雅填歌》讲述了黄清雅小时天资过人，对雷歌很有天赋，有一年阳春三月，雷州乡村又到游神时节，正在私塾念书的黄清雅听到锣鼓声由远而近，人声鼎沸，很想到外面看热闹，便向塾师告假，塾师知道黄清雅才思敏捷，爱好雷歌，便想试一试他，便提出要求让黄清雅填歌，顶头字是"打锣游神"，韵限"景心情"。黄清雅沉思片刻，随即提笔填上歌词：

> 打死都念三月景，锣响谁人不动心？
>
> 游看众嬉总走跌，神仙下凡都动情！

　　塾师看后，连连称赞，并放黄清雅离开私塾去看游神活动。《黄清雅和锡久公》亦是此种模式，说黄清雅从小就善唱雷歌，八九岁就在四邻小有名声，有一天黄锡久看见黄清雅在坡上放牛，有意考一下，就唱歌一首：

> 侬你养牛在坡上，牛角和蹄都一样；
> 牛耳生早怎倈短，牛角生迟怎倈长？

　　黄清雅想也不想就随口答唱：

> 公你也来在坡上，须和目眉都一样；
> 目眉生早怎倈短，须生来迟怎倈长？

　　锡久公又唱：

> 侬你伶俐肠肚慧，怎不书房读文章？
> 三年逢科二次考，片得心情养牛羊。

　　清雅又答唱：

> 只要伶俐肠肚慧，养牛也能读文章；
> 尼黎担靴都中状，洪武坐皇养牛羊。

　　锡久公听后非常赞赏黄清雅才华，从此经常在经济上给予扶助，精神上给予鼓励。后来黄清雅果然中了乙酉科举，并被人们称为歌解元。

　　第三个模式则是叙述黄清雅生活中应景即兴赋歌的过程。《买米》中叙述了黄清雅上街到米铺买米时遇到一姑娘卖米，米又白又滑，人也长得肤白体美，不禁歌从口中：

通街觅全无铺好，米是你娘才堪望；

又白又坚又滑手，升加几钱都嗜量。

巧妙运用了"米、升、量"与"唯、增、娘"之谐音，妙趣横生，逗得卖米姑娘哈哈大笑。《草签歌的故事》则言有一年秋天清晨大雾弥漫，黄清雅赴约早早上路，在路上偶遇一个神情凄楚、眼眶红肿但十分标致的女子，见其泪痕满面，心事重重，不由得怜香惜玉，便攀谈了起来，得知原来女子丈夫怪她行为不检点，多次规劝仍不见收敛，昨天夜里那个偷情男子又来约会，被丈夫发觉，其夫一气之下，打了她一顿，她又羞又气连夜出走。言谈之间，黄清雅见她已有悔改之心，心里便盘算着如何进一步劝导，无意中，看见女子裤腿上扎满了草签籽，突发灵感，唱道：

草签心臭是歉籽，迈在路头睡路边；

谁人过路都勾搭，亲夫草头拆分离。

女子听了，深感惭愧，且想起丈夫的好处来，红着脸向黄清雅道谢后，掉头往回走。《一歌唱和睦》则讲述黄清雅的邻居两夫妇经常吵架，闹得鸡犬不宁，田地丢荒，多次劝导，不见奏效，黄清雅很痛心。有一次，老公感冒，老婆上墟镇为他买药，买完药，身上所剩不多，此时已近晌午，饥肠辘辘，但老婆舍不得吃一碗豆腐脑，而是将所剩的钱给老公买了些好吃的。路途远，老婆回来晚了些。一进门，老公就咒骂老婆为何在路上没有给车压死，老婆一听又气又恨，委屈地蹲在门口大哭起来。黄清雅听到哭声，忙来劝解，让她将事情经过讲了一遍，老公听后，自知理亏，连连道歉，老婆也不计前嫌，破涕为笑，黄清雅趁热打铁，再以歌开导：

无使争吵巷边哭，都是老婆会听侯；

打火烧坡响哔卜，草灰原来归草头。

用"灰"与"夫"谐音双关而幽默诙谐，从此夫妇两人和睦，传为美谈。

第四种叙述模式则是叙述黄清雅或捞台或生活中与艺人对歌的故事。《黄清雅初次捞台》即是讲述了黄清雅与黄锡久对歌名声大噪后，正值和奠村庙会演姑娘歌，群众让黄清雅捞台，当时名姑娘平兰三嫜也当面请他唱歌，黄清雅上台就唱：

> 鸡角仔呀鸡角哥，今晚上楼来唱歌；
> 鸡角这边咕咕咕，鸡囝那边听闻否？

平兰三嫜急忙出台应战答唱：

> 一更鸡角开声唱，畜生讨人来过刀；
> 去请法师来钉怪，十字路头啥把毛。

黄清雅立即当唱：

> 赶流水鸡随时唱，料必无人拿过刀；
> 也无法师肯钉怪，留在打头给你娘。

三嫜答唱：

> 三寸笔头未执好，也讨和娘做文章；
> 如果我嫜将砚覆，你视哪边是砚槽？

清雅答唱：

> 不管砚覆或砚向，不管砚边砚中央；
> 就算你嫜拿砚覆，只将覆边顶砚槽。

三嫜无歌可对，就这样黄清雅初次捞台就取得了胜利。《徐闻歌手到海康对歌》则讲述了清嘉庆年间徐闻县出了一个青年歌手，出口成章，到处闹台对歌，许多姑娘歌的名角都被他撵下台。他专程前往海康找当时闻名海康的黄清雅对歌。小伙子来到黄清雅家乡河奠村时，看见地里有一位中年人在犁田，便上前打听，中年人告知黄清雅正在此村，并且不在家，如果要想对歌就和他对歌。徐闻歌手清了清嗓子，就在田头放声唱起来：

> 人讲这山有个虎，入山抽藤结个圈；
> 这虎若被我圈着，吊它脚浮不到土！

犁田大叔一手扶犁，一手举棍随口和道：

> 明是这山有个虎，你乜才能把虎圈？
> 雷打都有尸首在，虎吃都无块落土！

徐闻青年吓了一跳，歌对绝了，一想以为普通农夫都这么厉害，黄清雅就更不用说了，于是不敢进村，羞愧地往回走了。而这个犁田大叔实际就是黄清雅。《平兰姑娘》也是黄清雅与民间歌手对歌故事，情节相对稍稍复杂点，带有一定悲剧性。平兰姑娘嫁到那灵村不久，该村有位妇女含冤上吊自杀，死后阴魂不散，村里人心惶惶，鸡犬不宁，村中族老请来道士作法，仍不见有效，于是发动村民捐钱请雷歌班在神庙前演戏，以此驱逐鬼魂。可是神戏接连演了八天，鬼魂仍然在作祟。就在百姓愁眉苦脸之时，第九天平兰姑娘走上戏楼唱了一首雷州歌：

> 船驶下洋过去了，阳间风尘都勾销；
> 快去西天成正果，莫再幽灵多招摇！

出人意料，鬼魂从此销声匿迹，村里人过上了安定日子，但村里有人造谣惑众，平兰姑娘被说成异类，被逐出家门。平兰姑娘很倔强，没有回娘家，而是决定去找客路名歌手黄清雅对歌。平兰姑娘来到黄清雅家门前敲门唱道："双手拍门嚗啵响。"正在闭门读书的黄清雅突然听到传来一个陌生女子的声音，心中一惊，连忙问道是何人，平兰姑娘答道："我是平兰长姑娘。"黄清雅询问她前来原因，平兰姑娘答："爬山跿水寻知己。"黄清雅以为是有意捉弄自己，便生气逐客。平兰姑娘赶紧道出实情："诉说苦情给官人！"黄清雅生气责备并拒绝开门。平兰姑娘十分失望。这时黄清雅仔细体味平兰姑娘的答话，连接起来，原来是一首自我表白的雷歌：

> 双手拍门嚗啵响，我是平兰长姑娘；
> 爬山跿水寻知己，诉说苦情给官人！

黄清雅想既然她会唱雷歌，何不回敬一首让她离开，于是推门出来，平兰姑娘听到开门声，立即躲到墙角去，黄清雅东看看西望望，平兰姑娘伸出头，正好四眼相对，平兰姑娘含羞一笑，黄清雅故意唱歌气她：

> 山鸡寻主寻错处，闪回墙边想人拖；
> 格想人讨人不讨，格想人撵人不撵！

平兰姑娘听后，气得说不出话来，瞪了黄清雅一眼，头也不回跑到麻演渡口，望着湍急的河水，心里一片茫然，想起自己身世，又被如此羞辱，心下绝望便投河自尽了。据说，平兰姑娘死后天阴雾大之时，人们常常在麻演渡口隐隐约约听到平兰姑娘唱道：

> 我嫜死在麻演渡，也无棺材也无墓；
> 生在世间无人爱，死去无人给锄土！

此事很快传到黄清雅的耳朵里，他深感内疚，却已悔之不及，为表达心意，带上香烛纸宝来到渡口祭奠平兰姑娘，依韵合唱了一首雷歌：

> 你嫜死在麻演渡，水作棺材浪作墓；
>
> 嫜是龙身骨为贵，龙归深潭不归土！

　　据说此后在麻演渡口，人们再也没有听到隐隐约约的歌声了。

　　民间除了传说黄清雅曾经闹台对台外，还传说举人丁宗闽也曾闹台，有"歌翁"之尊称。故事是说，丁宗闽考取功名后，每年都参加斗歌，有一次，他选择的对手是名噪一时的那仙村歌姑娘阿莲。丁宗闽一上台，便挥戈直取对手：

> 新科举人丁宗闽，直意跑来上那仙；
>
> 芙蓉牡丹都采过，单未采娘这丛莲。

　　歌词一语双关，以"那仙"雷话谐音"娘身"用词之巧妙，令阿莲暗暗称绝，但阿莲针锋相对，狠狠回击：

> 怕乜举人丁宗闽，进士堂堂在那仙；
>
> 本是姓周名作植，培养我娘这丛莲。

　　意指举人算什么，那仙村的进士周植比丁宗闽更显赫！丁宗闽第一次与阿莲交锋就碰了钉子，心中很是不服。第二次再与阿莲相遇时，两人棋逢对手，枪来剑往，不过丁宗闽到底满腹经纶，谈经论典，斗得阿莲乱了阵脚，只有招架之功，没有还手之力，阿莲唱道：

> 哪里来个偌脚杖，草步缚个在后腰；
>
> 脚浇田锈都未洗，怎敢上台咾我嫜！

　　丁宗闽听后，立即以子之矛攻子之盾：

> 脚杖只是偌足杖，脚在两边杖中间；

脚浇田锈虽未洗，脚不中娘杖中娘！

但有趣的是，上面这个传说所言第二次对歌时丁宗闽所唱雷歌在另一个传说中，是由黄清雅所唱。而且在有关黄清雅的雷歌传说中，同样的雷歌会出现不同版本的传说故事，传说故事大致的叙述脉络是一样的，但人物角色定位不同，比如与黄清雅有对歌往来的黄锡久，这两人之间的对歌传说故事中，黄锡久要么是惜才爱才的开明乡绅，要么就是仗势欺人的土财主，由此可见，在民间流传过程中，因为不同的转述者有着不同的评述立场，而且很有可能当中有些雷歌并非黄清雅或丁宗闽所为，黄景星曾经在《雷州歌谣话初集》中对丁宗闽和黄清雅上台捞歌与艺人对歌的真实性表示质疑，便可能是依据当时礼制做出的推断。因此，笔者猜测上述传说故事中不乏人们在叙述中将他人作品附会于乡贤的可能。也就是说，这类乡贤的雷歌传说故事存在一定的虚构成分，但如此多数量的雷歌传说至今仍然存在，这多少蕴含着某种历史真实：文人乡贤备受雷州民众推崇，在民间掌握话语权，所以依附其身的雷歌传说故事在民间得以广泛传播并衍生出不同的版本。

二　赛歌招亲

这种叙述模式的雷歌传说故事有代表性的有三篇。其叙述模式基本相似。都是女子到了适嫁年龄，由父亲或由自己决定赛歌招亲。如《才女招亲》，说从前雷州有个貌美伶俐的才女，不仅能诗善文，对歌更是远近闻名，23岁那年，其父母按照她的意愿搭了一个擂台，赛歌招亲。赛歌那天人山人海，热闹非凡，临近中午，才女身穿红套绿从台后款款登台，才女身材苗条面貌靓丽恰似仙女下凡，台下观众啧啧称奇。姑娘走到台中，深深施礼之后放开珠喉唱道：

是乜生来红一点？是乜生来弯过弓？

是乜生来颠倒吊？是乜生来赛洛阳？

才女唱完，聚集在台下的歌手个个跃跃欲试，片刻，一位衣着华丽的少公子抢先登台，唱完之后，姑娘眉头紧皱，连连摇头。紧接着一位秀才跨上台来，清了清嗓子唱了起来：

啊——咧！

　　日头上起红一点，初旬月娘弯过弓；

　　桃树生子颠倒吊，桃叶生来赛绿杨。

歌声刚停，台下一片掌声，秀才也得意扬扬，才女说："你歌词秀丽，气概非凡。从天上唱到地下，可见你学识超群，出口成章，可惜所答与所问略有欠缺。"此时，一位身着粗布衫，神态自若的英俊书生上台来，微微笑道："小姐，容我一唱么？"才女点了点头。秀才看着书生一副寒酸样，心里不服气，说："哼，癞蛤蟆想吃天鹅肉！"书生微微一笑，拉开嗓子唱道：

也——！

　　口抹胭脂红一点，笔画双眉弯过弓；

　　耳戴耳钩颠倒吊，穿衫缠裙赛洛阳。

歌声未罢，台下已是一片喝彩声。才女欣喜而又含羞地说："好歌，好歌！把我所问的回答得天衣无缝，一气呵成，可敬可敬！"她问明他家住址姓名后，当众宣布赛歌结束。原来这位才女久闻书生大名，今日一见，果然英俊潇洒，歌才敏捷，相见恨晚。父母看到他俩才貌相称，情投意合，欣然答应择日成亲。《明珠选夫婿》则讲述了雷州城西郊一个小村子名叫明珠的女子通过对歌选择夫婿的故事，一天门口来了三个要对歌求亲的人：一位商人、一位书生、一位农夫。明珠父亲说："我女儿的婚事，由她自己定夺！她出一首雷歌，谁依照歌韵唱得最好，就选谁。"三人满怀信心都说好。这时明珠坐在大门侧边的厢房里，望着窗外的竹林唱道：

> 竹子高高生顶天，霜打雨淋叶青蓁；
> 种竹吃力得乘凉，砍竹织箩卖有钱。

"好歌！好歌！"商人拍手称赞，抢先唱道：

> 扁担两头翘向天，卖货走南又跑西；
> 一本万利银砌塔，做屋买田都有钱。

书生也不甘落后，接着唱道：

> 笔头尖尖指向天，饱读圣书万卷书；
> 一旦云开见明月，垂后光前又有钱。

商人、书生唱后，都扬扬得意。农夫却站在那里不开声，明珠的父亲催促了几次，他才壮起胆子唱道：

> 犁尾翘翘翘上天，起早睡迟耕田地；
> 番薯喂猪芋得食，谷围高高桌有钱。

明珠听了三人的对歌，表态唱道：

> 嫁做官人人叫天，嫁给商人又抛尸；
> 不如只嫁做百姓，双枕同眠听鸡啼。

另有《以歌择婿》则叙述了清代雷州某村李员外给自己女儿张榜赛歌选婿的故事，其本叙事模式与上面两个故事一样，也是择取优胜者成就美眷。

以上这几篇在民间虽然在《雷歌大全》、《雷州歌大典》中的转述者不同，但叙述一致，没有如同黄清雅故事那样在人物性情品质、情节等细节出现较大分歧，结合彭展等人的《从传世雷歌探析雷州半岛妇女的生存状况》对雷州女性婚姻命运的深入分析来看，雷州半岛的女子实际上不大可能有如此浪漫的自主招亲活动，因此这类故事的真实性还有待考证，笔者认为之所以它们在雷州民间能得到广泛流传，而且人们在转述中没有出现信息变异，是因为这类故事在某种意义上而言，是对有情人终成眷属、自主婚姻的美好憧憬，是对自身现实生活无奈心酸的一种心理补偿，在传播接受过程中容易冲破心理防线，在集体记忆中得到一席之地，成为雷州传说故事中比较醒目的一类故事。

三　斗智讥讽

这种模式的雷歌传说故事比较多，其内部根据出现角色之间的关系及叙述功能的不同又可分为两类。

第一类是弱势者以雷歌智胜强势者，赢得民间认同。所谓的弱势，是指在社会地位上相对处于劣势的一方。在这类传说故事中，弱势一方常常在特定的情境之下机智对歌，扭转了当时所处的不利处境，并博得旁观者一致叫好。如《针锋相对》中讲述，清末年间雷州城郊有一岑姓大户人家家财万贯，当家的岑老爷又是村中的族长，财大气粗，加上肚中也有几点墨水，更显得十分傲慢。有一年他儿子娶亲，免不了要兴办婚礼，族头喜庆，族人自是攀附，贺金少则一百钱，多则数百钱。但这可苦了村中三位家徒四壁的穷书生，不去贺，于理不通，去贺，家中哪能凑足一百钱。他们的苦衷无意中传到岑老爷耳里。岑老爷想起平日里摆弄笔墨，常被这几位穷书生捉弄，便想借此机会出这口怨气，绞尽脑汁，终于找到一个绝妙好法，写成一首雷歌。到了结婚摆宴那天，他让家奴把这首雷歌张贴在大门左边墙，众人一看，皆面有难色。这首雷歌很快传开，三位穷书生立即相邀前往观看，来到岑老爷家门口，墙上红纸黑字赫然映入眼帘：

> 今日老爷做大待，四亲六戚都来贺；
> 来贺我的是讨食，不贺我的是吝财。

三位书生看罢愤怒而去，相聚一起商讨对策，其中一位忽然窍门一通，提出三人共一百钱去贺，大家表示赞成，并且要回敬一首雷歌。当天下午，这三位书生就大摇大摆地来到岑老爷家贺喜，并将歌稿贴在大门右边墙上，一下子，来贺喜的人就像一窝蜂似的围拢来看，有人开声大唱起来：

今日老爷做大待，三人共来百钱贺；

不收这钱是嫌少，若收这钱是贪财。

人们轰动起来，鼓掌叫好，惊动了岑老爷，他急忙奔出门外，看后脸色骤变，瘫倒在地。再如《农夫戏秀才》讲述了秀才用雷歌戏弄农夫的故事，清末东海岛有一位秀才，喜欢唱雷歌戏弄他人，傲气十足，有一天一位农夫挑着菜路过，农夫装菜的竹箩一只大一只小，秀才灵感突发，大声唱道：

大箩是箩没有错，小箩是箩理一样；

小箩装进大箩里，大箩小箩作一箩。

秀才唱完望着农夫沾沾自喜。农夫听了不屑一顾，这时，刚巧前面有人抬着棺材走来，农夫灵机一动，唱道：

棺材是材不用猜，秀才是才人也知；

秀才卧在棺材里，棺材秀才共一才。

秀才听了，碰了一鼻子灰，自讨没趣，从这以后，秀才再也不敢唱雷歌戏弄别人了。除过这两首传说之外，还有《以歌服众》、《一歌羞走黄清雅》等均是如此模式，这类传说故事在叙述过程中对情节的描述相比前面那些类型的传说故事来说比较细腻一些，活灵活现，可见这类传说故事深得民众喜欢，在反复的转述中获得了精神快感，也因此容易在民间得以保存，成为集体记忆中乐意反复转述的故事类型之一。

第二类故事当中没有上面类型中的角色对抗关系，故事中或自嘲或以他人口吻嘲讽生活中的一些可笑甚至丑陋的行径，在民间有一定的教化作用。如《葛蒲当做甜瓜咬》讲述以前一个被父母捧为"小神童"的阔少，从小被关在家里苦读诗书，整天过着衣来伸手，饭来张口的生活，长到17岁，还未踏出过家门。有一天，"小神童"偷偷从家里跑出来，走在街上觉得什么都新鲜，天热口渴难耐，看到别人在街边买瓜解渴，总是挑小的瓜买，很是纳闷，心想肯定是这些人没钱，决定买个最大的瓜给这些人瞧瞧，让他们知道他有的是钱。于是阔少买了个足有五六斤重的葛蒲，边走边吃。街上行人先是诧异地瞪着眼睛看，然后忍不住哈哈大笑。他以为大家都在嘲笑自己，很不服气，唱雷歌：

> 有钱乃买大瓜咬，无钱涎流吮手足；
> 我是谈诗与讲对，莫管田园稗和禾。

这时阔少家男仆匆匆赶到，看到少爷还在大口地咬着葛蒲，于是上前轻声告诉阔少他吃的是葛蒲。"小神童"愕然问道："啊！这不是甜瓜！"仆人忙向围观的人群解释，他少爷自幼读书，过目不忘，7岁便能吟诗作对，只是偌大的人还从未出过门，黄牛水牛都分不清，请周围人不要奇怪。"小神童"听了大家的议论，深感惭愧，跟着仆人回家了。周围人议论纷纷，一位有识之士依韵和了一首雷歌：

> 俀把葛蒲当瓜咬，总怨闭门念字歌；
> 不是农桑少见识，叫他焉能识稗禾？

《贪婪必遭恶报》则以兄弟两人不同的行为方式表达了民间朴素的扬善惩恶意识，是说从前有兄弟二人，老大家境富裕但为人贪婪吝啬，老二家庭贫穷却忠厚老实。有一年夏天久旱无雨，老二颗粒无收，家里好几天没米下锅，让孩子去老大家借两升米，却遭到老大老婆破口大骂。老二无奈只好另找生路，向亲戚借了些钱，买了套工具走村串户干起木匠活。有一天老二到了县城，恰好碰着一位当差的找木匠修理桌凳，来到县衙，老二放下工具后端来一盆水磨刀具，从早上八点一直磨到十点多还没开工，当差的很纳闷，问他是来磨刀具的还是来修理的，老二说："有句古训'工欲善其事，必先利其器'。"当差的好奇地问他也识字？老二说仅认识几个。过了一会当差的把县太爷吃剩的西瓜皮拿去倒掉，老二饿得慌，急忙过去捡起来就吃，当差的颇感意外，这种东西也能吃，觉得老二可怜，老二随即唱出一首雷歌：

> 西瓜五月熟生花，大人吃瓤我吃外；
> 带皮回家顾妻子，免致他们肚饥哗。

当差的回报县太爷，县太爷惜其知书达理，怜其生活贫困，于是取出五百串钱叫当差的赏给老二。桌凳修好后，老二将五百串钱挂在扁担一端，另一端挂着木匠工具，挑起担子又唱道：

> 一边妃轻一边重，走起路来真磨难；
> 谁人都识这道理，两边平平才好行。

当差的听后觉得老二很有才华，又急忙跑去禀报县太爷。县太爷惜其才，又取出五百串钱赏给老二。老二欣喜若狂，千道万谢。回到家后，老二将此事告诉家人，一传十，十传百，老大两口子听到后，垂涎若滴，又生出贪婪的念头。一天早上，老大两口子提着两升米来到老二家，假惺惺道歉说来送米，老二谢绝后，老大坐下来向老二打听起传闻，老二详细告知经过。听完后，老大提出借木匠工具，老二便借给他。有一天老大也照着老二的样子做。这天，当差的买猪肚给县太爷吃，老大见状，唱道：

> 猪肚五月熟生花，大人吃瓤我吃外；
> 带皮回家顾妻子，免致他们肚饥哗。

当差的听后禀报县太爷。县太爷怒发冲冠："这个无赖如此放肆！敢叫本官吃猪肚的瓢，这分明是叫我吃'屎'嘛！来人，割下他一只耳朵！"老大耳朵被割，痛得要命，挑起工具就逃，边跑边唱道：

> 一边妃轻一边重，走起路来真磨难；
>
> 谁人都识这道理，两边平平才好行。

县太爷听后哈哈大笑，又命衙差割下老大另一只耳朵，老大哭丧着回家，老婆见此情形，哭得呼天唤地。除了上面这两则传说故事表达了民间朴素的善恶观，还有一些民间传说故事以雷歌方式传递了民间的价值判断，如《七钱历书嫌太贵》、《得不偿失》以第三者视角或第一人称嘲讽了生活中贪图便宜、顾此失彼的做法，《来人尽骂假孝敬》则讽刺了虐待父母却在父母逝世后大办丧事的丑恶现实，《如此之辈》嘲笑了袖手旁观他人打狗却厚着脸皮分享狗肉的行为，《天高三尺》则讲述百姓以雷歌无情地揭露了即将到其他地方赴任的官府老爷搜刮民膏却又沽名钓誉的丑恶行为。

四　著名艺人对歌故事

在雷州民间，有很多以唱姑娘歌为生的艺人，但大多数艺人的声名湮没在历史深暗之处，再也无法考证其人其歌，因此我们看到现在流传的许多佳作无法甄别其原唱者。但也有例外，民国时期的陈守经、伍兰香，新中国成立前后的李莲珠等姑娘歌歌手是姑娘歌表演的集大成者，以其机智、聪明、坚韧，高超的歌艺闻名于三雷地区，他们对歌故事也在民间广为流传，为后世留下了再现当年盛况的宝贵资料，比如陈守经，歌艺才华突出，同南兴姑娘二仔斗歌时，唱道：

> 你吃偌老还未死，讲三讲四讲天地；
>
> 阎王勾你名上簿，生也今年死今年。

但陈守经越斗越是雄赳赳，听了二仔的咒骂不但不愠不怒，反而诙谐有趣地自我解围，给对方铺设台阶：

> 阎王和我是伙计，注我寿年一百二；
> 今年正是 71 岁，还够松雄 49 年。

这样斗歌显示了陈守经的风度和智慧，给观众带来情趣盎然的戏剧性娱乐享受。还有一次，陈守经同遂溪姑娘斗歌，该姑娘唱道：

> 境妃过境坊过坊，遂溪更强你海康；
> 海康也无乜胜景，遂溪有个湖光岩。

陈守经回击道：

> 境过境来坊过坊，遂溪怎能胜海康；
> 海康有座九层塔，塔顶你娘湖光岩。

这名姑娘败下阵来，心有不甘，后来他们再次相遇，姑娘吸取上次教训，再次挑战陈守经：

> 海是你海溪我溪，溪水高呀海水低；
> 溪载七星北斗位，海出青鳞蚊婆月奚。

这姑娘倒是有点天文知识，以天上后溪（即银河）来比喻遂溪县名，确实厉害，陈守经只好搬出大海跃蛟龙来对应：

> 海是我海溪你溪，海阔容纳你小溪；
> 溪载萨馒与苦鲫，海载蛟龙鱼虾齐。

还有一年，城角村演出姑娘歌，在颂神时，坛上有人装神弄鬼不肯退位，演员唱到口干舌燥，村中父老出面请来陈守经。陈守经一来，见是石雕神像，同时也看出是故意装神弄鬼，想到当时司令黄强到处烧神像，灵机一动，便跪到坛前唱道：

> 灵神总凭石宝像，黄司令见是木的拿去烧；
> 若是正神该退位，若是邪神怯你跳。

坛上装神弄鬼的一听，再也不敢作梗了，立即退下坛来。

李莲珠也是享誉三雷的著名艺人，有一年她在麻扶歌台和陈敬哉斗歌非常精彩，在民间流为传说，陈敬哉唱道：

> 莲珠是个笃头划，卖无得完压倒煎；
> 煎熟仍无卖得去，倒在路边给人踩。

莲珠回敬道：

> 雷州三县都去过，未见个人脸偌花；
> 定是偷人菠萝吃，才给人撇菠萝皮。

敬哉唱道：

> 风拂你嫜衫脚尾，看见你娘肚仔花；
> 莲珠定是生过子，肚花也同山神皮。

莲珠唱道：

> 我生敬哉生几过，怎敢笑娘肚仔花；
> 做子鄙母是不孝，该捉铲头来剥皮。

据说这场斗歌,大大激发起观众热情,自动买鞭炮来喝彩,炮声达半个钟头。李莲珠斗歌传说还有很多,笔者在此不再赘言。

小　结

上述所有这些民间传说故事及其所传唱的雷歌共同构成了雷州乡土社会人生画卷,体现了乡土社会以伦理审美为主体框架的思维结构,既有对传统美德的讴歌赞誉,也有对社会丑恶现象的无情嘲讽,还有对以陈瑸、陈昌齐为典范的理想人格的推崇,体现了传统文化扶正祛邪、褒善贬恶的基本母题。换言之,凡是契合雷州民众文化心理,且唱歌情景与过程本身有着较强戏剧性或是歌词本身趣味性较强的雷歌容易转化为传说故事在民间流传开来,并在口口转述中嵌入雷州集体记忆之中。

第五章　雷歌文化的现状与未来

　　雷歌文化在长期相对封闭的社会状态下，在其流播的地域群体中，以其雄厚的生命力，赢得雷州民众的由衷喜爱，并得以用各种渠道各种形式在民间代代传承下去，仿佛在属于它自己的这块土地上，没有什么能够危及到它的生存，它稳定地保持着传承的连续性和纯正性。但是，这种封闭性一旦面对浪潮般席卷中国的现代化要求时，便呈现出其本质的脆弱性，纷沓而至的各种时代变化一次又一次冲击着雷州乡土社会的政治经济格局，进而裹挟着雷州文化及其子系统雷歌文化随时代而起起伏伏，那么经历了这些时代风雨的洗礼之后，雷歌文化的传播现状如何？是依然热闹、荣耀，还是和其他地方的民间艺术一样难逃衰落的宿命？其未来之路何去何从？

第一节　雷歌文化传播现状及原因

　　雷歌文化传播现状如何，我们可以先从雷歌师徒两代艺人的访谈中一窥其貌：

　　访谈一：

　　　　符马活：在台上唱"姑娘歌"时，有没有时间限制？一般唱多长时间？

　　　　谢莲兴：以前没什么时间的限制，想唱多久都行，从上午唱到下午，下午又唱到后半夜都有过。以前唱的跟现在唱的，形式上有很大

的不同了。如果唱的东西没有什么内容，台下观众的反应也不那么强
烈，再唱下去也没多大意思；如果台下场面非常热烈，观众喊叫的人
多了，唱的人自然就有激情了，所以唱长一点时间也是可以理解的。
现在一般都在一个小时左右，有两三对人在轮流唱。①

访谈二：

　　符海燕：我在雷州半岛已经是最尖的一个了，生活都成为问题，
现在还有谁人选择唱姑娘歌作为职业呢？②

　　谢莲兴为田园村第十代传人，成名于民国时期，当时与李莲珠、周定
状齐名于三雷大地，是民国时代著名艺人，符海燕则是改革开放后雷州再
次恢复雷歌演唱活动之后学艺于谢莲兴的弟子，是田园村的第十一代传
人，2007 年被中国文联、中国民间文艺家协会命名为首批中国民间文化
杰出传承人之一，师徒两人的惆怅、失落真实地概括了当下雷歌文化传播
效果整体在式微这一不争事实。
　　雷歌文化的发展现状不容乐观，最突出的问题是后继缺乏有力的传
承，存在断代的潜在危险，事实上这样的衰落并不是雷歌文化独自黯然承
受的命运，国内许多地方民间文化艺术都面临这样的窘迫问题，翻阅这几
年以某一民间文化艺术为研究对象的博士、硕士论文及民间文化学者文
章，对各地民间艺术逐渐式微的惋惜及焦虑之情比比皆是，甚至悲观情绪
蔓延近乎整个学界，2004 年文化部举办"第二届中国南北民歌擂台赛"，
也同时召开了学术研讨会，与会的学者仅有一人表示因东北二人转在全国
非常受欢迎而持乐观态度之外，其余都表达了强烈的悲观情绪，有学者感
慨："每一分钟，都有可能有一种乐种、一座古建筑消失"，"现代化对民
间歌曲的冲击比'十年浩劫'还要大。皮之不存，毛将焉附？中华民族文

---

①　符马活：《中国田园村雷歌集》，花城出版社 2008 年版，第 313—314 页。
②　符昆光：《歌后符海燕》［EB/OL］.（2013 - 8 - 31）［2013 - 03 - 01］http：//blog. si-
na. com. cn/s/blog _ 4c9e59ca01018xql. html.

化从没有像今天这样面临着这样的危险"。[①]

虽然濒临断代失传的危险乃现代化社会制度文化冲击的必然结果，是全国性的文化难题，笔者认为就此悲观绝望，束手无策，甚至不作为，放弃任何努力，必然会加速雷歌文化的消失，使三雷地区民众原有的心灵家园在文化同质化道路上的沦陷更为惨烈，当人与故土的精神关系一点点被剥蚀殆尽之时，也必然给三雷地区带来更多的社会文化问题。因此，摆在我们面前只有两条路可走，而且这两条路应该同时进行：一是尽力地挽救雷歌文化的命运，为其注入新的活力，期待出现枯木逢春的奇迹；另一条路则是抢在其断流之前，尽可能全息记录所有的变化，留下尽可能丰富翔实的资料，为后代留存一份沉甸甸的文化遗产。

在当下这样貌似不可抗拒的时代趋势之下，要顺利完成上述两个历史任务，首要做的便是准确地为雷歌文化把脉，明确哪些因素为外因，哪些内因导致雷歌文化自身气脉沉滞，然后对症下药，对能引导或控制的内因下手采取合理措施。

一　外力——时代环境与文化气候变了

（一）现代化的诱惑与乡村的虚空

雷歌文化是从三雷土地里生长出来的，农本观念、安土重迁的乡土观念在文化上教化出在人员、成分、传承方式以及地理分布上都较为稳定的演唱和传播的群体。他们祖祖辈辈被圈定在封闭与保守的地域内，厮守着自家那块贫瘠的家园却不愿离去，也厮守着雷歌这份无法割舍的文化财富。安土重迁的传统观念为雷歌三百多年来的传承、沿袭和积攒夯实了文化土壤，确立了基本保障。

而且直到现在，我们还能继续看到大大小小的雷歌文化传播仍然在进行着，正是因为这方土地还有许多人信奉农业社会的这一整套价值体系：

---

① 徐天祥：《中国民歌何处去？——第二届中国南北民歌擂台赛学术研讨会综述》，《音乐研究》2005 年第 2 期。

农本观念、宗法观念、整体观念、德治观念、尚喜观念等。这种种价值观念积淀在雷州文化的各种民俗及雷歌文化之中,并通过雷歌得到充分的艺术诠释。这些人忠实地传承这份文化遗产的感情,正是出于对传统价值观念的忠守。特别是一些老歌手、老艺人,长期以来,他们还在坚持在村头或是雷州县城公园一角,相聚在一起用歌唱免费为村民或路过的市民宣扬和身体力行这些观念,成为传统价值观的代言人,也是其最自觉的维护者。虽然雷歌从未从根本上改变他们贫寒的生活状况,但从雷歌的演唱中,他们得到的是做人的尊严与荣耀;雷歌本身所蕴含的浪漫色彩,包容的世间万象,以及听者的称赞又使他们陶醉其中,赐予他们精神上无比的快乐与满足。尊严、荣耀、快乐、满足,以及自觉生发出不传承就对不住列祖列宗的历史责任感,驱使他们仍然沉湎于往日的那个文化语境之中,视雷歌为至宝,不忍舍弃。但如果对这个群体的人口属性进一步分析,就会发现,这个群体无论是艺人歌手还是听者都已严重老龄化,很少甚至几乎没有中青年及青少年儿童身影的出现,也就是说雷歌文化传播主体及受众群体都出现老化及萎缩的严峻事实。

导致雷歌传播主体与受众群体老化萎缩的社会因素很多,最主要的原因在于改革开放后,传媒事业突飞猛进,现代化以城市文化为先锋,以其令人眼花缭乱的物欲横流的视觉化传达深入乡土,冲击着乡村生活,面对这些纷沓而来的各种刺激和诱惑,农村年轻一代不可能再心安理得地重复其祖祖辈辈所习以为常的耕作生活方式及代代贫寒的生活状态,所以在先行者发家致富的各种媒体报道以及眼见为实的进一步强化刺激之下,农村中青年"面临世纪急转弯的种种冲撞,他们纷纷重选人生的定位:在世代贫困与外界富有的撞击中,他们选择的是出外闯荡,争取富有;在道德至上的价值观与实际利益为价值尺度的撞击中,他们选择的是效益第一;在续接家族香火和追求个人幸福的撞击中,他们选择的是自我解放"。① 所以,尽管怀揣对陌生城市的恐惧,但越来越多的农村中青年们仍然勇敢地"离土"而走,进入城市"淘金"。再加上国家与地方政府为拉动经

---

① 黄允箴:《撞击与转型——论原生态民歌传播主体的萎缩》,《音乐艺术》2006年第2期。

济积极推行城市化发展的政策与措施，调整整个国民经济的产业结构，大量行业项目上马，促使城市出现用工高潮及对农村劳动力的大量需求。也就是说，由于现代化对于国家、对于地方乃至对于个人全方位的诱惑，从上到下，整个国土都掀起了人口迁徙的狂潮巨浪，形成有史以来最大规模的社会结构的重新构建，而这种重新构建好似最强大的利益驱动器，它以丰厚的利益回报为愿景，引诱、逼使人们抛弃曾经固守的生活模式，以往虔诚的农本信仰也随之变得极度脆弱，所以我们不难理解 20 世纪后叶，在消费主义和城市化的拉动下，掀起的人口迁徙的狂潮巨浪使原本祖祖辈辈几代人同居共享天伦之乐的农村开始渐渐虚空衰败：想创业发财的人走了，想弃农打工的人走了，想闯荡世界的人走了，想通过教育改变命运的人走了，就这样，许许多多与土地血脉相连的唱歌人、爱歌人，告别故土、告别往日生活朝夕相伴的歌，怀揣各种梦想迁徙走了。

实际上历史上从来不乏农民大规模迁徙的事例，但这是两种全然不同性质的迁徙，对雷歌这样的民俗的历史意义全然不同。本书第一章回顾了雷州半岛历代移民运动，这些移民的迁徙建构了雷州乡土社会的民系结构，也将各地的文化艺术尤其闽南民歌引入三雷大地。本书第二章则指出，随着早期移民集中居住，出现土地紧张问题时，早期村庄的一些支系开始在三雷偏远地带寻找土地重建乡村。但所有的这些迁徙无论是从闽南到三雷的长途迁徙还是三雷内部的短途迁徙，从其本质上而言，都是紧紧围绕可开垦土地展开的"亲土式"迁徙。这种"亲土式"迁徙不但没有撼动传统的乡土文化观念，反而因为要应对新的自然环境所带来的各种不适与挑战，聚族而居，一次次强化着宗法观念和传统文化理念。这种迁徙，对于雷歌文化的产生及发展而言都是件幸事，它带来了闽南民歌落地三雷的历史机遇，也拓展了闽南民歌本土化后雷歌的生存土壤，助推了雷歌的繁衍与传播，比如田园村的雷歌文化便是因为其开村祖先从三雷其他乡村分化迁徙，才在田园村一带生根繁茂起来，并进而扩张到周边地区。而当代的这种迁徙则是"离土"式迁徙，以工业和经济较为发达的各大中小城镇为目标，受现代经济利益的驱使，背离土地，进城在陌生的天地里重新寻找新的生活坐标，跨入原本陌生的商业或工业领域，在商品经济和信息化的开放社会，听从新的社会结构的挑选与安排，原来的农民摇身变为民工、雇工、商户、企业主、文化人等不同的阶层。中青年从农村土地上抽身而走，对雷歌文化传播构成的所有要素都产生了直接影响。

1. 传播主体与受众的萎缩

在过去相对封闭的雷州乡土社会结构中，乡民们安居乐业，以农为本，没有外来信息的诱惑或刺激，其生活天地中所有的信息传播几乎全与自己所在的乡土有关，雷歌活动在乡村而言意味着劳累生活中不可或缺的娱乐放松方式，也是参与宗族活动获取归属感的重要渠道之一，而且雷歌所固有的诙谐活泼大胆犀利的风格及内容与生活的贴近性也使其成为雷州乡民所挚爱的民间文艺。但是改革开放后，整个社会剧烈转型，文化气候也随之发生巨变，丹纳曾经深刻论述过文化气候对文艺作品的决定作用："不管是在复杂的还是简单的环境下，总是环境，就是风俗习惯与时代精神，决定艺术品的种类；环境只接受与它一致的品种；环境用重重的障碍和不断的攻击，阻止别的品种发展。"① 对于从小就在大众传媒娱乐化信息包围下成长起来的年轻一代，无论是否已经进入城市，其精神世界早已充斥着各种城市消费文化的新奇、斑斓、个性化的浮华想象，而城市生活中所实际体验到的各种不同于乡村的感官刺激，更深深地吸引并留住了进城生活的年轻一代。面对大众传媒及城市生活直观的多元化娱乐信息，乐此不疲，而传统雷歌对于他们来说，雷歌尤其是后期雷歌那种无力扭转贫苦固守传统道德的责任说教，令他们茫然和漠然，而几十年固定不变的老腔老调年复一年固定演出，与其所接受的快节奏、不断创新的各种现代娱乐信息相比，也确实容易让他们产生审美感官的疲劳厌烦，甚至抵触。年轻一代无法也无暇体会父辈面对雷歌衰落的沮丧，一头扎进流行文化的时尚怀抱，不爱学，不想唱，也不愿听，导致的结果便是雷歌文化存在的重要基础——传播主体与受众的离散、零落。

① ［法］丹纳：《艺术哲学》，傅雷译，人民文学出版社 1983 年版，第 37—39 页。

2. 原有唱歌情境的抽空

中青年走了，乡村留守的只剩下老弱病残以及父母远在他乡打工的儿童，这种人口流失带来的乡土社会的虚空衰败，必然直接对雷歌文化传播现场的情境产生冲击，进而对传播效果产生负面效果。2009年李冰为写作其硕士毕业论文《雷州民歌研究》曾走访了当年8月雷州太平镇渔民队所举行的神诞活动，发现参与本次活动的主要以该村村民为主，大多是留守的老弱妇孺，也有少量在附近工作的中青年人，共约200人。但在姑娘歌知名艺人符海燕等人表演对唱及班本歌时，很大的演出场地，实际上坐在场地上观看表演的只有约30人，其中老年人占大多数，约20人，小孩约10人，多在舞台附近嬉戏。该村村民回忆，过去热闹的时候基本都坐满，甚至会有小贩在人群中穿梭、叫卖。演出班本歌的过程中，李冰观察到台上演员表演越来越随意，台后没有表演的演员则在幕后聊天，有时候聊天的声音甚至大到通过话筒传到了台下，但并没有演员或台下观众觉得有什么不妥，似乎大家都在敷衍着，并没有我们想象当中的热情，晚上表演结束后，舞台下还剩下16名观众，其中5名是因为要负责这次的神诞活动而必须留到最后的，另外还有1名小朋友和10位老人。[①] 雷歌文化之所以能三百多年来长久地成为雷州民间文化盛举，除了有杰出的雷歌艺人歌手、野性活泼的雷歌、喜爱雷歌踊跃围观雷歌的听众外，还有一个不容忽视重要因素——对歌情境，对歌情境的互动程度高低，在场者情绪的高亢与否，对唱过程中矛盾是否激烈，都在一定程度上对艺人和歌手的临场发挥水平以及现场听者的关注度产生影响，昔日雷歌尤其姑娘歌歌班入村表演，全村村民出动，还有四邻乡亲闻讯而来，现场万众攒动，欢腾一片，遇到斗歌紧张激烈之时，听闻绝妙对歌，村民们还会热情洋溢鸣放鞭炮助威胜利的一方，所有这些，显然对于歌者而言，是村民所能给予的最高肯定与鼓舞，也是其通过表演感受到艺人的尊严与荣耀的时刻。但是，中青年劳动力流向城市，乡村人口零落，往日盛况已成难以追寻的记忆，舞台下零零落落，台上的艺人没了台下往日听众的热情捧场，

---

① 李冰：《雷州民歌研究》，湖南师范大学硕士学位论文，2009年，第40—42页。

冷冷清清之中，不可能再像祖辈艺人通过在场的表演获取表演得到认可时而产生的骄傲与荣光，职业的满足感也无从谈起，代之而来的，便是其表演兴趣乃至激情被黯淡现实一点点吞噬掉，产生职业倦怠疏离之感，更无创新之动力。

3. 艺人收入状况缺少职业吸引力

成长为一名经得起雷州民众品头论足的专业艺人，往往需要长期而系统的传承训练，在师傅的口传心授下，熟悉默记师傅所传所有歌母，并紧跟歌班奔波在乡间路上，转战各个村庄，每每有演出便需要在歌台边揣摩台上表演艺人的一招一式，等将所有歌母熟记于心，便要上台演出多番历练，初次上台的新艺人往往需要度过较长的心理适应期，往往不少新人无法在台上摆脱歌母的约束根据现场对歌情境需要随机灵动应对，故而遭到观者的冷遇，总之，从鹦鹉学舌到逐渐可以自如创作应对，需要较长时期的刻苦磨炼方能赢得民众认可，才能真正出道独立表演。但以当下最为著名的姑娘歌艺人符海燕为例，"名气大，自然她受到邀请的次数就会比其他艺人要多，收入也更多一些，每年正月的元宵节前后是她一年中演出的旺季，雷州半岛大部分的年例都集中在这时，可以说她一年中的主要收入就在这个时期，这段时间有些村落甚至会出现请不到歌手的现象，那么哪里给的费用多，自然她就会去哪里表演了。而渐渐七、八月则进入了整年中的最淡季，最少的时候一个月可能只有一、两次演出，像这种情况有时会持续到春节前没有了演出，……在整个雷州半岛从事姑娘歌表演的歌手大概有三四十人，其中经过老一辈姑娘歌歌手们专门培训，有较扎实姑娘歌演唱功底的，有十几个人作为姑娘歌歌手中的佼佼者，符海燕一年的演出收入大致在一万元左右，那么平均下来每月收入在一千元左右，而其他演员由于演出次数相对要少，因此年收入可能只有几千元。当谈到自己的收入情况时，符海燕有些无奈地说'如果不是有那么多人喜欢我，喜欢我的歌，加上我的传承人的称号，可能我早就改行了'"，[①] 因此，我们不难理解为何艺人们多不愿自己的子辈承袭自己

---

① 李冰：《雷州民歌研究》，湖南师范大学硕士学位论文，2009年，第59页。

的演艺事业：

> （李冰）问：你会让你的小孩学唱姑娘歌么？
>
> （符海燕）答：肯定不学了。
>
> （李冰）问：是他不想学，还是你不让他学？
>
> （符海燕）答：学这个没什么出息，赚不了钱了，现在这个社会
> 你没有钱怎么生活？[①]

显然艺人所有专业训练及艰辛的付出与其演出所带来的经济收益不成正比。所以，符海燕身为传承人深感压力之大，面对传承断裂危机深感焦虑无奈："学习姑娘歌是比较艰苦的，很多学生坚持不了。通常要几年时间才能学有所成，学习基本上是靠跟着歌班学，这个过程要吃苦要应对孤独。当然，最主要的原因是因为现代人以经济发展为重，唱姑娘歌的收入不如打工的收入高，所以，即使有兴趣的年轻人也只好放弃了学艺而出外打工。"[②]

（二）雷歌之命脉——雷话之凋零

百样乡音百样戏，百样戏曲传乡情。作为吟唱艺术的民歌，是语言艺术和音乐艺术的综合体，音乐是一种语言，语言是音乐的变形。民歌中的声乐，由歌词与曲调配合而成，歌词的音韵声调与乐曲的节奏旋律有如一物之表里，微妙地体现了该语言流布区民众的审美心理。而三雷地区的雷歌是见字生音、随字生腔，所以其音乐表现严重依赖于雷话的存在。而且雷话保留了较多的古音，有助于吟唱类似古代诗文的七字句雷歌，雷话声调有 8 个，普通话有 4 个，相对来说，对于日常生活用语来说，语言的声调越简单越好掌握。但是对于"表情达意的口头文学和声乐表演，则是声调越多的语言越动听"。[③] 所以用雷话演唱的雷歌很难用普通话唱出同样的

---

① 李冰：《雷州民歌研究》，湖南师范大学硕士学位论文，2009 年，第 60 页。

② 陈凯杰、叶碧波、莫少洲、魏志华：《把姑娘歌打造成湛江的"二人转"》，《湛江晚报》2011 年第 17 版。

③ 彭会资：《方言与民间审美文化》，《广西师范大学学报》2000 年第 36 卷第 2 期。

韵味，也必然很难赢得雷州民众的情感认同。另外，由于各种方言音韵系统不同，导致其谐音所蕴含的双关趣味性及审美心理也不尽相同。方言内部谐音所产生的幽默诙谐或是象征表意，只有持这种方言的民众在约定俗成的语言环境中才能做到心领神会，离开了该方言环境，对于不懂该方言的人而言，是无法领会其语言魅力和艺术趣味的，所谓对牛弹琴，便是此种道理。而雷歌中大量存在巧用谐音双关这种艺术手法的现象，并构成了雷歌独特的审美特点。所以雷话是雷歌存在的命根子，雷话的生成及在三雷地区的扩张乃至成为垄断性的地方方言，促成了闽南民歌在三雷地区的本土化，并使之成为家家户户青睐的民间文化盛事，但同样的，雷话的衰败，必然也牵连到雷歌，驱使其随之走向沉寂。

如今雷话状况如何，笔者在"三元社区"这个在雷州有着较为广泛影响力的网络论坛上看到如此帖子："雷州话怎么办？"① 这个帖子在论坛中是最近以来浏览量较多的一个"火"帖，如下图：

该帖子内容截图如下：

---

① 《雷话怎么办》[EB/OL]．（2013 - 8 - 31）[2013 - 03 - 01] http：//www. lzeweb. com/bbs/forum - 31 - 1. html。

发帖　回复　◀返回列表

查看: 3744　回复: 12　　雷州话怎么办？　[复制链接]　　　　　电梯直达

家乡人

发表于 2009-11-14 23:23:18 | 只看该作者 | 倒序浏览　　　　　1#　电梯直达

随着一批令人尊敬的老者故去，雷州方言研究者后继乏人。现如今，土生土长的雷州方言区的年轻一辈，对用雷州方言阅读书报已鲜有能通顺读完的人了，因为当中有太多的字他们已难以读准。以至于有人竟在论坛发帖宣称：雷州话的读音谁先读，谁的就准。真的是消稽之致。

不过，也从中发现了一个问题，汉字的雷州话发音，尽管有前人编发的雷州话字典，究其原因，大概是雷州话字典里推行的雷州语七调难以把握和个别音节的拼读难懂之故吧。我是一个讲雷州话的人，而且也算是一个雷州话讲得还可以的人，对字典里的很多音节真的也是不会读，因为我们大多都是依照过去学汉语拼音的拼读方式去拼读，真的不容易。期待红土地上的后人能解此难题。

本土人学雷州话尚且如此，外人呢？

分享到　　　　0

雷州

分享到：QQ空间　腾讯微博　腾讯朋友

转播0　淘帖0　分享0　收藏0　支持0　反对0

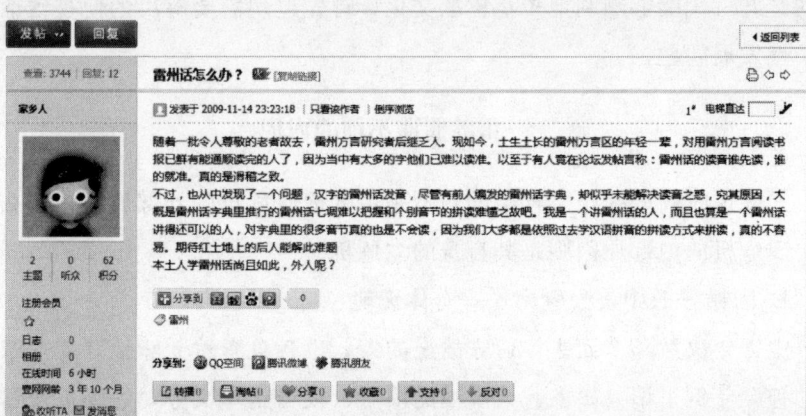

此帖流露了对雷话被日益扭曲现象的焦虑，引起不少当地网友情感共鸣，留言表示了同样的心痛之情。

雷话除了面临被扭曲的悲剧命运外，还有一个更为令人忧患的事实：越来越多的雷州子孙已经不怎么会说雷话了。下面这段访谈就是这个现象的折射：

　　　符马活：你们家里还有谁唱过戏的，你的儿孙有没有人想跟你学唱"姑娘歌"？你为什么不教他们？是他们没有兴趣，还是其他什么原因？

　　　谢莲兴：我的儿孙有兴趣，但他们都有工作，不需要学这个来填饱肚子了。另外，他们对雷州话也不是太懂，怎么唱？[1]

不会说也不懂雷话，由多种原因导致，是现代化浪潮席卷之下流动进入城市的中青年为了融入新生活环境做出的或无奈或主动的选择，也是建国后中小学教育不遗余力推行普通话教育的累积效果，亦是以普通话为官方语言的大众传播几十年来语言传播涵化效果的体现，更何况，改革开放之后，香港、台湾的流行乐、电影、电视剧等席卷中国，粤语借此也抢占了年轻一代的视听注意力。在如此众多原因的综合作用下，如何让三雷地

---

　① 符马活：《中国田园村雷歌集》，花城出版社 2008 年版，第 316 页。

区的娃娃一代能够顺利地传承雷歌文化，首先迫切需要解决的便是雷话的保护性发展问题。

二 雷歌僵滞不前的内因

如果说时代的变迁、社会的转型是雷歌遭遇危机的外部原因，那么雷歌出现危机的内部原因则是其自身的"危机"。

1. 因循守旧中丧失魅力——有体无魂

中青年决然离乡而去，留守故土的人，也各自索然无味地守着前辈留下的神诞年例里请姑娘歌艺人演唱的旧习，权当是尽义务，勉强撑着雷歌文化空洞的衣钵。到了这个地步，我们所有人难免为雷歌产生美人迟暮的苍凉感感到惋惜，也难免会将哀怨的目光瞄向这个脚步匆匆的时代，将所有传统的没落归罪于现代化的经济大潮，痛惜人心不古，物欲迷了人眼，丢了祖先流传的艺术。

但我们也同时看到与雷歌姑娘歌艺术形式上非常类似的东北二人转在这同样的时代环境下依然红红火火，其影响力借助各种媒介渠道渗透到大江南北。笔者曾经在海口开往湛江徐闻港的轮船上看到船舱里两台电视自始至终播放的都是东北二人转段子，而船舱内的旅客多为穿梭于海南与雷州半岛做生意与打工的普通百姓，也有部分观光客，但基本都在观看电视，且时不时发出爆笑声，整个旅途笑声此起彼伏。为什么同是生根于民间的同样具有浓郁草根个性的地方曲艺，两者境遇却如此殊异？很多人会将原因归于大众传媒对东北二人转的青睐，因为大众传媒具有社会地位赋予的功能。传播学早期奠基人拉扎斯菲尔德和莫顿认为，任何一种问题、意见、商品、人物、组织或社会活动，只要得到大众传媒的广泛报道，就会成为社会瞩目的焦点，进而获得很高的社会知名度和社会地位，他们认为大众传媒的这种社会地位赋予功能，会给大众传媒传播的事物带来一种正统化效果。大众传媒的信息共享性、权威性在引导大众了解世界形成和对于世界的认知和判断中，发挥着关键作用。的确，赵本山等著名艺人的媒体反复曝光直接将人们的注意力指向其所力推的东北二人转。

相形之下，雷歌则始终默默无闻，所以地方媒体急切呼吁："把姑娘歌打造成湛江的'二人转'",① 地方政府也提出"要好好学习东北的'二人转'、广西的'刘三姐'的成功经验",② 这种相形见绌的自惭形秽感，给雷州人带来极大的危机感，所以这十几年来，出现了诸如雷州田园村普通乡民自发出资编辑出版该村流存的雷歌集，并修建雷歌馆这样的民间壮举，而雷州、湛江两级文化管理部门也高度重视，除组织人力投入经费编辑出版《雷歌大全》、《雷州歌大典》之外，还多次组织举办了各种级别的雷歌打擂赛，以提高民间积极参与雷歌活动的积极性，所有这些努力也的确引起了一些全国性及省级媒体的注意并做了相关报道，但并没有引发全国性媒体的关注热潮及雷歌的风行。缘何雷歌遭此冷遇？偏偏东北二人转可以闯出一条生路来？这不能不令人深思。

笔者认为，除了缺少赵本山这样借助于东北味小品火爆央视媒体使东北二人转在天赐良机之时可以借势而为之外，东北二人转自身的特质也是其赢得文化市场的关键所在。东北二人转具有鲜明的审美特征："二人穿红着绿，高腔本嗓，狂歌劲舞，嬉笑怒骂，铺排渲染，大起大落，见棱见角，道着民间痛痒，其词质直，虽妇孺亦能解；其音慷慨，血气为之动荡",③ 而且其"浪"劲十足，用东北人的话说，就是"看二人转看不到浪，还不如睡凉炕"，若是看二人转看到浪，他们就会说："就像睡热炕头似的，真解乏!"④ 而所谓的浪，也许在正统文化视野里，可以定性为粗俗鄙陋，但恰恰是这种无拘无束、自由自在的美、狂放不羁的美，反而真正体现了底层百姓生命里的张扬和人性的释放，只有在这种土色土香的狂欢之中，艺人与观者都进入陶醉状态，沉浸忘情于表演之中。而这些特质恰恰吻合现代化语境中悄然崛起的后现代文化思潮及大众文化的追求，是对文化精英主义道德优越感的现实反叛，所以，一旦借助大众传媒娱乐化快车传播开来，便迅速风靡大江南北，成为普通百姓的精神快餐。

---

① 陈凯杰、叶碧波、莫少洲、魏志华：《把姑娘歌打造成湛江的"二人转"》，《湛江晚报》2011年第17版。

② 陈耀光：《弘扬历史名城文化，促进雷州经济发展》[EB/OL]．(2013 - 04 - 08) [2010 - 07 - 09] http：//www.gser.cn/gser/articleShow.php? id=5579。

③ 刘振德主编：《二人转艺术》，文化艺术出版社2000年版，第343页。

④ 任佳颖：《二人转艺术的审美特征》，沈阳师范大学硕士学位论文，2012年，第21页。

相比之下，正如本书第三章所分析，从清中叶开始旧时文人为雷歌所吸引开始染指雷歌并成为雷歌文化传播的参与主体之一后，虽然有其积极的历史意义，促使雷歌文化进一步全民性地多维立体化传播，并成为雷州文化重要构成，但不容忽视的是，文人因其所接受的儒家礼教传统及诗文审美传统使其在参与雷歌文化的传播中，以参与创作、编辑加工、评论、乡村请戏把关等各种方式自觉不自觉地履行着其"矫正"雷歌文化的政治教化使命，力图将其所认为的民间"有伤风化"的野性流露从根上摒弃铲除，将之纳入到精英文化的范畴里来。新中国成立后，出于意识形态需要，雷歌尤其姑娘歌被贴上"封建"、"迷信"、"老旧"、"恶俗"等历史标签，促使姑娘歌艺人在时代氛围中以演唱姑娘歌为耻，纷纷主动改唱雷剧，力图推行社会新观念。改革开放后，虽然姑娘歌复兴，老艺人们重新开始招收徒弟传授姑娘歌演唱技艺，民间再次掀起了演唱高潮，但毕竟多年道德教化的潜行束缚已经内化为艺人的自我要求，再加上"十年浩劫"打击的余悸等多种原因的作用，雷歌在顺应中，日趋"乐而不淫，哀而不伤"、"温柔敦厚"起来，在这十来年擂台赛上很少再能听到往昔那种火辣辣的唇枪舌剑，大部分对歌都是在既定的格律与韵脚和韵等条条框框内的中规中矩的一首首歌颂"新时代"良好精神面貌的、讴歌"和谐社会"主旋律的"宣传"性赞歌，不敢在形式与内容上有所突破，因循守旧，可以说，如今的雷歌野性的光辉已经黯淡了许多，曾经因雷州民众不分男女老少，人人吟唱而使雷歌所具有的"草根性"和"乡土气息"，也随着会唱会创作的人越来越少，且集中于三雷文坛的文化工作者而变得模糊起来，缺乏鲜明的特质。雷歌文化自身现阶段面临着"有体无魂"的致命性危机。

2. 缺乏积极的"行商"意识

他山之石，可以攻玉。东北二人转的成功不仅在于其特质鲜明，迎合了大众文化的文化心理需求，还在于东北艺人审时度势，没有坐等国家和政府的扶持，也不是被动地配合地方风俗的需要进行自己的演出活动，相反，他们将市场营销观念积极运用于舞台演出，将东北二人转的社会价值与商业价值相统一，积极行商，灵活变通地寻找商机，创造话题，吸引媒体，增强了二人转艺术面对现代化经济浪潮的适应性和参与市场竞争的主动性，满足了更多观众的审美和娱乐需求，也为艺人创造了丰厚的收入，提升了二人转对后继者的吸引力，有力地保证了二人转的传承。从目前来看，二人转的营销模式主要有五种：第一，类似于雷州姑娘歌歌班一样的流动性经营，这种方式在东北二人转当中是最为传统也是比例最多的一种，同时也是应各乡村各种仪式需求流动演出；第二，发行传统经典的二人转曲目的光碟市场，这种光碟主要在农村城镇市场畅销；第三，以电视剧、各类文艺演出小品为契机，运用市场营销的方法，开拓主流媒体市场，通过自身的艺术魅力和各种商业化包装手段来吸引观众，提高衍生效益，获得社会效益和经济效益的双丰收；第四，固定的小剧场经营运作，主要针对较高消费群体；第五，以电视频道的专业栏目方式运作，推销介绍二人转作品及新人等，促进二人转的整体市场发展。[1] 东北二人转的营销模式从整体来看，有复合化、品牌化、区域联盟化的趋势。

相比之下，姑娘歌歌班每年获邀出外演唱一百多场，主要集中在神诞较多的农历八、九月份和年例较集中的正月等，[2] 在演出地理范围及演出时间上都表现出明显的被动性。从地理范围来看，主要局限在雷州市及附近村镇、湛江市郊以及廉江县之安铺等地区；从时间上则更严重依赖于各村的神诞年例等活动，演出时间最频繁的是每年的农历正月，以雷州市的北和、田头、调风以及东里、新寮一带最为热闹，农历二月，雷州市附近地区的活动较多，三月，遂溪县的江洪、乐民，雷州市的乌石镇，徐闻县的东乡和西乡等地可以连续演唱到七、八月，每年的端午节期间是麻扶歌台的活动时期，在雷州市的麻扶、安榄一带的演唱十分热闹，到了八、九月间，是雷州市区、东海仔、调风等地区活动较多，十月因为秋收，农事大忙，是一年之中演出活动最少的一个月。秋收过后，在遂溪县与湛江郊区的活动渐渐又开始多了起来。到了农历十二月，艺人们就分散回家，与亲人团聚准备过年。[3] 由此可见，姑娘歌艺人缺乏明确的行商意识，仍然

---

① 侯延爽、王秋林：《二人转市场及其营销模式探析》，《戏剧文学》2008年第3期总第298期。

② 陈凯杰、叶碧波、莫少洲、魏志华：《把姑娘歌打造成湛江的"二人转"》，《湛江晚报》2011年第17版。

③ 李冰：《雷州民歌研究》，湖南师范大学硕士学位论文，2009年，第60页。

依赖于惯有演出机制，坐等乡村邀请以及政府文化部门的扶持，这种传统经营理念必然严重妨碍姑娘歌的长远发展及传承人的培养。

第二节　雷歌文化传播前瞻

尽管目前雷歌文化传播现状相对冷清寂寥，但如果能顺应当下的时代环境和文化气候，潜心对雷歌文化自身存在的问题进行把脉，寻找到症结所在，多方携手积极调理解决，并对雷歌文化传播运营的各个环节进行自我反省，借鉴其他地方民间歌种成功经营的模式，找到适合自己的经营模式，还是有希望通过有效传播将雷歌文化顺利地传承给后代，并获得更为广阔的传播天地的。

笔者认为，无论是雷歌艺人还是当地政府文化管理工作者在制定切实可行的发展措施之前，需要在观念上有所转变。

一　尊重地方民间风俗，肯定乡村仪式传播的积极意义

从清时黄景星等文人热心参与雷歌文化的活动以来，到今日的地方文化工作者以文化精英的姿态来审视雷歌文化，无论是清时的地方文人还是新中国成立后的地方文化管理者，在精神上与传统的士大夫文化一脉相承，全面继承了士大夫的社会角色和身份，负责向全社会提供精神文化产品，享有解释历史、评议现实的职业特权，参与对于意识形态的注解和宣传，向民众灌输社会理想，承担着社会教化使命，发挥着价值示范与导向功能。总之，他们处于文化舞台的中心，确立地方的价值尺度和审美趣味的标准。而雷州文化崇贤尚智的传统更是强化了旧时文人及新中国成立后文化工作者在民间社会的权威性和话语垄断权，所以，我们不难看到雷歌艺人在其话语权威的渗透影响下，自觉地摒弃所谓不合风化的表演内容，自觉地向精英文化靠拢，进而自发地在乡镇、县城公园义务演出推行道德教化。但历史发展潮流和雷歌艺人的这种努力开了一个残酷的玩笑，曾经心神向往的社会行为规范代表的精英文化反而在社会和文化的急速变动中失去了其往日的优越性，精英文化所追求的审美

卓越性面对大众文化和消费主义文化甚嚣尘上一再受挫，其自身原本具有的中心地位及文化优越感也在市场竞争中一再受到挑战甚至边缘化。由此，面对社会转型，精英文化、大众文化、民间文化，该何去何从，成为所有相关者必须面对的时代问题。从雷歌文化目前的境况来看，显然当务之急是继续存在并传承下去。所以，当下，雷歌文化需要重新定位，究竟是继续向精英文化靠拢，满足精英文化的道德自我净化与审美追求？还是向大众文化投怀送抱，像东北二人转那样向着通俗化的、可消费的、年轻的、性感的大众快餐式文化发展？抑或是立足本土民俗，在尊重村庄神诞的习俗、酬神仪式及民间节庆习惯的基础上，潜心雷歌的革新，将本土的民间文化传承下去？

　　如果我们能放下以往高高在上的精英文化主义心态，真正从雷歌文化的长远发展考虑，从其产生根源及现实角度考虑，应充分认识并肯定民间乡俗及其仪式在现实传播中的价值所在。因为，所有的这些乡村仪式传递着特定的乡民情感，建构并维持着以熟人关系为基础的社会关系，在其所构造出来的虚拟与真实交织的世界中，其行为方式、仪式表演手法、仪式场景的布置等虽然带有很大的虚拟性，但共享了乡民的感情与心态，通过仪式的展演将人们整合在乡村社会系统中，保持乡村居民文化认同的凝聚性，所以，在当下，不应因为所有这些乡村仪式的本源是民间宗教信仰，便轻率给以"封建迷信"的标签，草率打压。事实上，在年轻的一代里，所有乡村仪式原本所含有的民间信仰其来源及内涵早已模糊不清，也就是说其宗教的痕迹随着老人们的逝去逐渐淡化，对于年轻一代，与其说是宗教信仰活动，更不如说是对过往生活和祖先传统的心理眷恋。所以，只要这些仪式依然存在，就给人们提供了一种情感凝聚的方式，激发乡村民众眷恋故土的热情。所以，笔者认为，雷歌文化的定位应仍以民间文化姿态为本，以满足乡村世俗需要为其存在根本，为乡民们营造一种既熟悉又新鲜的乡村仪式展演现场，让人们在那一刻围绕着群体的共同曾有的具有传统象征意味的表演符号聚集在一起，置身于一种面对面地直接联系中，从而获得沉浸于集体和怀旧情绪的兴奋状态，让人们在这样的活动中产生成员感、亲近感、融合感，使不同利益要求的人们之间在某一时刻共同的社会认同基础之上，形成一个团结的共同体，发挥其对乡村社会的整合作用。

但与此同时，雷歌文化应该是开放的文化，可以在葆有浓郁乡土文化气息的基础上，积极横向衍生，兼顾大众文化与精英文化的审美口味，大胆开拓其空间市场，通过实现经济效益回报民间雷歌文化的建设，提升雷歌文化在雷州乡村的精神文化自豪感与凝聚力。

二 创新是保护、发展、传承的根本

由于当下雷歌文化传播萧条的不争事实，无论是民间老人、艺人，还是地方文化工作者、管理者以及政府部门，纷纷呼吁要保护雷歌文化，不要使之断裂消失，所以积极申报了国家非物质文化遗产项目，希望能引起国家和社会的重视从而落实保护。国家也确认了雷歌文化为国家级非物质文化遗产，并认定了优秀传承人。但笔者认为，如果将雷歌文化复兴的所有希望都放在政府身上，希望它能够从政策上、资金上大力扶持雷歌文化复兴，并且认为所谓的保护就是如何利用政府提供资源来进行现有雷歌文化的挖掘、整理、培训新人以及媒体宣扬上，那么这种单纯依靠强势官方力量来袒护地方弱势文化的思维，从根本上而言，是种外力性的保护，治标不治本，是静止的保护，并不利于雷歌文化摆脱其与时代文化需求脱节、落伍的致命弱点。

事实上，回顾雷歌文化的发展史，我们可以看到正是因为雷州人民根据生活需求的多元化，不断大胆开掘雷歌的新功能，使之出现几次重要裂变，才促成了雷歌文化枝繁叶茂的历史盛况，所以雷歌文化的保护应该是基于创新、传承基础上的，三者并不相互孤立和对立，而是有着内在的统一性，应该鼓励雷歌文化进行一种由内而外的动态的革新过程，鼓励雷歌艺人包括民间歌手审时度势，在深刻理解雷歌文化之为雷歌文化的本源性特征的基础上，尊重并继承雷歌所具有的审美特质，紧扣雷州年轻一代受众的生活内容及实际生活所需效用，充分挖掘能使受众在使用与满足中对雷歌重新产生肯定与认可的文化要素，将之大胆地糅入到歌唱内容、形式及媒介技术形态的运用中。只有这样，雷歌才有可能爆发出新的生命力或是裂变出新的民间文艺品种来，才有可能使雷歌在当下产生一定的陌生化效应，吸引年轻一代的目光，使之在新奇的心理感受下，重新发现雷歌文化乡土气息的亲切感与归属感，并且产生学习与从艺的冲动和热情，这种创新有可能再次激发传承的自发性和热情，这种创新才是真正意义上的动态保护，有未来的保护。

三　以整合营销传播思维经营雷歌文化的品牌形象

21 世纪是信息化的世纪，信息技术的发展使得人们生活中充斥着各种信息，信息量激增，众声喧哗，但受众注意力有限，因此在众多信息的争夺之下，受众注意力在当下对于任何信息传播活动而言，成为稀缺资源。稀缺的注意力资源能够带来经济效益的特性使得各种信息传播活动的经营者对受众注意力的争夺更加不遗余力。雷歌文化要想在众多信息传播活动的包围中突围而出，成功吸引受众的注意力，就必须树立品牌意识。

通常我们所谓的品牌是从商业角度而言，是指给品牌拥有者带来溢价、产生增值的一种无形资产，它的载体是用以和其他竞争者的产品或劳务相区分的名称、术语、记号或者设计及其组合，增值的源泉来自消费者心智中形成的关于其载体的印象。品牌的创建是一个系统工程，需要激情、智慧与信念，是品牌主体与客体、主体与社会、与消费者相互作用的产物。[①]雷歌文化虽然不是通常意义上所言的商品，但从姑娘歌产生的那一刻起，就意味着其已经具有一定的商业属性，对于艺人而言，艺人的表演就是其换取经济收益的"商品"，其表演的内容、风格、形式等就是其商品的构成，从其商业本质上而言，是一种精神"劳务"、是"服务"，所以，其经济收益的高低，直接取决于其所提供"劳务"或"服务"的质量，从现实来看，其所提供"劳务"或"服务"质量的高低又以口碑的方式在各个乡村传播开来，所以姑娘歌艺人在江湖上知名度和美誉度的高

---

① 《百度百科》[EB/OL]. (2013 - 04 - 28) http：//baike. baidu. com/link? url＝WbU9 YMCVkn4oKhiy5RBErJySCd4oRtpyTB0vfEr2vFqJWrDkfqtFQA693Pqca_D5。

低，直接决定了承办酬神活动的主家所愿意支付酬金的高低。民国时期走红的李莲珠在所有艺人中所得戏金最高，就充分说明了表演主体及其表演的品牌价值在现实中所具有的价值。在今日受众注意力资源稀缺的情况下，雷歌文化如果能以其差异性、关联性、独特认知价值在众多的信息传播中脱颖而出，树立并巩固其在文化市场中的品牌形象，必然会与受众建立良性的互动关系，并在互动中累积更多无形资产，使雷歌文化传播走上螺旋上升的发展道路。

要在文化市场上树立雷歌文化积极的品牌形象，需要以整合营销传播的思维围绕品牌的内核展开。所谓整合营销传播（integrated marketing communication，简称 IMC），是指将与企业进行市场营销有关的一切传播活动一元化的过程。① 其基本含义就是品牌信息一致性，以消费者为中心，建立长期和谐的关系，它意味着在营销传播的过程中始终传递一致性的信息，以消费者为中心，进行充分的互动沟通将信息有效地传达给对方，以此来建立长期而和谐的关系。对于雷歌文化而言，以整合营销传播思维来经营，需要注意围绕如下几个要点进行系统的设计规划：

1. 以雷州民众为中心，以其他区域民众为潜在受众。依据传播心理学的原理，受众会对接触过的事物进行选择性理解与记忆，并在选择后汇总成一定的概念。在此基础上，假如能够使雷歌文化传播的品牌概念与雷州民众已有的经验概念产生某些精神上的契合，勾连起内心深处对乡土的眷恋认同，必定能加深受众对所接受雷歌的印象和好感，并达到建立雷歌文化品牌网络和形成品牌联想，最终达到促进雷州民众认同并继续参与互动的目的。因此，雷歌文化传播所需建立的基本观念就是：以雷州民众为中心，持续一致地说他们想要听的。在整合营销传播的视角下，雷歌文化品牌传播体系不是单向传播的，而是互动的，它们不再由传播主体所控制，而是为身为受众的雷州民众所控制。

2. 雷歌文化传播品牌信息一致性。整合营销传播从现有主要消费者

---

① 《百度百科》[EB/OL]．（2013－04－28）http：//baike. baidu. com/link? url＝r4NSmG KW0dFSkAJ1B1miweq69dNoPS4 _ baQYMUYzEh8DoIXUyK2duvB2cnK83vuY.

和潜在消费者出发，使其目标确定在：雷歌文化信息传播系统将是一个雷歌文化消费者接触雷歌的所有接触点的集合体，而传播信息的效率和效果将来自对消费者所有接触方式的一致性所带来的协同优势。整合营销传播认为，每一次与受众的接触都会影响到受众对品牌的认知，每一个接触点都始终传播一致性的信息，品牌的形象就会越鲜明，消费者对品牌的忠诚度就越高。相反，如果所有的接触点传播没有被很好地整合起来，会导致无用功的出现，甚至会向消费者传递相反的品牌信息。实施整合营销传播需要确定品牌统一的传播策略，协调使用各种不同的传播手段，发挥不同传播工具的优势，从而降低品牌传播成本，以组合拳的形式形成品牌传播的最佳化。

3. 建立长期和谐的关系。整合营销传播对传统营销观念的一大突破就在于，把营销信息的传递由单方的灌输转换为双方的互动交流。那么它的任务就是通过交流与受众建立稳定关系，以达到最终的营销目的。稳定和谐的关系是营销目的实现的基础，整合营销传播在很大意义上，就是试图通过双向的沟通来确立关系。整合营销传播建立良好关系一般有四个阶段，这四个阶段的实施正是在与受众关系不断深化的过程之中完成，并最终达到与受众建立长期的和谐关系的目的。第一阶段，是整合各种传播手段形成"一种形象，一种声音"的战术阶段；第二阶段，则是重新定义市场营销传播范围，试图在所有的接触点，把受众组合起来；第三阶段，是信息技术的应用，对主要目标群体进行识别、评估，以跟踪内外部整合营销传播的效果。通过整合各种来源的受众数据，形成更加丰富并且更加完整的关于受众对品牌关系的看法；第四阶段，是发展的最高阶段，重点放在使用之前阶段获取的技术及数据，促使受众信息融于品牌战略计划之中。通过这四个阶段的沟通，最终与受众形成长期而和谐的关系。①

4. 品牌资源的整合。品牌传播需要资源的支持，没有资源，如同无

---

① 曹雯：《整合营销传播视角下的品牌传播研究》，江西财经大学硕士学位论文，2010年，第8—12页。

米之炊，就失去存在的根本意义。品牌资源的整合，即挖掘和创造品牌要素资源，并形成具有市场价值的品牌资源体系。品牌资源的种类很多，为了使其发挥更大作用，需要对品牌资源进行整合，这种整合可以从资源挖掘、嫁接和创新三个方面来进行。所谓挖掘，就是为了使品牌在某一资源上有明显的与众不同的地方，将"隐性"资源挖掘成"显性"资源。例如东北二人转，赵本山、小沈阳等东北二人转艺人通过在中央电视台演出小品，博得全国观众叫好，从而使观众连带对东北二人转爱屋及乌，产生了解、接触的欲望。由此，小品对于东北二人转就成了显性资源，每每有东北二人转艺人以全国性的电视媒体为平台演出小品，就等于免费为东北二人转进行了宣传。所谓资源嫁接，就是通过引起其他强势或具有优势的资源来弥补自己品牌某些资源的缺失或不足。对于雷歌文化传播而言，其实可以嫁接的地方资源比较多，其中湛江本地两所高校广东海洋大学和湛江师范大学都有艺术类专业，可以通过和高校艺术专业教学资源的整合，在雷歌艺人的培养方面作出有益的尝试。资源创新则是指在发展中不断发展新的资源，以之为资本进行品牌技术或包装层面的革新。

四　和其他雷州文化要素协同发展，发挥强强联手效应

雷州文化有八大历史脉络：以雷州石狗为代表的古代图腾文化；以雷歌、傩舞、头禄花灯、蜈蚣舞、人龙舞等为代表的传统民俗文化；以汉代伏波祠、唐代雷祖祠、宋代十贤祠、夏江天后宫、明代三元塔、清代古骑楼、古亭石桥、古牌坊、古民居为代表的古代建筑文化；以南渡河沿岸的古民窑群址为代表的古代陶瓷文化；以"合浦珠还"、"中国珍珠第一村"流沙为代表的传统南珠文化；以宋代真武堂、浚元书院、雷州府学宫、元代海康学宫、明代雷阳书院、清末民初贡院为代表的古代书院文化；以宋代"十贤"、清代清官陈斌为代表的历史名人文化；以"雷阳八景"、天成台、九龙山、鹰峰岭为代表的自然景观文化。但可惜的是，由于缺乏整体意识和系统的统筹规划，这些历史上遗留下来的八大文化构成犹如散珠分布三雷大地，之间没有形成协同效应，也便无从转化产出经济效应。从三雷未来的经济发展角度考虑，或是从雷歌文化传播的需要出发，都需要协

同各方力量，整合所有资源优势，通过发展旅游业，扩张就业机会，留住即将流失的农村人口，吸引外来资本，优化市场结构。

总之，如果能切实以雷州民众的社会现实需要为核心，"接地气"，"手眼观天"，整合所有可利用资源，在尊重雷州民俗、雷歌历史及发展规律的基础上，大胆创新，笔者相信，雷歌仍然会有再续辉煌的可能。

主要参考书目

1. 欧阳保：《雷州府志》，明万历刻本。

2. 阮元、陈昌齐：《广东通志》，清嘉庆二十四年九月纂成。

3. 雷学海、陈昌齐：《雷州府志》，清嘉庆十六年十二月纂成。

4. 刘邦柄、陈昌齐：《海康县志》，清嘉庆十六年纂成。

5. 梁成久、吴天宠：《海康县续志》，1937 年纂成。

6. 政协雷州市委员会：《雷州文史》第 1—27 期。

7. 张鼎：《雷州史话》，中国文联出版社 2002 年版。

8. 张荣芳：《秦汉史与岭南文化论稿》，中华书局 2005 年版。

9. 吴建华：《雷州传统文化初探》，天津古籍出版社 2000 年版。

10. 冯明洋：《越歌：岭南本土歌乐文化论》，广东人民出版社 2006 年版。

11. 林涛：《雷歌大全》，中国戏剧出版社 2006 年版。

12. 何希春：《雷州歌大典》，中国文联出版社 2006 年版。

13. 符马活主编：《中国田园村雷歌集》，花城出版社 2000 年版。

14. 陈志坚：《雷剧》，广东人民出版社 2010 年版。

15. 海康县研究会：会刊《山稔花》。

16. 湛江市雷歌研究会：会刊《雷州歌声》。

17. 0965 部队政治部文工团：《雷州歌选集》1954 年版。

18. 0965 部队政治部文工团：《雷州歌介绍》1954 年版（海康县文化馆 1978 年 8 月翻印）。

19. 李冰：《雷州民歌研究》，湖南师范大学硕士学位论文，2009 年。

20. 邓碧泉：《文化内生论》，红旗出版社 2008 年版。

21. 蔡叶青：《海康方言志》，中山大学出版社 1993 年版。

22. 张伯瑜：《西方民族音乐学的理论与方法》，中央音乐学院出版社 2007 年版。

23. 黄淑娉：《广东族群与区域文化研究调查报告集》，广东高等教育出版社 1999 年版。

24. 特马斯、哈定等：《文化与进步》，韩建军、商戈令译，浙江人民出版社 1987 年版。

25. 贺喜：《亦神亦祖——粤西南信仰建构的社会史》，生活·读书·新知三联书店 2011 年版。

26. 黄淑娉、龚佩华：《文化人类学理论方法研究》，广东高等教育出版社 1998 年版。

27. 李文珍：《民歌与人生·中国民歌采风教学与研究文集》，上海音乐出版社 2004 年版。

28. 罗伯特·墨菲：《文化与社会人类学引论》，商务印书馆 2009 年版。

29. 李岩：《传播与文化》，浙江大学出版社 2009 年版。

30. 何明：《仪式中的艺术》，社会科学文献出版社 2011 年版。

31. 杨民康：《中国民歌与乡土社会》，吉林教育出版社 1992 年版。

32. 王举忠、王治：《文化传统与中国人沈阳》，辽宁大学出版社 1988 年版。

33. ［法］皮埃尔·布迪厄、［美］华康德：《实践与反思——反思社会学导引》，李猛、李康译，中央编译出版社 1998 年版。

34. 蒋原伦：《传统的界限——符号、话语与传统文化》，北京师范大学出版社 1998 年版。

35. 巴赫金：《诗学与访谈》，河北教育出版社 1998 年版。

36. 李雄飞：《河州"花儿"与陕北"信天游"文化内涵的比较研究》，民族出版社 2003 年版。

37. 陶立璠：《民俗学概论》，中央民族学院出版社 1987 年版。

38. 郭庆光：《传播学教程》，中国人民大学出版社 1999 年版。

39. ［英］阿兰·斯威伍德：《大众文化的神话》，冯建三译，生活·读书·

新知三联书店 2003 年版。

40. 杨荫隆：《西方文学理论大词典》，吉林文史出版社 1994 年版。

41. ［美］约翰·费斯克等：《关键概念：〈传播与文化研究辞典〉》（第二版），李彬译注，新华出版社 2004 年版。

后　记

　　至今还记得 2009 年秋天的一个下午，在学校图书馆三楼倚靠着窗户，微风吹拂中，我随意翻阅一本雷歌集的情景。就因为这么一次偶遇，竟然让我从此和雷歌结下了缘分，想甩都甩不掉。当学校组织校级科研项目的时候，我一时头脑发热，报了《雷歌传播史》这样一个项目，把项目申请书上交学院后，就大咧咧地继续混自己日子，却没想到这个项目居然一路绿灯，得到领导和几位专家的大力支持，并在雷州文化研究基地课题研讨会上，鼓励我就此课题扩展成一本书稿，当时心里就叫苦连天，坏了，坏了，这不是赶鸭子上架嘛！可众目睽睽之下，脸皮太薄，拒绝不了。好嘛！既然如此，卷起袖子来，干！李雄飞教授听闻，呼啦啦地塞给我厚厚四大本雷歌集，当时就晕乎了，天，四大本啊！读了不到一本，就有点打退堂鼓了。这时我老爸居然拿出厚厚的一本裕固族历史研究书稿，足足二十多万字啊！都是老人家一笔一画写出来的！我面对手稿真真是无比膜拜无比惭愧啊，要知道我家老爷子写书的时候已经 76 岁了，一只眼还因白内障几近失明啊！得，有老人家做榜样，鼓起勇气写吧。拿起雷歌集，一遍遍看，不由自主地，嘴里就开始随着所看雷歌即兴啊咧啊咧地胡乱哼唱起来，全然忘记了自己破锣般的嗓音在家人听来绝对是对耳朵的摧残！等回过神来，怯怯看向家里人，等待着惯常的训斥打压时，他们居然破天荒地地包容了我，就因为知道我要钻到雷歌里找感觉！钻是钻进去了，也打心眼里爱上了雷歌和雷剧，没事就在网上找相关的视频一遍一遍听。但要系统地研究雷歌传播规律，并完成书稿，压力巨大，有时候白天坐在书桌前，一个字都挤不出来，偏偏夜里常常梦中妙笔生花，文如泉涌，早晨醒来无比兴奋，却又把梦里所有的新想法、新观点忘得干干净净！沮丧、振作、有点小小突破便兴奋不已、再沮丧、再振作……写写停停，2009 年过去了，2010 年消失了，2011 年也走了，2012 年没了，2013 年来了，书稿还没写完！深刻反省，最大问题便是患有严重的拖延症，此外，不断否定之前的结论，也是我难以为继的一个重要原因。比如雷歌源头的思考，前前后后，我的立场变了又变，直到向李雄飞教授请教语言和民歌关系时，我最后的定论才明晰了出来。还有知识分子与雷歌文化关系的思考，对于我来说，也是一个反复掂量的话题，毕竟身为知识分子，如何拿捏立场，给予合理的评价，首先就需要警醒的是个人身份对判断的影响。总之，这四五年啊，为了雷歌，苦过，乐过，忧过，屡屡上火牙疼头痛过，甚至曾经发誓写完之后，绝对再也不碰雷歌。但刚刚写完最后一章最后一个字时，所想到的下一篇论文居然还是围绕着雷歌展开！

书稿还有很多粗糙之处，也许这正是它对于我的意义所在，开了头，就此走下去，在雷歌文化这个富矿里继续寻宝。在此，我要感谢鼓励我走上这条路的所有人们：他们是雷州文化研究基地的张学松教授、李雄飞教授、赵国政副教授，没有他们的催促、指导甚至逼迫，书稿至今都不会成形。我还要感谢我的硕士研究生导师王喜绒教授，永远难忘读研期间王老师带着我坐在电脑前一字一句修改论文的情形！王老师听闻我将要出书，发来短信热情激励，她永远是我的良师益友。最后，我要感谢的是我的亲人们，爸爸妈妈在我生病之际，从西北故乡颠簸千里来到我身边，只为能分担我的生活压力，而且爸爸年近八十仍然写书的壮举，是我一路上最为有力的推动！还有我的丈夫和孩子，你们分担了所有我为人妻为人母应尽的家务劳动，给了我一路的呵护与爱，有你们在，是我此生最幸福最知足的事情。

在写作书稿的过程中，肯定有疏漏偏颇之处，恳请各位方家指正！